L'AUBERGE DES PAUVRES

« Suivez-moi, nous quittons la terre rouge de Marrakech
pour nous poser un jour de pluie sur le bord de la Méditerranée,
oui j'ai osé tout quitter, j'ai fait le saut, je ne suis plus l'homme
figé par la peur, à présent je suis ailleurs : je vous dirai Naples et
ses bas-fonds, la gare de Naples un jour de vent et d'averse, une
gare aussi immense et sale que toute la ville, une place des
miracles avec des couleurs changeantes, des odeurs venues du
lointain, des épices d'Afrique mélangées à la sueur des hommes
qui ne savent pas où se poser, où se faire oublier, je vous dirai le
bruit transporté par le vent, les cris des enfants de gitans courant
derrière des Anglaises apeurées, je vous dirai la Vieille, une peau
toute ridée, enflée et bourrée de bonté, un personnage de roman
tel que je l'ai toujours rêvé, une grande dame, sale et fardée, une
mémoire qui a du mal à se taire, c'est à cause de l'asthme, à
cause des illusions de la vie, je vous dirai Momo, le Sénégalais
clandestin, colosse au petit cerveau, vendeur de bricoles sur les
trottoirs, je vous dirai l'histoire d'Idé et Gino, Iza et moi, oui,
moi aussi je me suis perdu dans les histoires des autres. »

T. B. J.

*Écrivain marocain de langue française, Tahar Ben
Jelloun est né en 1944. Il a publié de nombreux romans,
recueils de poèmes, essais. Il a obtenu le prix Goncourt en
1987 pour* La Nuit sacrée.

Tahar Ben Jelloun

L'AUBERGE
DES PAUVRES

ROMAN

Éditions du Seuil

TEXTE INTÉGRAL

ISBN 2-02-041390-6
(ISBN 2-02-037057-3, 1ʳᵉ publication)

© Éditions du Seuil, mars 1999

1

C'est l'histoire d'un homme contrarié. Cela n'a l'air de rien, mais un homme contrarié est quelqu'un qui souffre. Il est imprévisible, incontrôlable, capable de perdre la raison, de devenir violent et lâche ou de creuser son propre tunnel pour disparaître.

Il existe deux types d'homme contrarié : celui qui avale les couleuvres, râle et se fait mal (à la tête, le dos, le ventre), il encaisse, s'en veut de ne pas avoir la force de réagir et de tout envoyer au diable ; et puis il y a celui qui renvoie la contrariété à la figure de l'agresseur, il s'en débarrasse, l'expulse, et n'en reste pas moins de méchante humeur, prêt à anticiper toute nouvelle agression.

Je suis du genre à encaisser et à souffrir en silence. Je me fais appeler Bidoun (« Sans », en arabe), en souvenir d'un horrible voyage que j'ai effectué à l'automne 1975 au Koweït. J'y découvris, à une quinzaine de kilomètres de la capitale, un campement où le gouvernement koweïtien parquait les immigrés illégaux et sans nationalité, des hommes qui détruisaient leurs documents d'identité pour ne pas se faire expulser. On les appelait les « sans », les « bidoun », des êtres de nulle part, des ombres d'hommes, travaillant le jour et disparaissant la nuit dans des grottes ou sous des tentes très usées.

Il m'arrive de me plaindre et de geindre à défaut d'agir.

Qu'est-ce qui me contrarie ? Le vent d'est, celui qui arrache le sable et le jette dans les yeux, le café au lait tiède servi dans une tasse ébréchée, une parole non tenue, un retard excessif, un report non justifié, la mauvaise foi, la bêtise solennelle ou effrontée, la trahison sous toutes les formes dans l'amitié comme dans l'amour, le polyester, le nylon sur la peau en sueur, le bruit du marteau-piqueur, la mesquinerie, la suspicion, les certitudes triomphantes, la cruauté gratuite, la jalousie, le formica, l'insomnie têtue, l'indifférence à la poésie, la haine de la musique, la chicorée, les fêtes de Noël, la transpiration mêlée au mauvais parfum, les femmes à la pilosité excessive, aux seins en gants de toilette (même si je sais que ce n'est pas de leur faute), le féminisme militant tous azimuts, le machisme sous toutes ses formes, le regard torve, le ciel plombé, la mauvaise foi encore et toujours, les lettres d'huissier, la poignée de main molle, les mains moites, le calcul et un certain nombre de choses de la vie intime que je préfère taire et garder pour mes jérémiades solitaires...

Je pourrais dire : c'est l'histoire d'un artiste frappé par la foudre de la passion, parti au bout du songe et qui n'en est jamais revenu, du moins pas dans un état d'humanité acceptable.

Ou encore : c'est l'histoire d'un homme triste, tellement triste qu'il est devenu le dépositaire en titre de la grande tristesse de Marrakech. C'est une tristesse qui a pris les couleurs de la ville impériale, rouge ocre, rouge sang, rouge brique, rouge crépuscule, rouge coquelicot, rouge cramoisi, rouge tout rouge comme une veillée de fin de Ramadan, rouge comme une blessure ouverte, comme une nuit opaque, comme un fleuve peint par le soleil couchant, comme le silence de ceux qui nous ont quittés et qui continuent à nous parler en nous adressant des signaux de lumière rouge, comme le feu qui s'éteint, n'ayant plus rien à brûler, rouge comme les mots qui se consument au seuil de la vieille porte, des mots justes et impitoyables qui font mal le jour comme la nuit, couleur fondue dans l'isolement du silence qui s'enlise, dans la colère muette des larmes, dans l'usure de la matière, couleur de la pierre où le temps s'est égaré, trace du fer ayant enduré des épreuves dans les murailles qui veillent sur la ville sans réussir à arrêter la tristesse d'avancer et de ronger le corps et l'esprit de l'homme triste, homme aux secrets brouillés, au regard brisé et qui attend que le feu en lui s'apaise, comme si la ferveur de l'attente allait vider le miroir de la lumière qui scintille en une danse légère.

Je me demande comment un homme aussi triste et contrarié que moi a pu vivre une grande passion, une avalanche de sentiments contradictoires, entre magie et détresse, dans un excès de lumière et de folie. La passion est un ouragan, quelque chose de sublime qui précipite le désastre. C'est une histoire qui se termine toujours mal. Je le savais vaguement pour m'être occupé d'un ami qui fut frappé par la foudre de la passion et qui faillit en mourir.

Irritable et en proie aux angoisses de la cinquantaine bien sonnée, j'aurais pu continuer à mener ma petite vie plus ou moins tranquille, à enseigner à la faculté des lettres tout en écrivant de petits livres sans prétention, à dormir à côté de ma cousine germaine, mon épouse, elle-même enseignante d'histoire et de géographie au lycée Mohammed-V de Marrakech, à nous deux on arrivait à un salaire honorable mais sans plus, ce qui nous autorisait à accumuler les rêves en silence, des rêves de petits-bourgeois bien sages, de gens tranquilles qui font attention à la dépense, demandant le prix des choses avant de décider de les acheter ou non, faisant des calculs pour savoir si on prend un crédit sur quinze ans plutôt que vingt, des gens étroits dans leurs vêtements et aussi dans leur tête, faisant attention à la morale, aux conventions sociales, et qui essaient d'être dans la norme, c'est-à-dire faisant partie de cette moyenne horrible d'une majorité résignée qui se permet quand il n'y a pas trop de risques de critiquer le gouvernement, à dire que la corruption a pourri le pays et les hommes, que le roi est un homme intelligent, ayant unifié le pays, mais que c'est son entourage qui n'est pas bien, ah! cette majorité qui bredouille un mécontentement sans conséquence! qui dit que les Marocains sont des gens de qualité mais malheureusement pris à la gorge par les difficultés de la vie quotidienne, par la peur d'être un jour dans le besoin, ou d'être dénoncés par le concierge de l'immeuble qui arrondit ses fins de mois en donnant toutes les informations possibles à la police, ah! la peur au ventre d'arriver un jour entre les mains de cette police, brutale avec les pauvres, conciliante avec les puissants, cette obsession du maintien de l'ordre. Ah! ce Maroc! comme disait Mohammed Khaïr-Eddine, ce Maroc que nous aimons et qui nous fait mal, ce Maroc qui manque d'audace et de folie, où il est de tradition de vivre selon quelques arrangements, sauf que moi je n'en pouvais plus de ces compromis, de ces petits équilibres réalisés dans une tiédeur qui provoquait chez moi migraine et insomnie. Ah! ce Maroc! J'aurais pu continuer de dormir auprès de ma brave épouse à la peau trop blanche, au corps fatigué après deux naissances et une fausse couche, et attendre l'heure de la retraite de l'Éducation nationale pour me consacrer entièrement à l'écriture et peut-être entreprendre la rédaction du livre que je rêve d'écrire depuis tout jeune. Je me dis (*vous pouvez vous moquer de moi, mais quand on rêve, autant rêver grand!*) : ce sera mon *Ulysse* à moi, mon petit *Ulysse*, moins gros mais aussi compliqué et étrange que celui de James Joyce, un petit *Ulysse* marocain, ce serait nouveau et pas mal du tout, une journée de Larbi Bennya, le Leopold Bloom marocain, au cœur de Fès, dans la médina, cité labyrinthique du onzième siècle où les événements se succèdent dans un mouvement récurrent dans le but d'élaborer une épopée totale du Maghreb, occident de l'Orient, rien de moins! Heureusement, personne ne m'entend, ça reste entre nous, un projet aussi grand que mes insomnies mises bout à bout, ça fait quelques kilomètres de lassitude et d'entêtement, de fatigue et de rien, oui, le rien ne doit pas être négligé, il pèse de son poids invisible, de sa prétendue légèreté, mais en fait le rien est ce qui mine beaucoup d'existences. Enfin, mon ambition est immense, mais pour écrire un si grand livre, il faut, comme dit Jean Genet, qu'un grand malheur s'en mêle, or, même si apparemment je suis disposé à accueillir de grands malheurs, je fais tout pour les éviter, c'est normal, c'est mon instinct de survie, souffrir, je veux bien, mais pas trop, en fait je suis comme tout le monde, c'est ça qui m'ennuie, et je ne peux pas changer du jour au lendemain, simplement parce que j'ai envie d'écrire *Ulysse* à Fès. Je sais, il va falloir changer quelque chose dans ma façon de vivre; je ne vais tout de même pas passer ma vie à enseigner la littérature comparée à des

11

étudiants qui s'ennuient et m'ennuient et qui se retrouvent souvent au chômage avec leurs diplômes en poche, ni à écrire des petites histoires sans profondeur tout en rêvant de me mettre un jour à composer le grand œuvre ; je ne vais pas passer mon existence avec une femme dont je ne suis plus amoureux depuis belle lurette et qui se bourre de chocolats chaque fois que mon sexe débande dès qu'il rentre en elle, une épouse bien intentionnée mais qui s'est tellement laissée aller que son derrière a pris des proportions hallucinantes et que sa peau est toute boursouflée par une cellulite généreuse, une femme qui se plaint et geint tout le temps, elle pleure souvent, adore les recettes du bonheur recensées dans un livre américain qui doit s'appeler quelque chose comme *Les Sept Voies du bonheur pour la femme de quarante ans ; suivi du Manuel du savoir-séduire après la ménopause*, enfin des lectures qui m'horripilent, mais il faut dire qu'elle n'a pas toujours été aussi tarte, c'est de ma faute, je l'ai un peu négligée, je l'ai laissée s'occuper des enfants que je n'ai pas vu grandir. Aujourd'hui, ils sont grands, ils sont partis étudier au Canada. Nous nous sommes retrouvés elle et moi en tête à tête, seuls, ah, l'angoisse de ces soirées interminables où je lis pendant qu'elle regarde la télé ou, parfois, elle corrigeant les devoirs de ses élèves et moi regardant la télévision marocaine où des séries égyptiennes succèdent à des séries mexicaines doublées en arabe classique, la bonne suivant les péripéties des amours interdites à partir de la cuisine d'où, en laissant la porte entrouverte, on entendait et voyait une partie des images, et là j'ai découvert que nous sommes des étrangers qui n'ont pas grand-chose à se dire, des gens qui se connaissent de vue mais qui ne se souviennent plus d'avoir partagé quelque chose, des gens quelconques, ni bons ni mauvais, sauf que moi je nourrissais une petite ambition, j'avais au moins ce rêve peint des couleurs joyciennes, c'est-à-dire celles d'une écriture exigeante, neuve et provocante, brillante et perturbante, un style qui marque le siècle, moi je voulais juste marquer une saison littéraire, m'éloigner de cette maison où il ne se passait plus rien, prendre la fuite en suivant le labyrinthe des phrases longues et magiques, révéler le cœur de la médina de Fès, le marquer et le surprendre, lui donner un peu de folie contenue dans mes nerfs, un peu d'audace prisonnière de mes inhibitions, rêver est une chose douce, ça ne coûte rien et puis ça rassure, mais je voulais vraiment décoller, quitter cette vie étroite, aller me perdre dans des espaces intérieurs où Larbi Bennya referait le monde, présenter ainsi une réplique à son homologue irlandais, et lui dire que la vie est dans la substance même de l'histoire, qu'elle est dans ce qui arrive, jamais à l'extérieur, mais cela est loin de mes préoccupations actuelles, loin de Fattouma, ma femme, que j'appelle Touma (« Ail », en arabe), c'est dire ma répulsion et aussi mon manque de considération, de respect et de gentillesse... Elle ne mérite pas d'être traitée ainsi. Vous voyez, j'essaie de ne pas être injuste, c'est un effet classique de la peur. Je le reconnais, mais que faire quand tout a rouillé, quand le pli a été pris, que faire pour ranimer une flamme qui a si peu existé ? Notre couple est devenu un « soulier rouilleux, vert pituite, bleu argent, rouille ». Ah ! la culpabilité ! Quelle misère ! Elle me mine et me colle à la peau. Je m'en veux d'en être arrivé là, d'être dans l'autocritique et même dans le remords. Qu'ai-je fait pour en être là ? Plutôt, qu'est-ce que je n'ai pas fait et que j'aurais dû faire pour éviter ce sentiment de décadence personnelle ? Après tout, Fattouma est étrangère à mon désarroi. Elle est là pour le mettre en valeur, pour l'ériger en échec. Notre mariage a été un malentendu, un hasard mal enclenché. Je venais de terminer mes études, ma cousine était disponible, ma mère et mes sœurs me le firent savoir. Fattouma avait du charme et était assez pulpeuse. Nous n'avions le droit de flirter qu'après avoir établi un acte de mariage. C'était la règle dans ces années-là. Je n'ai pas eu le temps de réfléchir. Elle m'est tombée dans les bras comme un fruit mûr. Au début, je trouvais au mariage des avantages assez plaisants. Il y avait l'idée de fonder une famille, de faire des enfants et surtout d'être dans la norme, d'être comme tout le monde. C'est reposant d'être comme les autres, c'est rassurant, c'est surtout triste. Très vite, la routine s'est installée à la maison. Les familles s'adoraient, se voyaient tout le temps, faisaient des projets pour nous. Je laissais faire plus par paresse que par volonté ou désir. Fattouma était épanouie, rendait visite à sa mère au moins une fois par jour. La maison ne désemplissait pas. Je cherchais un lieu, une toute petite place pour moi, une chambre où m'isoler pour écrire ou simplement être seul. Je m'enfermais dans une chambre de bonne qui nous servait de débarras. Je m'arrangeais pour trouver de la place et écrire sur un bout de table, il n'y en avait pas, alors j'utilisais la planche à repasser, il ne fallait pas s'appuyer dessus, je m'arrangeais pour maintenir l'équilibre. J'aurais pu protester, imposer ma loi et interdire ces visites trop fréquentes. J'aurais pu me battre et gagner un bout de territoire dans cette maison qui ressemblait à un souk. Fattouma avait besoin de sa famille. Pas moi. Je reconnais avoir manqué de fermeté. Je m'étais laissé faire. Je comptais sur l'intelligence des autres, sur leur pudeur, sur leur capacité à voir que je n'approuvais pas leurs méthodes. J'étais naïf et stupide. Le jour où j'ai surpris une des sœurs de ma femme en train de fouiller dans mes affaires, j'aurais dû réagir. J'eus honte pour elle et n'ai rien dit. Les choses n'ont pas cessé de se dégrader parce que je ne réagissais pas. C'est fou ce que les gens ont besoin de violence et même d'injustice pour vous respecter. Il faut dire qu'au Maroc l'individu n'existe pas, n'est pas reconnu. Le territoire privé, la liberté individuelle sont rarement pris en compte. On s'est battu pour le respect des droits de l'homme par l'État et on a oublié de se battre pour que ces mêmes droits soient respectés entre nous, dans notre vie quotidienne, dans nos voisinages, dans nos promiscuités. Pour moi, les droits de l'homme commencent à la maison et se poursuivent dans la rue, le lieu de travail et bien sûr dans les locaux de la police. Pour respecter un individu, ne faut-il pas croire en l'importance de la subjectivité, cette liberté légitime que nous portons en nous et qui nous donne le droit de nous exprimer. Avec Fattouma, il n'y eut pas de grandes crises, juste une question d'invasion familiale. Ah! la famille! Tu te maries avec une jeune fille toute menue, charmante et passionnée et voilà qu'en quelques mois tu découvres que tu as épousé toute une famille. Les frères et sœurs envahissent tout naturellement ta maison; ils sont à l'aise, fument et boivent à leur guise, ils sont heureux, ils sont chez eux, et toi, tu te fais tout petit de peur de déplaire à ta bien-aimée, de peur de l'effaroucher ou simplement de te montrer mesquin, le genre d'homme qui préfère une petite solitude à cette multitude. Tu te dis : c'est passager, ils comprendront qu'ils me gênent et finiront par attendre qu'ils soient invités pour débarquer. Non, tu fais fausse route. Nous sommes marocains, nous sommes entre nous, pourquoi téléphoner avant d'arriver, c'est quoi cette histoire de prendre rendez-vous, même chez le médecin on débarque sans prévenir, alors toi tu veux qu'on se comporte comme des Européens, des gens pour qui le temps compte, nous autres nous avons un rapport très lâche avec le temps, et puis nous sommes tous frères et cousins, ma maison est ta maison comme ta maison est notre maison, enfin c'est comme ça, pourquoi t'es étonné ? T'es plus marocain ? T'es devenu un petit Françaouis ! Oui, je parlais de Fattouma et de la chute de notre couple. L'invasion familiale (de gros sacs de sable qui tombent sur ma tête) a révélé d'autres choses : l'incompatibilité d'humeur et de peau, l'absence de magie, d'étincelle, le niveau vu à l'horizontale, parfois à la baisse, on ne fait plus attention à l'autre, on ne le voit plus, il devient transparent, pas même encombrant, il est là mais on ne le remarque plus, on ne se dit plus bonne nuit ni bonjour au réveil, on ne se souhaite pas ce genre de chose à soi-même, on ne se met pas devant un miroir pour se dire « bonjour, cher ami, as-tu bien dormi ? as-tu fait de beaux rêves ? », non, on n'a plus de gestes de tendresse, on s'habitue et puis on se dit que ça doit être partout pareil, on ferme les yeux et on oublie. Le pire, c'est que moi aussi je fermais les yeux, je reportais à plus tard le moment de discuter, mais comment parler avec une personne qui ne vous voit plus, elle ne me différenciait plus, je n'étais pas un autre, je faisais partie d'elle comme le membre naturel de son corps, le membre invisible qui la faisait souffrir, c'est comme le soldat qui a mal dans le bras fantôme, on a beau lui rappeler qu'il a perdu son bras à la guerre, il persiste et souffre vraiment. Je n'étais pas le mari fantôme au début, c'est arrivé petit à petit, je me rendais compte que quelque chose en moi s'effilochait, partait en morceaux, jusqu'au jour où le miroir ne

16

refléta plus mon image, je n'avais plus de visage, plus de corps, j'étais devenu une impression, une illusion d'optique, une respiration qui produit de la buée sur la vitre, qui halète et se perd dans le bruit du robinet qui fuit goutte à goutte. Alors je n'allais pas faire une manifestation tout seul dans l'appartement pour réclamer « le statut de l'époux qui existe par lui-même dans une démocratie conjugale ! ». Langue de bois et esprit tortueux. « Ouvre les yeux ! » m'ont dit les amis, les pas-tout-à-fait amis, mon médecin qui se pique de faire de l'analyse sauvage tout en fumant mal la pipe, mon coiffeur, qui se trouve être un des cousins de Fattouma, dit ne pas s'occuper de ce qui ne le regarde pas mais il ne fait que ça tout en mimant l'air triste que je porte sur le visage, mon voisin d'étage renseigné par le concierge, c'est un avocat véreux, célibataire endurci, il prétend avoir une femme par jour, ce qui l'autorise à donner des leçons sur la façon de se conduire avec les femmes, il me dit : « Pas besoin de vous énerver, la femme a besoin de tendresse, pas de crise de nerfs, même si je vous comprends parfaitement, mais vous ne voulez pas ouvrir les yeux. » Peut-être qu'à ce moment précis un homme décide d'ouvrir les yeux et sombre dans une crise de détresse parce qu'il voit ce qu'il a toujours refusé de voir, mais moi je sais ce qui se passe, je ne suis pas aveugle, je sais que je n'ai plus besoin d'ouvrir les yeux, ça ne sert à rien puisque je n'ai plus aucune illusion sur l'humanité en général et sur notre couple en particulier.

C'est sans doute cette lucidité cruelle qui m'a sauvé, elle m'a poussé à partir. J'étais disponible, libre, prêt à enfin vivre, à renaître dans un autre monde, à rajeunir et à dormir en souriant à la vie, à la nuit, à l'amour, ah ! l'amour ! la passion dont j'ai si souvent rêvée, cette superbe chevelure qui s'enroule autour de mon corps, ces algues fraîches, vertes, grises ou même bleues qui s'insinuent entre les doigts, cette lumière fulgurante qui me nomme et m'invite à m'asseoir sur un banc de sable, cette suave lenteur du désir qui décline toutes les nuances de ma peau, la réchauffe, la réinvente comme au temps de l'enfance. Et j'ai démoli cette maison où je m'ennuie, une maison pleine de souvenirs qui ne ressemblent à rien, vidée de tout et surtout des années que je portais sur le dos, sur le visage, dans le cœur, dans les veines, des années inutiles qui n'avaient jamais cessé de creuser des sillons dans la peau, des rivières d'amertume, des corps déserts, des poignées d'eau jetées à la figure du soleil pour que quelque chose en moi ou à partir de moi scintille, fasse du bruit et illusion, quelque chose de lumineux comme des lucioles pour apaiser le mensonge, l'attente et le déclin. A présent, mes yeux ne regardent plus devant, ils sont rivés sur ce que je viens de vivre, ce qui fut et qui n'est plus, ils n'avancent pas, moi non plus, je repousse le passé, l'ancien, celui qui a eu lieu à Marrakech, de mes mains gantées, oui, c'est pour cela que je porte des gants même en été, je ne veux plus rien avoir à faire avec le passé ancien, quelque chose s'est arrêté, c'est inéluctable, vivant, je suis vivant, je dévore et ressasse la magie d'un autre passé vécu hors du domicile conjugal, loin du Maroc, un passé tout récent, parce qu'il m'a fait danser sur la tête comme un funambule faisant de l'excès de zèle, je me vide puis me remplis de nouveau comme le ventre d'un astre perdu, isolé dans la nature, mais moi je suis perdu, je veux dire je suis fini, j'ai déjà ramassé mon corps, énuméré les organes que je donnerai à la science, j'ai déjà mentalement tout prévu et arrangé, il me suffit juste de me libérer de cette histoire, la raconter sans tricher, même si j'aime bien exagérer un peu. Comme dans un film, je commencerai par la fin, un film en noir et blanc avec de temps en temps du bleu, je partirai de mon état actuel sans faire trembler l'image, sans clin d'œil, comme au cinéma, sauf que les mots sont parfois traîtres, impatients et dangereux, tant pis, suivez-moi, nous quittons la terre rouge de Marrakech pour nous poser un jour de pluie sur le bord de la Méditerranée, oui j'ai osé tout quitter, j'ai fait le saut, je ne suis plus l'homme figé par la peur, à présent je suis ailleurs : je vous dirai Naples et ses bas-fonds, la gare de Naples un jour de vent et d'averse, une gare aussi immense et sale que toute la ville, une place des miracles avec des couleurs changeantes, des odeurs venues du lointain, des épices d'Afrique mélangées à la sueur des hommes qui ne savent pas où se poser, où se faire oublier, je vous dirai le bruit transporté par le vent, les cris des enfants de Gitans courant derrière des Anglaises apeurées, je vous dirai la Vieille, une peau toute ridée, enflée et bourrée de bonté, un personnage de roman tel que je l'ai toujours rêvé, une grande dame, sale et fardée, une mémoire qui a du mal à se taire, c'est à cause de l'asthme, à cause des illusions de la vie, je vous dirai Momo, le Sénégalais clandestin, colosse au petit cerveau, vendeur de bricoles sur les trottoirs, je vous dirai l'histoire d'Idé et Gino, Iza et moi, oui, moi aussi je me suis perdu dans les histoires des autres, moi aussi j'ai eu une histoire, je suis ce moi qui dérobera une journée entière au temps, la mettra sous pli, n'en parlera à personne, l'encadrera dans sa mémoire comme le secret absolu, le mystère fait pour errer en pays inconnu, sur une terre de fiction, là où moi, le double, le masque et l'effroi, moi le seul à renoncer aux images de compensation, moi le héros magistral d'une épopée tissée de tristesse avec de temps en temps une éclaircie, une embellie faisant chanter les buissons, je passerai outre les conventions, les ordres et les interdits pour narrer l'histoire des amours perdues dans l'Auberge des Pauvres, lieu de toutes les turpitudes, la plus grande bâtisse après l'Hôtel-Dieu de Paris qui abritait en 1860 cinq mille six cents miséreux, construite avec le sentiment de culpabilité d'un roi qui donne l'asile aux pauvres pour faire oublier le luxe tapageur de son palais, mais les pauvres n'ont que faire d'un hôtel aux fenêtres immenses, aux murs épais et à l'humidité qui suinte neuf mois de l'année, les pauvres de Naples ou de Tanger, de Barcelone ou de Tombouctou ont faim d'autre chose, je le sais, ils me l'ont dit le jour où je me suis trouvé sur le site napolitain et que je cherchais le moyen de comprendre comment cette auberge est devenue une grande ruine, un manuscrit oublié ou plutôt égaré dans le sous-sol d'une mémoire pleine de trous, de chiffons, de papiers gras, de dossiers devenus illisibles, des jarres de houblon et d'orge, des sacs de poussière pour compter le temps, un club pour des footballeurs retraités, une assemblée pour les rats et taupes de la ville, une auberge pour solitude trempée dans l'alcool dur et le mauvais vin, pour membres insolites d'une société qui aimerait bien être secrète mais qui n'est autre qu'une addition d'êtres saccagés par la vie, ruinés avant l'heure, désertés par la gloire, par l'amour et surtout par l'argent, tout cela forme bien une société sans nuances, sans tendresse, des gens qui s'insultent ou se saluent copieusement, avec des gestes amples comme au théâtre quand la pièce est un malentendu. Je ne cesse de me demander comment mes pieds m'ont conduit jusqu'au seuil de cette auberge où plus personne ne bouge, où plus aucune âme ne se signe, où l'étrange a pris l'habit de la décrépitude, murs fissurés, toiles d'araignée dans tous les coins, odeur de chiens morts ou de rats desséchés, moi qui ai horreur de ces bêtes mortes ou vivantes, moi l'écrivain provincial, enseignant las, ayant eu la chance de participer à ce fameux concours lancé par des éditeurs italiens et par le nouveau maire de Naples, Antonio Bassolino, Saint Antonio, comme on l'appelle, un communiste fervent et subtil, intelligent et pragmatique, un communiste à l'italienne, c'est-à-dire italien avant tout, un homme à la carrure d'un comédien charismatique qui a réussi à convaincre les automobilistes de s'arrêter aux feux rouges, qui a su tenir tête à la Camorra, qui a fait entrer l'art dans les grandes places publiques qui étaient occupées avant par des milliers de voitures. Tout cela, on nous l'a dit dès qu'on est arrivé. Il nous avait reçu dans la mairie un lundi matin, nous étions quelques écrivains venus d'une dizaine de pays, nous avions été sélectionnés sur des textes où Naples devait être rêvée, comment voyez-vous Naples, vous qui ne la connaissez pas, racontez-nous notre propre ville à partir de la rumeur ou des clichés qui circulent autour de sa renommée... J'ai écrit un texte sans le moindre espoir de gagner ce voyage, j'avais dit que Naples a une sœur jumelle, Tanger, tout le texte ne parlait que de Naples que je décrivais en pensant à Tanger, à ses frasques imaginaires, ses mythes bidons, sa légende si bien entretenue par des poètes qui y venaient de Californie pour fumer du kif et draguer des garçons, Tanger, image symétrique de Naples moins la Camorra, les meurtres dans le marché, les réunions de chefs de familles mafieuses, Tanger balayée par le vent, un lieu où persiste un mystère impossible à nommer, simplement parce que personne ne le connaît, mais on fait comme si, on fait semblant de vivre dans une ville romanesque sans joie, sans amour... On devrait souvent faire ça : écrire sur des villes où on n'a jamais été ; écrire le soupçon, l'imaginaire d'une histoire qui plane au-dessus de la ville, capter les bruits, les sons, les musiques qui bercent les habitants, deviner ce qui les fixe dans ce lieu plutôt qu'un autre, décrire les combinaisons souterraines, les imbrications insoupçonnées, les bas-fonds derrière les cimetières, faire le portrait du rêve, car chaque ville possède son rêve particulier, quelque chose qui lui est propre, qui la désigne avant de la nommer, qui la donne à voir, à sentir et qui la propulse dans l'univers intime de chacun... J'ai rêvé Naples avec peu de mots et d'images, je l'ai inventée comme on écrit une histoire à partir d'une intuition, comme on habille une femme aimée avec des mots simples, comme on lui ôte ses vêtements avec délicatesse, avec douceur, sans qu'elle sente qu'une main farfouille dans le dos à la recherche de l'ouverture magique... J'ai rêvé Naples en pensant à Stendhal qui écrit : « Dès les premiers symptômes de la maladie, on ne doit pas marchander le remède ; il faut fuir et aller passer huit jours à Naples ou dans l'île d'Ischia... » Je n'ai pas fait référence à Stendhal ni à Paul de Musset, le frère d'Alfred, ni à Dumas, ni à tous ces voyageurs célèbres qui ont magnifié ce port ouvert sur le monde et sur toutes les douleurs. J'ai parlé de ma fascination pour Naples et surtout de mon incompétence à en dire quoi que ce soit. Ma naïveté et ma sincérité ont dû séduire le comité de sélection qui a présenté mon projet à Saint Antonio. Ce fut ainsi que je reçus un jour une lettre d'Il Sindaco di Napoli : « *Pour entrer dans le troisième millénaire, Naples aura besoin d'écrivains et de poètes des quatre coins du monde. Nous avons pensé inviter des écrivains, des poètes, des artistes à célébrer par leurs créations notre ville. Votre projet nous a beaucoup intéressés et a été retenu par le comité de sélection présidé par moi-même. Vous pouvez passer à Naples deux ou trois semaines. Bien sûr, le voyage, l'hébergement seront pris en charge par la ville. Une indemnité journalière vous sera allouée. Vous serez entièrement libre ; vous devez nous remettre, de préférence avant votre départ, le texte que la ville vous aura inspiré, ou au plus tard un mois après votre retour dans votre pays... »* Suivaient les salutations d'usage.

Voilà ce qui explique la dérive napolitaine. Mais si j'avais pu tout deviner, si j'avais su que Naples allait me jeter dans le grand amour, je n'aurais pas fait le voyage. Non, cela ne correspond pas à la vérité. Bien sûr que je l'aurais fait, ne serait-ce que pour voir du pays, échapper à l'ennui marrakchi, l'ennui que le corps immobile sécrète lentement.

Dois-je vous rappeler que mon état actuel est déplorable ? C'est celui de quelqu'un qui rentre d'un long voyage, un naufragé, un corps à corps avec la brutalité qu'on croit étrangère à soi alors qu'elle est souveraine, présente et turbulente en chacun de nous, moi aussi j'ai pensé que la violence des rapports est ailleurs, qu'elle ne commence pas chez moi, parce que j'ai toujours dit que je n'aime pas les conflits, mais les conflits surgissent à notre insu, ils arrivent et bouleversent tout, il faut y être préparé, je ne l'ai jamais été, je sais que pour certains les conflits sont essentiels, c'est le moteur de la vie, la dynamique qui fait avancer les choses, à présent je sais que c'est stupide de dire « moi, j'ai horreur des conflits », cela ne veut rien dire, c'est une phrase en trop. Dire « non », moi j'ai du mal, je sais que quelqu'un a dit « c'est le non qui nomme », ça pose, détermine, exclut, met les distances et donne aux conflits leur place juste. Ah ! avoir la réputation de l'homme qui sait dire « non », sans hésitation, sans ambiguïté, sans regrets ni remords ! L'homme qui tranche, prend des décisions de manière ferme et calme. J'en rêve encore. Dire « oui » à tout et à tout le monde, c'est comme si on n'existait pas.

Revenons à Naples.

Voici le projet de texte envoyé par la poste à la commission de sélection des écrivains désireux d'écrire sur Naples :

Quand je pense à Naples, je vois une vieille femme assise au croisement de deux ruelles qui montent au ciel. La femme est petite. Son visage est ridé, ses yeux brillent d'intelligence et de malice. Elle vend quelque chose, peut-être des cigarettes américaines ou des billets de la Loterie nationale. Sur sa tête, un fichu noir. Posé à côté d'elle, un vieux journal. Elle ne parle à personne mais observe tout ce qui bouge.

Quand je pense à Naples l'été, je vois de jeunes mariés poser devant le photographe sur une des grosses pierres de la jetée. Leur image doit s'imprimer de manière nette sur le fond brumeux de la ville. Une partie de Naples se cache et étouffe les rumeurs qui partent en fumée. Naples ne s'affole jamais. Elle tient tête à tout ce qui tente de lui retirer sa folie.

Quand je pense à Naples l'hiver, je vois un marché trop éclairé le soir où des produits s'accumulent sur les trottoirs, où tout est enveloppé de sucre, où les couleurs sont criardes et les odeurs fortes. Tout est exagéré, les visages et les cris, les mains et les lumières, la corpulence et le souvenir.

La dernière nuit de l'année, le ciel est occupé par des feux de toutes les couleurs. Tout est illusion, étincelles, étoiles éparpillées sur le bord des nuages de passage sur la route du nord.

Quand je pense à Naples un jour pris au hasard, je vois la gare qui a quelque chose en plus, un supplément de vie plutôt encombrée de besoin et de manque. Ceux qui avancent en martelant le sol avec leurs chaussures aux semelles taillées dans des pneus usés, ceux qui regardent la ville s'ouvrir à leur passage, ne sortent pas des mauvais rêves de l'époque. Ils viennent d'Afrique avec des sacs pleins de sable et des valises remplies de cartes de géographie et de livres d'histoire, des malles pleines de contes et de fables. Ils viennent de l'autre côté de la mer, dans des bouteilles géantes jetées par les ancêtres. Leurs visages ont un siècle et plus. Leurs mains sont longues et lourdes. La gare est leur patrie. Naples, le désir et l'oubli.

Quand je pense à Naples une nuit d'insomnie, je vois des rues étroites et des rats courir derrière des enfants nus. Je vois une colline descendre vers le port et décharger des vieilles pierres. Je vois un bateau de lumière s'éloigner vers les îles.

J'entends le bruit d'un carrosse d'or tiré par quatre chevaux arabes. Il transporte D'Annunzio qui a rendez-vous avec une femme infidèle. Je vois Vittorio De Sica marcher sur la pointe des pieds le long de la jetée. Des actrices emmitouflées dans des draps le suivent.

J'entends le bruit de la nuit tomber comme des pétales sur les terrasses où des jeunes filles se sont endormies.

Je lis dans le ciel le message des anges qui viennent de quitter des funérailles. Ils ont laissé dans la ville des feux mal éteints et la promesse d'une vendetta dimanche à l'heure de la messe dans l'église San Andrea.

Je vois la blancheur de ma nuit lentement me quitter et aller se déposer sur les hauteurs de la ville tel le linceul couvrant des souvenirs brisés.

Je sens le froid gagner mes pieds, puis mes bras. Je me couvre. Je me ramasse. L'insomnie s'en est allée. Je peux dormir à présent et même rêver de Naples.

Rêver de Naples. Cela ressemble à une impatience amoureuse. J'attends. Je suis dans une gare ou un port. Je n'irai à Naples que par la mer. J'attends. Je ne sais quoi. Naples m'emplit de ses images chaotiques. Mes valises sont sur le quai. Tout le monde monte sur le bateau, sauf moi. Quelque chose me retient. Mes valises ont été à moitié avalées par le ciment frais. Mes pieds sont collés. J'essaie de crier, d'appeler au secours. Personne ne m'entend ni ne me voit. Le bateau quitte doucement le port. Des mains s'agitent. Naples est au bout du voyage, mais moi je suis condamné à rêver Naples, cloué sur place, éternellement sur ce quai où je n'existe pas.

Voir Naples dans le tumulte de l'amour, dans les yeux de l'amour où la mer scintille sous le soleil froid du printemps tardif. Voir Naples dans la brume du matin quand l'horizon est avalé par la proximité du ciel. On devine les îles et on suit des yeux le sillage des bateaux qui se perdent dans la lumière infinie, laissant la ville aux bruits qui crépitent.

On m'a dit que les hôtels entre la gare centrale et le port portent des noms qui mentent : l'Eden, la Paix et

pourquoi pas l'Amour ? Seul l'éternel, l'inévitable, l'in-
croyable hôtel Terminus garde précieusement dans ses
murs toute la sinistrose qui fait sa réputation. Le
lugubre est dans le papier peint. La mesquinerie, dans
le plafond si bas. La cruauté est dans les fleurs en plas-
tique. Le sordide est dans le couloir non éclairé et dans
les yeux cupides du garçon d'étage qui se rase un jour
sur deux.

Il paraît que Naples a aussi son hôtel Terminus, là où
s'achève le voyage, là où s'éteint le rêve, là où n'arrive
pas la mer, où les odeurs de la mer sont confisquées par
les puanteurs du ventre gras de Naples. Car Naples a
deux ventres. Le bon est ailleurs.

2

Quand je suis arrivé à Naples, j'étais déjà un autre homme. Mon corps était devenu léger, j'avais l'impression qu'il s'était vidé au cours du voyage. Les choses lourdes, les entraves, les nœuds, tout ce qui me torturait avait presque disparu. Ma mémoire était devenue sélective. Ce départ était plus qu'un éloignement géographique. Non seulement je prenais de la distance mais je me sentais vraiment libre. Il restait cependant au fond de moi un peu de cette vieille culpabilité. Je pensais à Fattouma et j'avais comme un pincement au cœur. Je ne pouvais pas l'effacer de ma mémoire. Elle était là, assise de tout son poids sur le fauteuil en cuir rouge face à la télévision, mais ses yeux fixaient les images sans les voir, des larmes coulaient sur ses joues, elle ne les essuyait pas et ne disait rien. Elle avait l'air effondré, tout s'était écroulé et elle ne l'avait pas vu venir. Comment aurait-elle pu soupçonner ou prévoir ce qui venait de lui arriver ? Le simple fait que son époux parte en voyage quelques semaines l'a mise dans un état de désespoir et de fragilité. Cette image d'une femme abandonnée et malheureuse m'était insupportable. Je n'arrivais pas à l'oublier. Alors je décidai de voir Fattouma autrement (il faut bien que j'invente pour survivre) : la voir différente, plus mince, plus jolie et surtout douée de raison. Je la voyais telle que j'aurais voulu qu'elle fût : souriante, heureuse de vivre, imaginative, créatrice. Elle avait subi (je lui ai fait subir) une métamorphose inespérée. L'autre, la femme de quarante ans renfrognée, frustrée, grasse et malheureuse, la femme qui a besoin de sa mère et de ses sept sœurs, ma victime, ma douleur, celle qui avait effacé mon image dans le miroir, celle que je persécutais avec constance tout en restant silencieux, faisant le dos rond, celle dont je supportais la présence comme un fardeau du destin, Fattouma mon étoile bonne ou mauvaise était devenue une princesse dans un rêve lointain à Marrakech, emmurée dans une des plus belles chambres d'un palais de la médina, entourée de domestiques et attendant mes lettres. Ma femme n'était plus mon épouse, mais une femme qui avait pris un autre visage, une autre allure, un regard de lumière et d'intelligence, une grâce et une magie de tous les instants. Elle s'était détachée de sa famille. Plus d'invasion. Elle n'avait plus besoin de sa tribu comme refuge. J'étais devenu un mari attentif, amoureux au point de lui écrire tous les jours. Je n'avais jamais écrit à ma femme. Peut-être parce que je n'avais plus rien à en attendre, plus rien à découvrir, surtout rien à lui dire. Elle non plus ne m'écrivait pas. Mon cas était plus grave : un écrivain, même de province, devrait écrire de temps en temps à son épouse. Enfin, grâce à cette échappée napolitaine, j'allais rattraper le temps perdu, rectifier les erreurs, améliorer mon comportement et tout bouleverser. Tout était dans ma tête. Cela m'amusait, je riais, j'avais réappris à rire. Voilà, il s'agissait d'agir sur la réalité en fonçant tête baissée dans la fiction ! C'était mon programme. J'y croyais beaucoup. Cela ne tenait qu'à moi de faire de ma femme un personnage intéressant, un être exceptionnel, une

Scarlett O'Hara de Marrakech, toute vouée à l'amour passionnel, à la folie, au charme et au drame. Le retour sur terre serait tragique. Je donnais ainsi des vacances à notre couple dont la rouille et l'humidité attaquaient mes nerfs et l'équilibre précaire auquel je m'accrochais de toutes mes forces.

C'était cela la vie à l'envers, l'ennui transformé en plaisir subtil, la lassitude en fièvre, l'argile en or, l'or en mots, les mots en émotions, plus rien n'était à sa triste place, quelle surprise, un crépuscule s'était changé en aube de toutes les attentes, de tous les espoirs, rien n'était perdu, même Fattouma allait accéder au bonheur, et moi par la même occasion j'allais enfin recouvrer la liberté, la légèreté et l'insouciance, la poésie, la musique et la joie, tout simplement, j'allais renaître, mais comment était-ce arrivé? Que s'était-il passé? Ce devait être une histoire d'écrivain. C'est fou ce que les écrivains inventent et ils finissent par croire à leurs fictions au point de les prendre pour la réalité. J'avais envie de la voir autrement, tout en étant persuadé que jamais un être ne change, personne n'a envie d'abandonner ses certitudes, sa citadelle, mais personne n'est à l'abri d'une fantaisie de petit écrivain de province, c'est à la mesure de mes ambitions, après tout je la transforme sans le lui dire, je la vois comme j'ai envie de la voir, c'est mon droit, tout se passe dans ma tête, car elle n'a jamais eu accès à ce refuge, elle est toujours restée en dehors, rien à faire, pas besoin de clé, de cadenas, de code d'entrée, ma tête, ma liberté, mon immense territoire infini, là où je jouis de ma pleine et entière solitude, là où je fabrique des rêves insensés, là où j'ai installé Larbi Bennya, mon personnage fétiche, mon Irlandais de pacotille, là où personne ne vient interrompre mes silences. C'est sans doute grâce à cette citadelle intérieure que je n'ai pas réagi pendant les années où ma vie sociale et familiale était marquée par l'ennui et la platitude. Souvent les mots prennent le pas sur les actes et même les supplantent comme s'il suffisait d'écrire pour changer la vie. Quelle illusion ! C'est un arrangement assez commode qui a l'avantage de poser un joli voile sur la réalité.

J'ai imaginé un amour fou pour ma femme, pour cela j'ai dû oublier qui elle était, je l'ai réinventée et je me suis surpris à avoir de vrais sentiments pour un personnage de roman, quelqu'un qui n'existe pas ou qui a existé sous une forme beaucoup moins séduisante. C'est pervers, je vous l'accorde, mais je me bats avec les moyens du bord, les mots et la fiction.

Je la voyais immaculée, sans mauvaise pensée, débarrassée de ses manies, de ses kilos en trop, svelte et fine comme la gazelle dont parlent les poètes du désert, sans fard, sans prétention, une créature de rêve, silencieuse, posée, sereine et surtout souriante. Elle n'était ni soumise ni résignée. Elle était libre, follement, absolument libre, sans entraves, sans préjugés. Et moi aussi, j'avais changé, j'étais devenu plus élégant, plus généreux. Physiquement, j'étais plus mince. Je ne pouvais plus l'appeler Touma ni Fattouma. Il fallait lui trouver un joli nom, quelque chose d'évanescent, le nom d'une fleur, un parfum, un poème. Je lui dirai « chère Ouarda » (Fleur), une façon d'être dans la séduction, dans une intimité subtile qui effleure sans troubler.

Chère Ouarda,
Je t'écris sans attendre ta lettre. Tu dois être surprise, je te l'accorde. Tu ne t'appelles pas Ouarda, mais Fatma, dite Fattouma. C'est un jeu, un petit plaisir que je nous

offre ; pardon, que je m'offre en espérant que toi aussi tu y trouveras un intérêt. Je sais, tu n'es pas celle dont je parle et à qui je m'adresse. Un mari silencieux et pas très vivant se met tout d'un coup à se livrer par correspondance. Après tout, nous n'avons jamais eu la chance de nous parler. Des mots circulaient entre nous sans jamais se rencontrer. Là, avec la distance et le changement de vie, j'ai du plaisir à t'écrire. Tu peux ne pas me lire, jeter cette missive à la poubelle ou ne pas l'ouvrir. Ce serait bien dommage. C'est ton droit. Moi, je ferai comme si tu lisais mes lettres et même comme si tu me répondais.

Tu te diras : c'est une lubie d'écrivain. Peut-être, mais j'ai envie de m'adresser à toi comme si le passé, le nôtre, n'avait pas existé, comme si nous venions juste de nous rencontrer et que le désir de te séduire était grand. J'ai tellement de choses à te raconter. J'ai peur d'oublier tout ce que je me promets de te relater. C'est l'impatience qui me pousse à t'écrire ce matin où la mer est belle et le ciel serein.

Je te nomme Ouarda parce que je te vois fleur rayonnante dans ma nouvelle vie. J'espère que tu aimeras ce prénom. Il est simple et joli. Je t'avoue que, depuis que j'ai quitté Marrakech, je me sens bien. Pour aimer les autres, ne faut-il pas se sentir un peu plus libre ? Accorde-moi cette liberté et je t'aimerai comme tu mérites d'être aimée. Tu peux douter de mes phrases et ne pas croire ce que je te raconte. Mais sache qu'en ce moment précis où je t'écris, je suis sincère. Tu te souviens que notre vie commune a manqué de fantaisie, de jeu et de rire. A présent, nous pouvons essayer de nous débarrasser de notre costume étroit et vieillot. Ne le prends pas mal, chère Ouarda, mais grâce au pouvoir des mots et des images, peut-être que notre couple sera sauvé. Tu te demandes de quoi je parle, je te vois étonnée, perplexe, et je crains que la colère ne l'emporte sur l'envie de jouer un tour au destin qui, comme tu le sais, n'a ni humour ni patience. Mais le destin a bon dos. Il a fallu que je m'éloigne de la maison, que je ne respire plus la poussière rouge de Marrakech, il a suffi que je me trouve face à la mer Méditerranée pour me laisser embarquer dans une histoire rocambolesque. C'est ce qui pouvait m'arriver de mieux. Lis plutôt et, si tu as la générosité d'aller jusqu'au bout, quelque chose en nous changera. Je le sens et le vois.

Il m'est arrivé hier une histoire étrange. Une voix m'appelle au téléphone tôt le matin et me lit ce texte : « Naples, 11 janvier 1817. Entrée grandiose : on descend une heure vers la mer par une large route, creusée dans le roc tendre, sur lequel la ville est bâtie. – Solidité des murs – Albergo dei Poveri, premier édifice. Cela est bien autrement frappant que cette bonbonnière si vantée qu'on appelle à Rome la Porte du Peuple. »

Après un silence, la voix me dit : « Je vous sais homme de culture et d'esprit. Ce texte est de Stendhal. Trouvez-vous à onze heures devant l'Albergo dei Poveri, via Foria. Si vous êtes assez attentif, vous y verrez quelque chose que même les Napolitains ignorent. »

La voix – celle d'une femme probablement – ne me laissa pas le temps de poser des questions. Elle dit : « Je suis une amie de qui vous savez. » J'ai pensé que c'était une erreur de numéro de téléphone, ce qui ne m'a pas empêché d'aller voir. Après tout, il faut bien qu'à la fin de mon séjour j'écrive quelque chose sur cette ville.

J'ai demandé à la réception du Vesuvio s'il existait à Naples un hôtel des Pauvres. L'homme, un Marocain de

34

Tafraout, marié avec une Italienne, me regarda un peu étonné et me dit en arabe :

— Vous n'êtes pas content de l'hôtel ? Comme je vous l'ai proposé l'autre jour, je serais heureux de vous recevoir à la maison. Ma femme aussi. Mais si vous voulez changer, aller dans un hôtel plus abordable… Je peux vous conseiller le Majestic, quatre étoiles et une vue sur un grand mur gris, ou bien le Terminus, avec l'assurance que le train passe sous la chambre et non dans la chambre…

— Non, je vous remercie pour votre invitation, je ne veux pas changer d'hôtel, je vous demande juste un renseignement. On m'a parlé de l'Albergo dei Poveri. L'écrivain français Stendhal l'aurait visité en 1817. Je voudrais le voir, peut-être m'inspirera-t-il pour écrire une histoire.

L'homme sortit un bottin et chercha.

— Pas d'hôtel portant ce nom, et pourtant c'est l'édition la plus récente du bottin du tourisme. L'hôtel des Pauvres ! Mais c'est une plaisanterie ! Je connais Naples mieux qu'Agadir, j'y suis depuis plus de dix ans, je n'ai jamais entendu parler de cet Albergo. Désolé, mon cher compatriote. A propos, savez-vous que j'ai de l'huile d'argan ? J'ai reçu deux litres que ma mère m'a fait parvenir la semaine dernière par un cousin qui travaille en Sicile. J'aimerais bien vous en donner un peu, elle est si rare et tellement bonne !

— Merci, cher compatriote.

— Je m'appelle Hassan, mais ici on m'appelle Tony. Vous savez… on n'a pas bonne réputation… Les gens ont du mal à croire que je ne suis pas italien. Mais vous savez, professeur, nous autres Marocains, on est obligés de s'adapter. Les Italiens sont sympas, j'ai eu un peu de mal au début avec ma belle-famille, mais maintenant ça va. En tout cas, je suis heureux d'être à votre service..

J'ai dû l'interrompre parce qu'il était prêt à me raconter toute sa vie. Je lui ai promis qu'un jour où il ne travaillerait pas, nous irions ensemble manger un couscous sicilien.

Je prends un taxi et lui demande de m'emmener via Foria.

Arrivé au milieu de cette rue sale et laide, devant une petite place où un clochard entouré de chiens est en train d'écrire sur un grand cahier, je cherche des yeux cette vieille bâtisse, asile des pauvres. Je m'adresse au clochard. Sans lever les yeux de son cahier, il me dit :

— Vous êtes aveugle ? C'est le bâtiment à droite. Il est tellement énorme et grotesque qu'on ne peut pas le rater.

C'est peut-être lui qui m'a téléphoné ce matin. Non, ce n'est pas sa voix que j'ai entendue. Alors, où est cette personne qui m'a invité ? Apparemment, elle n'est pas au rendez-vous. C'est une erreur de transmission. J'ai dû entendre des voix, rêver qu'une voix de femme me demandait de la rejoindre dans le sous-sol de ce bâtiment aux proportions gigantesques. Ne sois pas jalouse. Il ne faut pas trop chercher à comprendre. Fais-moi confiance. Après tout, tu n'as rien à perdre ni à risquer. C'est un jeu. Je t'écris et tu me fais le plaisir de me croire.

Je regarde un mur tout le long de l'avenue. Derrière, un vieil immeuble gris avec d'immenses fenêtres ouvertes, les vitres brisées, d'autres sont murées. Au-dessus de ce qui devait être l'entrée principale, ces lettres : REGIVM TOTIVS REGNI PAVPERVM HOSPITIVM (Asile royal de tout le royaume pour les pauvres). Le bâtiment s'étend sur plusieurs centaines de mètres.

L'entrée a été condamnée, une porte aussi haute qu'un arc de triomphe. La pierre est rouge rouille, presque noire. Sur les balcons, des herbes sauvages ont poussé. La municipalité a entouré le bâtiment d'un mur de protection de deux mètres de haut. Elle a oublié de le peindre. Il a la couleur du ciment. On dirait qu'on a essayé de le cacher, comme s'il faisait honte à la bonne ville de Naples, un peu comme nous faisons chez nous quand on veut ignorer l'existence des bidonvilles, surtout le long de l'autoroute entre Casablanca et Rabat, sauf que, nous autres, nous passons le mur à la chaux vive et nous attendons pour construire une passerelle qu'il y ait quelques morts parmi les gens qui traversent l'autoroute à pied. A quelques dizaines de mètres de là, une ouverture, on dirait l'entrée d'un tunnel. Une camionnette vient de s'y engouffrer. Je la suis. C'est un corridor au plafond très haut. Personne pour me renseigner. J'avance vers une lumière au fond. Il n'y a pas âme qui vive. Je marche d'un pas lent en regardant derrière moi. Pas de chat ni de chien. Peut-être une taupe lourde qui traverse lentement de droite à gauche. Comme vous savez, j'ai horreur des rats. J'aperçois un homme en tenue de sport devant la porte d'un hangar éclairé au fond. Je lui dis que je cherche l'Albergo dei Poveri. Il me dit :

– Ici, c'est le siège de l'Association surréaliste des sportifs musiciens. Si vous voulez faire du sport avec nous, allez là-bas, à gauche, vous trouverez Armando, le pianiste manchot, qui vous dira ce qu'il faut faire. Ne vous trompez surtout pas de porte, car si vous dérangez M. Alberto, l'archiviste de la ville, il vous mordra l'oreille. C'est un sauvage qui a perdu la tête. Bon, à voir la fatigue sur votre visage, vous auriez intérêt à vous joindre à nous… Ici, on prend la vie de l'autre côté, le bon, celui qui nous débarrasse de toutes les emmerdes, c'est une philosophie, vous savez.

Pas d'Armando, ni d'Alberto ni de manchot. Personne ne connaît cet Albergo. Je continue ma recherche. Le corridor donne sur un autre corridor qui n'est presque pas éclairé. Au fond, je trouve un ferrailleur qui me dit qu'il n'y a rien à voir. Je le crois volontiers. Il arrête de frotter un morceau de fer, s'essuie le front, puis me dit :

— Tout dépend de ce que vous cherchez. Parfois, des touristes se perdent et arrivent affolés pour me demander où est la sortie. Il n'y a pas de sortie, c'est une voie sans issue. Ce n'est pas votre cas, vous saviez avant d'entrer là que la sortie n'existe pas, ça se voit sur votre visage. Mais si vous cherchez bien, il y a une cour des miracles dans ce lieu maudit, car nous sommes ici quelques-uns frappés de malédiction et nous nous cachons pour payer nos fautes. Ce n'est pas le purgatoire, mais ça lui ressemble. Continuez votre chemin, je suis sûr que vous rencontrerez la jument ailée qui a transporté les prophètes dans le ciel. Derrière les choses, il y a d'autres choses. L'apparence est trompeuse. Allez, partez et ne vous retournez pas, ça vaudra mieux !

Je le remercie et poursuis mon avancée en faisant le tour du sous-sol. Je m'arrête devant la porte assez déglinguée d'un hangar. Je regarde par un trou grand comme une balle de tennis.

Imagine, chère Ouarda, toutes les extravagances de Naples amassées là, dans cette arrière-boutique de la détresse : au milieu, une vieille barque de pêcheur sur-élevée sur deux tonneaux, une table dont un pied est cassé, deux chaises trouées, une bicyclette sans guidon, un lit métallique défoncé, une armoire à la vitre brisée, une corbeille de poupées, une valise en carton pleine de chapeaux, une vieille cafetière en céramique, un landau plein de casseroles, un combiné de téléphone, une photo d'une équipe de footballeurs, un hamac étendu entre la barque et un arbre sec, un cartable éventré, une commode intacte couverte de poussière, un électrophone La Voix de son maître, une pile de disques 33 tours, un manteau mité accroché à une branche de l'arbre, une série de pots de confiture qui ont pourri il y a longtemps, un tableau montrant une grosse femme étendue à la manière de *La Maja desnuda*, une affiche du film *Riz amer*, une poêle noire où est posé un pigeon mort, un calendrier de 1961 et une coupure de journal de janvier 1981 avec un gros titre « La terre a encore tremblé. Incompétence des autorités », un bidet cassé en deux, un parapluie ouvert posé au-dessus d'un fauteuil rouge. Dans le fauteuil, une chose, une grosse chose qui bouge, un animal peut-être, non, c'est une chose humaine qui ronfle, un homme ? une femme ? La chose est habillée de plusieurs vestes scotchées autour de la poitrine, d'un pantalon bouffant et, par-dessus, de sacs poubelles en plastique taillés en forme de gandoura. Elle se tourne dans ma direction. J'aperçois le visage couvert de poudre blanche, de la farine sans doute, la morve au nez et la salive jaunâtre à la commissure des lèvres. C'est une femme. Une vieille femme qui bave, attrape de la main le mollard et le dépose délicatement dans une tasse à thé. Elle se cure le nez longuement. Je vois que son ventre est gonflé. Elle le caresse en tenant de la main droite un pénis en bois ou en plastique. Elle crache dessus et fait glisser sa main. Les jambes écartées, elle pisse en poussant des cris de plaisir. Je ne comprends pas ce qu'elle baragouine. Elle se lève, crache dans la tasse à thé et la dépose sur un tabouret. Des rats viennent manger ce qu'il y a dedans. Une télévision est posée en face du fauteuil. L'écran est hachuré, mais on entend le commentaire d'un match de football. La femme se lève, marche péniblement et donne un coup de pied dans la tasse à thé. Les rats s'enfuient. Elle réussit à en attraper un et l'introduit dans son pantalon, se met à gesticuler comme si elle dansait sur une musique qu'elle imagine. Elle s'empare d'un rasoir de coiffeur, sort le rat d'une de ses poches et lui tranche la tête en jubilant. Tu connais, chère amie, ma peur des rats. Dès que je perds pied, j'en vois partout. Elle s'arrête brusquement et regarde en direction du trou d'où je l'observe. Elle a senti une présence derrière le portail. Elle s'affale dans le fauteuil, pousse un soupir, regarde la porte et dit : « Entre ! Je sais que t'es là ; tu n'as qu'à pousser fort la porte. Viens, je t'attendais, p'tit mec. »

Je t'avoue, chère Ouarda, que j'ai eu peur. J'ai hésité, puis la porte s'est ouverte toute seule et me voilà face à cette chose à l'haleine fétide – un mélange d'ail et de bière – qui m'ordonne de m'asseoir sur le tabouret. Au moment où je vais le faire, elle change d'avis et me dit de m'asseoir sur le poste de télévision. J'eus brusquement envie de prendre la fuite, mais quelque chose en moi me disait de rester. J'étais dans la cour des miracles, un peu comme dans le souk Jouteyia où des gens très pauvres revendent des objets cassés, des vêtements usés, de vieilles casseroles.

– D'où viens-tu ?
– Du Maroc, de Marrakech…
– Ah ! Un étranger, encore un étranger, un Arabe, un juif ou un musulman, peu importe, j'aime les étrangers, je les préfère à ces fils de putes d'Italiens qui s'agitent

beaucoup et ne font rien. Mais attention, les étrangers je les aime riches et de passage, c'est ton cas, n'est-ce pas ?

— Je suis de passage. Riche, non. Je ne suis pas très pauvre non plus. Je vis modestement...

— Ah, je n'aime pas les gens qui se tiennent au milieu, ni riche ni pauvre, ni fort ni faible, ni blanc ni noir, ni gros ni maigre, ni chaud ni froid, j'aime pas les ni-ni, choisis ton camp, les tièdes ça devrait pas exister...

— Vous avez raison, mais on ne fait pas tout ce qu'on veut...

— T'es du genre prudent, un peu inquiet, un peu conciliant, le mec qui veut faire plaisir à tout le monde, ne pas fâcher, ne pas contrarier, bon je ne veux pas te juger, je ne te connais pas encore, mais je me trompe rarement, enfin, que veux-tu, pourquoi t'es là, t'es quand même pas venu du Sud marocain pour me raconter une histoire de cœur qui a foiré ?

— Avec vous, on a intérêt à dire la vérité. Je suis ici pour écrire quelque chose sur Naples, un livre peut-être.

— Un livre sur Naples ! T'as pas besoin de l'écrire. Je suis le livre de Naples. Tout est là : la beauté, le soleil, le loto (ce sont mes ancêtres qui, au dix-huitième siècle, ont inventé le loto !), le vol, la corruption, le crime, le trafic, les tribunaux, la prison, les femmes, la folie, le plaisir, le souvenir, la chair, le vice et le rire. Je suis le rire de Naples. Quand la ville est prise d'euphorie, c'est moi son rire, ses grands éclats de rire. Je ne sens pas bon. Normal. Je suis l'égout et le jardin, la poubelle et les citronniers, le vomi et les délicatesses sucrées, je suis la douceur du printemps et le vent de l'hiver, le bien et le mal, la mémoire et le remords, je suis l'intrigue absolue, celle qu'aucun enquêteur n'a réussi à comprendre, et je suis le bouffon des hommes perdus par la drogue, les femmes et l'alcool. Ah ! cette haleine qui sort de ma bouche édentée ! Elle me tient chaud. On dit qu'elle est fétide. Je m'en moque. Elle m'accompagne partout ; tant que je la sens forte et épicée, je sais que je suis vivante. Mais Naples est immortelle. Éternelle comme le vice. Vois-tu sur mon visage la moindre trace de la maladie ou de la mort ? Non. Naples a séduit tant et tant de personnages. Ils sont tous morts, et moi je suis toujours là.

Tu te rends compte, chère Ouarda, je n'arrivais pas à placer un mot. Il faut te dire que j'étais fasciné par ce personnage qui mérite de figurer dans une galerie de portraits picaresques de peintres andalous. J'étais médusé, stupéfait. Je ne savais ni quoi dire ni que faire. Alors, elle changea de ton et me dit :

— Il faut que je te dise pourquoi je suis là, je sens que t'es paumé, mais t'es brave, ça se voit ; en général j'aime les braves, mais toi tu dois cacher ton jeu ou plutôt il faut qu'on t'aide pour sortir de toi le plus important. On verra plus tard. Pour le moment, continue de m'écouter et ne fais pas attention aux rats.

— J'ai horreur des rats.

— Faut t'habituer. C'est comme ça. On les oublie. Ils deviennent familiers. Voilà : j'ai été la dernière pensionnaire de l'Auberge des Pauvres, la toute dernière. La dernière de la liste, une si longue liste. Certains sont morts de vieillesse et de tristesse, d'autres se sont tués en avalant de la mort aux rats, d'autres ont été placés dans des asiles pour vieux, je veux dire pour séniles, tout près du cimetière, il y a juste une rue à traverser, tu passes de l'asile à la tombe, moi, j'ai refusé de bouger, non pas parce que je suis pauvre mais parce qu'on ne déplace pas un monument si facilement. Oui, à moi toute seule, je suis un monument de vérité. Ça t'étonne ? Ma pauvreté, c'est une fausse pauvreté. Pure illusion. Mon destin était tracé de façon à faire de ce lieu le centre de ce qui résiste et fait la réputation de Naples. Ici, je vis comme une princesse. Pas besoin de prouver ma lignée. *La classe non è acqua !*

Un moment de silence. Je suis subjugué par cette faconde. Je regarde mes pieds et ne sais pas quoi dire. Je me dis : cette femme est un vrai personnage de roman, il faut faire le livre sur elle ou du moins avec elle. Il suffit de l'écouter. Ou bien elle fabule et c'est assez inattendu, ou bien elle dit la vérité et c'est encore mieux.

Elle lit dans mes pensées :

– Je suis sûre que t'es en train de te demander si je n'invente pas tout ça. C'est possible. Ce qui est certain, c'est que je vis ce que j'invente. Je suis la gardienne des histoires des autres. C'est ça mon métier : je reçois et je garde, je libère et j'enregistre. Non, tu ne vois pas de quoi je parle ? C'est simple : les gens aiment se confier à moi et moi je ne déteste pas ça. Bon, venons-en à toi. Alors, Marrakech, c'est de quel côté, à droite ou à gauche en sortant ?

– Marrakech est le début du Sud marocain. C'est une ville où la terre est rouge, les gens sont hospitaliers, ils ont souvent de l'humour et sont des Méditerranéens sans avoir la mer.

– Un livre sur Naples, quelle idée ! Pourquoi pas un livre sur Marrakech ?

– Parce qu'il y a moins de mystère, moins de bruit et de sang sur les pierres… Et puis j'ai gagné un concours, j'ai été sélectionné pour participer à un ouvrage sur Naples. Je n'ai jamais quitté le Maroc. Je suis un apprenti écrivain. Là j'ai l'occasion de sortir un peu de ma coquille. Je commençais à m'y sentir à l'étroit, ça sentait l'humidité et la rouille. J'ai évoqué Naples dans un petit texte sans jamais y avoir mis les pieds. Ce devait être assez convaincant pour qu'on me paie le voyage et le séjour. Pour moi, c'était inouï, inespéré.

– Il faut que tu le saches : ici, tu es dans l'Auberge du Destin, là tu vas pouvoir suivre ton chemin, tu le suivras jusqu'au bout, jusqu'à la dernière ligne, sache aussi que là, tu es entré dans le grand hangar des histoires. Si t'es venu pour me confier la tienne, tu tombes mal. Je ne suis pas d'humeur à t'écouter. Aujourd'hui, on fait relâche. Le mardi, je ne travaille pas. Le mardi, c'est mon vendredi, mon samedi à moi. De toute façon, je suis pas certaine que t'as assez de blé pour régler la note. Car ici, rien n'est gratuit. Tu me racontes ton histoire, je l'enregistre là, dans la tête, je la vomis ensuite dans un de ces cartons, puis tu te sens soulagé. Comme je t'ai dit tout à l'heure : c'est mon job. C'est pas très rentable, mais j'aime bien soulager les gens, surtout quand ils sont malheureux. Bon, tu m'es sympathique, je te permets de rester dans le hangar, juste pour te familiariser avec l'étrange. Ici, à Naples, sache que rien n'est normalisé, personne n'entre dans les rangs. On est dans la ligne de mire de la justice, mais on a l'art de se faufiler, d'être ici et là, de voler et de donner, de chanter et de pleurer. Que veux-tu écrire sur une ville à plusieurs visages, tantôt ridés, tantôt jeunes et fardés, tantôt marqués et sans lueur ? Il faut savoir se mettre dans plusieurs lieux en même temps pour saisir la moindre photo de Naples. Je me suis retirée dans ce hangar où les objets les plus divers et insolites sont mes compagnons et témoins. « *Miseria e Nobiltà* », telle est ma devise. C'est ce que je suis. Je suis mauvaise avec les rats ; je les déteste, mais je les préfère à certaines personnes dont la lâcheté et l'indignité m'écœurent. Et Dieu sait si Naples est pleine de cette racaille. Ah ! les hypocrites, les petits mafiosi qui se donnent des airs de bourgeois alors qu'ils ne sont que de petits voleurs ! Les rats ! je leur tranche la tête avec plaisir et je les donne aux chats. As-tu remarqué ce qu'on a fait de cet immense bâtiment ? On dirait un paquebot en plein centre-ville. Magnifique. Formidable. Effrayant. Des plafonds peints avec art, recouverts de poussière. Des fenêtres hautes comme si on devait passer par là pour aller au ciel. Des portes majestueuses. Toutes condamnées. Elles sont là pour garder le néant. Le paquebot a été abandonné. Va savoir pourquoi. C'est comme ça dans ce pays. On ne donne pas de raison. Les rats ont quitté le navire. Pas tous les rats. Pas moi. Je suis la taupe la plus ancienne, la plus vieille, la plus coriace du Pauperum Hospitium. Je veille sur le navire de la pauvreté et de la grande noblesse. Je ne vais tout de même pas laisser ce superbe bâtiment à des Siciliens qui en feraient un parking pour voitures de luxe volées ici ou là, des pizzerias avec de la pâte surgelée et un bordel avec des spécialités nigérianes. Je suis le veilleur de jour et de nuit de la plus belle erreur de l'histoire napolitaine. Auberge des Pauvres ! Mais tout Naples ne suffirait pas à héberger tous les pauvres qui se faufilent entre les doigts de la mer, qui débarquent de leur Sicile et Calabre maudites, qui s'habillent comme des images, puis tombent dans le chaos. Ils marchent sans faire attention. De temps en temps, une trappe s'ouvre à leur passage et ils atterrissent dans un de ces hangars dont j'ai la responsabilité devant Dieu et devant le Diable. N'oublie jamais, petit étranger, ici on marie les contraires, rien n'est définitif. Tout change. C'est comme la vie. Rien ne ressemble à rien.

Le torrent de paroles déferle sur moi avec une belle violence. J'enregistre tout ce qu'elle me raconte. J'ai cette faculté de tout retenir. C'est la performance de ceux qui n'ont pas grand-chose à dire. Au moins je peux épater les gens en leur montrant que j'ai une mémoire de chameau. Comme la Vieille lit dans mes pensées, elle rectifie :

– Tu veux dire une mémoire d'éléphant ? Non, tu as raison, tu peux tout à fait choisir l'animal que tu veux pour nous dire que tu as une très bonne mémoire. Alors, continue de m'écouter attentivement. Ton bouquin, nous sommes en train de l'écrire, enfin presque. Revenons à l'Auberge ; as-tu remarqué en traversant le corridor B qu'un des hangars a été réquisitionné par l'État pour y déposer les archives de la ville ? Tu verras en sortant d'ici, il y a une plaque où est écrit : « Archives du tribunal de Naples. Archives d'état civil. » J'empêche les rats d'aller fouiller là-dedans. Ça ne sert à rien. Qui s'intéresse à ces archives ? Pas moi. Toi, peut-être, si tu veux bourrer ta mémoire de noms à l'infini. Des registres des naissances et des décès. D'immenses pages écrites à la main et qui n'ont aucun intérêt. Qu'est-ce que ça peut me foutre de savoir que Mme Luisa De Donno âgée de 77 ans est morte le 10 avril 1962. Elle est partie et je m'en fous. Toi non plus tu n'en as rien à faire, n'est-ce pas ? Si au moins ces archives nous parlaient de l'âme ! Ah ! l'âme, cette forêt de turbulence, ce sable chaud de nos nuits sans amour, cette immensité qui nous transporte au ciel ou nous plonge dans les abîmes les plus profonds ! Les archives l'ignorent. Moi, j'ai comme une intuition quand je rencontre pour la première fois une personne, je vois en une fraction de seconde de quoi est faite son âme. Toi, par exemple, j'ai tout de suite vu le visage derrière le visage, l'âme derrière les yeux. Je te dirai un jour ce que j'ai aperçu. T'as dû rencontrer Guido, le type qui fait semblant de travailler le fer. Il est cinglé, mais pas bête. Il a des choses à dire, mais il m'ennuie, j'aime pas les gens ennuyeux, c'est contagieux l'ennui.

Toujours assis sur le poste de télé, j'écoute la Vieille (c'est ainsi que je l'appellerai dorénavant) tout en observant les détails de ce décor de mauvais film d'horreur. Une sonnerie de téléphone l'interrompt. Elle cherche le combiné sous des coussins, des couvertures, des draps et des journaux. Elle parle en napolitain, crie, puis dépose le téléphone sous son fauteuil.

– Les gens sont fous, me dit-elle. En tout cas, les Napolitaines sont folles. Elles ne veulent pas d'amants. Elles veulent toutes un mari, avoir des enfants, faire la cuisine et chanter des vieilles rengaines. Elles refusent de quitter Naples ; comme des chattes, elles marquent leur territoire. Pourquoi je parle des Napolitaines ? Ah ! c'est le coup de fil ! Une femme veut que je l'aide à jeter un sort à son fiancé tombé amoureux d'une touriste allemande. Ça aussi je sais le faire. Si t'as besoin de mes services, je serai à ta disposition. Pour ton bouquin, tu sais, il faut raconter des histoires, il n'y a pas mieux pour dire la vérité, des histoires invraisemblables, des contes incroyables. Je te l'ai déjà dit, je te le répète : je suis un sac plein d'histoires, je suis un dépôt de toutes les histoires qui arrivent à Naples, je ne les recherche pas, elles se déposent dans mes poches, dans mon ventre, j'ai un gros ventre, ça te dégoûte ? C'est une panse bourrée de vie, de rires et de larmes. Si

tu poses ta tête sur mon ventre, tu entendras Naples
vivre et mourir. Le genre de bruit dépend de l'heure que
tu choisis pour écouter le ventre de la ville. Ne bouche
pas ton nez. La vie pue. Tout ce qui est bon et beau finit
par puer. Alors approche et écoute ce que raconte la
baie à la ville, les collines à la montagne, les ruelles
étroites aux églises sombres, les enfants rusés aux passants pressés, les Gitans aux touristes, les chauffeurs
de taxi aux vieilles dames, les garçons de café aux prophètes dévoyés, les liseuses de cartes aux crédules et les
pauvres à l'étranger qui croit comprendre Naples en
écrivant un livre ! Allez, ramasse tes fesses et dégage
de là. C'est l'heure de mon feuilleton préféré. Tu peux
regarder avec moi. Ce sont les Mémoires du vagin qui
a reçu le plus grand nombre de bites, c'est passionnant
un sexe qui se souvient, il raconte tout, sans honte, sans
pudeur. C'est ça ce que tu devrais écrire. Ne sois pas
timide, un peu d'épices, même beaucoup d'épices, c'est
bon... T'es choqué ? On ne parle pas de ça chez toi ? Je
sais, tu penses déjà que je suis vulgaire, mais, p'tit mec,
la vulgarité n'est pas là où tu crois.

Il faut que je te dise, chère Ouarda, qu'à ce moment-là
la faim et la fatigue me donnaient la nausée. Ma tête
tournait sous le déluge de ces phrases dites avec véhé-
mence. J'avais besoin de sortir prendre l'air. Je me levai
et me dirigeai vers le portail quand un crochet au bout
d'une lance, sorte de canne à pêche renforcée, m'attrapa
par la ceinture et me ramena en un mouvement vif vers
la Vieille.

— Mais où tu vas ? cria-t-elle. On ne me quitte pas. On
ne me laisse pas, même pour prendre l'air. Comprends-
tu ça ? Alors assieds-toi et regarde avec moi la télé.

Pour sortir de là, il te faudra un visa, oui, un visa avec mon tampon et ma signature, sinon, tu restes là, tu peux crier, appeler au secours, faire venir ta mère ou ta femme, personne ne te sortira de là. Compris ? Ici, on est de l'autre côté du labyrinthe, et le labyrinthe, c'est moi !

J'étais presque collé à elle, je suffoquais sous tant de puanteur. Je retenais ma respiration, puis je me dégageai en me disant : « Je ne suis tout de même pas venu à Naples pour avoir peur d'une folle et m'évanouir sous un épais nuage de saleté ! » Sur l'écran de la télé, il n'y avait pas d'images, juste de la neige. Elle riait aux éclats, me donnait des coups de coude, mais je ne voyais rien derrière ces petits points qui scintillaient.

Folle, elle l'était assurément. J'en pris mon parti et décidai de jouer le jeu. Je me hasardai à faire un commentaire :

— Mais cette histoire n'est pas drôle, le personnage de la femme n'est pas crédible, et puis tous ces sexes qui bandent sont tristes.

— C'est quoi ton problème ? C'est un feuilleton formidable. C'est toute ma vie qui se déroule sur cet écran. Et pourquoi donc fais-tu le malin ? Tu sais pertinemment qu'il n'y a pas d'images sur l'écran. Tu crois que je suis folle peut-être…

— Ah ! bon !

Il ne fallait pas la contrarier. S'il n'y avait eu toutes ces odeurs, mon humeur aurait été plus accommodante. Elle éteignit la télé avec le bout d'une canne, se tourna vers moi, les yeux un peu humides, me tendit un cahier et un crayon et dit :

— Écris-moi quelque chose de joli, des vers ou de la prose, une poésie pour rendre ce tumulte plus supportable. Écris quelque chose de joli, des mots enveloppés

49

de bleu et de rose, mets-y un peu d'espoir et de douceur, j'en ai besoin pour vivre...

Tout d'un coup, elle avait changé, elle était devenue humaine, moins crispée, moins sale, plus tendre, mais toujours triste. Je pris le cahier et restai silencieux. Ce qu'elle m'avait dit me rappela une chanson. Elle ferma les yeux et s'assoupit. Il régnait un calme étrange, même les objets devenaient beaux, même les odeurs d'urine et de vomi avaient disparu. Elle ronflait avec régularité. Les rats étaient terrés derrière les choses. J'eus envie de lui écrire quelque chose de joli en pensant à ma mère :

Ma mère, ma pauvre mère qui croit en Dieu et en son prophète, ma mère n'aime pas le tumulte de la vie. Comme vous, elle a besoin de douceur. Au fond de mes yeux, elle cherche la mer par temps calme. Ne vous fardez plus. Enlevez cette farine de votre visage. Laissez votre âme s'installer dans vos yeux. Elle doit être bonne. Elle a dû souffrir. Vous avez dû être une belle dame, du temps où la beauté vous donnait la joie et le rire de la légère insouciance, à l'époque où vous étiez le printemps de toutes les saisons. Auriez-vous pu vivre ailleurs qu'à Naples, dans ce paquebot immobile où tout se dégrade? Mais Naples en vous change. Cette ville à plusieurs têtes avec des ventres de toutes les tailles, cette ville à l'œil torve par moments, au regard brûlant et aux mains sales est en train de se faire une beauté. Et moi, je suis là, dans cette tanière, en train d'aligner des mots jolis pour faire plaisir à une femme qui a le même âge que ma mère et qui sombre dans un sommeil doux, dans une paix étrange quand on regarde autour de soi et qu'on voit tous ces objets entassés pour raconter une vie, rappeler des souvenirs qui n'en finis-

sent pas de dérouler la ficelle d'argent qui les maintient
attachés les uns aux autres…

Je laissai le cahier ouvert sur le tabouret et me levai. Je remarquai une paire de ciseaux ouverts, rouges de rouille, posée sur une table à côté de son fauteuil. Je m'approchai sans faire de bruit et tendis la main pour m'en emparer. Là, je reçus un coup sec sur l'épaule. Sans ouvrir les yeux, la Vieille me dit :

— Touche pas à ça ! Ces ciseaux rouillés sont ouverts de telle façon qu'ils doivent attiser la haine et la vengeance. Ils me rappellent tous les jours que ma vie n'a de sens que si ma haine aboutit, alors touche pas à ça. Plus ils sont rouillés, mieux ça vaut pour ce que j'ai à faire. Retourne à ta place et à ton cahier. Écris-moi quelque chose de joli, et dis-toi bien que je ne suis pas ta mère…

Je n'avais plus envie d'écrire. Je me mis à observer la barque posée sur les tabourets. Une barque avec des trous ; on aurait dit des impacts de balles ou des coups de hache.

— Ne t'approche pas de mon bateau, il est habité, me cria-t-elle.

Curieux, je regardai par un des trous. Il y avait des cartons ficelés.

— Chaque carton, ajouta-t-elle, contient un grand livre, un manuscrit écrit par des mains anonymes. On y raconte Naples d'il y a longtemps. Il y a le carton des voleurs, le carton de Dieu, le carton des putes, le carton des menteurs et des hypocrites, il y a le carton du sommeil et des rêves, c'est fou ce que les Napolitaines rêvent, heureusement elles oublient, il y a le carton des cuisines et des vins, il y a aussi un carton archivant les bordels clandestins, et puis, si tu cherches bien, il y a le carton de la mort, tu y trouveras tout ce qui concerne la mort, les médicaments pour partir en douceur, les enregistrements des dernières conversations des malades, les adresses des laveurs des morts, des escrocs qui font dans le funéraire, des plans de cimetières, il y a même un guide pour dialoguer avec les esprits, il y a le carton des promesses non tenues, c'est je crois le plus gros, en tout cas le plus lourd, il y a le carton des maladies et épidémies qui ont sévi à Naples au cours des siècles, et puis il y a le fin du fin, un carton vide, sans rien dedans, c'est celui que je préfère, et là, par terre, j'ai pour toi un cahier, des feuilles venant de la petite fabrique de papier à Amalfi, prends-le, tu dois le remplir, ce sera ton cahier, tu me le rendras rempli d'histoires, je les lirai, si je les trouve bien, j'en ferai un livre que je classerai dans la bibliothèque, pas celle des rats mais celle des pauvres.

J'étais de plus en plus curieux de savoir par quel détour de la vie elle était arrivée dans cette Auberge des Pauvres. Peut-être que son histoire était contenue dans l'un des cartons. Je me faisais cette réflexion quand elle me dit :

— Tu ne trouveras rien dans les cartons, rien me concernant directement.

Elle se leva en s'appuyant sur sa canne, se pencha un peu et libéra un pet tonitruant, passa sa main sur la fente de ses fesses, la ramena vers son nez pour la sentir :

— T'as rien à craindre, ça pue pas, c'est juste de l'air qui sort, ça fait du boucan mais ça sent pas les tripes de cheval...

Elle se remit sur son siège et de sa canne me désigna

la télé. Je me dirigeai pour l'allumer, mais elle m'arrêta et dit :

– La télé, ce soir, c'est moi. Assieds-toi et écoute-moi.

Elle me montra une poubelle déjà pleine de détritus et d'objets cassés, m'ordonna de m'asseoir sur le couvercle. Avec un mouchoir, je nettoyai la poussière et la suie qui la recouvraient. Ce n'était pas confortable. Mes jambes ne touchaient pas le sol. Elle me lança :

– T'es mal assis. On est toujours mal assis dans la vie. C'est pas grave. Tu veux savoir comment une dame du monde comme moi est venue finir sa vie dans ce hangar ? Auparavant, on va boire u. 'oup. Lève-toi, fouille dans le coffre, cherche bien, tu trouveras une bonne bouteille de vin, je l'avais mise de côté lors de la dernière saisie. N'aie pas peur de plonger ton bras dans ce foutu coffre ; il ne t'arrivera rien. Les rats n'y sont pas, mais fais gaffe quand même, il y a des planches avec des clous rouillés. Il m'arrive de les utiliser pour tuer les taupes.

Je sortis une bouteille sans étiquette.

– T'aimes le vin ?

– Oui, mais pas à jeun.

J'aurais dû me taire. Elle se leva, ouvrit un placard et en sortit un fromage plein de vers.

– T'aimes le fromage ?

– Euh, oui…

– Alors, on va se régaler.

J'avais envie de vomir. Ce n'était pas le moment. Elle posa un morceau de ce fromage vert et bleu sur une biscotte, l'étala avec l'index, puis elle prit les vers un par un, les observa avec appétit et les mit sur le bout de sa langue avant de tout avaler. Elle prépara une biscotte pour moi avec deux ou trois vers et me la tendit. Je me dis : « Si je refuse de la manger, la Vieille se fâchera et peut-être même sera violente. Si je la mange, j'aurai la nausée et je vomirai mes tripes. Qu'est-ce qu'il ne faut pas avaler pour écrire un livre ! »

Comme elle, j'avalai la biscotte en deux bouchées et bus un demi-verre de ce vin qui avait tourné depuis longtemps. Je lui fis remarquer qu'il était madérisé. Elle ne me crut pas, but à même la bouteille, cracha par terre et dit : « Je préfère la bière. » En tirant sur une ficelle, elle ouvrit un réfrigérateur que je n'avais pas vu. Il était camouflé derrière une toile grise. Une canette de bière roula jusqu'au pied de son fauteuil, elle se baissa, la ramassa et l'ouvrit de la main gauche.

— T'aimes pas le fromage avec des vers ? Dis la vérité. Pourquoi tu t'es forcé ? Pour me faire plaisir ou par peur ? Je préfère que tu me dises *pour vous faire plaisir*, même si c'est faux, ça fait du bien d'entendre des choses tendres. Enfin, je te promets, la prochaine fois, je ne te ferai pas manger la tête de chameau à la vapeur, ni les yeux de vaches avec une vinaigrette, ni les tripes de veau au miel, ni la langue de porc cuite au vin… T'es un délicat, tu n'aimes que la cuisine de ta maman…

— Dites, je peux me reposer un peu, juste une heure, une heure de silence, où personne ne parle. J'ai besoin de calme, surtout si vous avez l'intention de me raconter votre histoire.

Elle prit mal cette demande, puis, comme si elle avait de la sympathie pour moi, me fit signe de m'étendre sur un lit de camp posé dans un coin du hangar. J'étais étourdi, je voyais plusieurs images se bousculer devant moi, mes oreilles bourdonnaient, mais je savais que ce personnage était fait sur mesure pour habiter le livre que j'espérais écrire. Il faut que je te dise, chère amie, que j'eus rarement une telle intuition. Il m'arrivait, quand je me promenais sur la grande place à Marrakech ou dans la médina, de rencontrer des gens dont je disais : « Ils sont faits pour être dans un roman. » Là, je n'ai pas de doute. En même temps, je sens que c'est une véritable aventure qui sera semée d'embûches et de surprises. Je suis tout excité.

Cette première journée chez la Vieille me parut longue et riche, un peu fatigante. Je dormis comme si j'étais tombé dans un puits profond. Je m'y sentais bien. Aucune envie de remonter à la surface du monde. Ce sommeil-là, je ne l'avais jamais connu. En me réveillant, j'eus le sentiment d'être un autre. J'avais changé, ou bien on m'avait changé, je n'étais plus le même. Je ne me posai même pas la question de savoir pourquoi j'étais dans ce lieu ni avec qui j'étais. Je trouvai tout cela naturel, comme si j'avais toujours été là. La Vieille n'était pas dans le hangar. Je fis tant bien que mal ma toilette et cherchai à préparer du café quand je la vis surgir de l'obscurité, un plateau de petit déjeuner dans les mains.

— J'ai pensé que tu méritais un bon petit déjeuner après cette première nuit passée dans ce trou, me dit-elle.

Voilà, ma chère Ouarda, ce que j'ai à te raconter pour le moment. J'espère trouver de toi une lettre, une page, où tu aurais laissé échapper quelques belles phrases, j'ai besoin de lire des mots qui me changeront du tourbillon que je viens de connaître. A présent, tu ne pourras plus me dire : « Mais où vas-tu chercher tout ça ? » Tu sais comment les histoires naissent, grandissent, puis se perdent dans le fleuve.

Je t'avoue qu'il m'arrive de faire des efforts pour continuer à t'écrire comme si je parlais dans un désert de petits cailloux. Un jour, je me découragerai et j'arrêterai cette comédie. Non, j'efface ce dernier mot. Il ne s'agit pas de comédie entre nous, mais d'un jeu à sens unique. Enfin, si tu as la patience de me lire, même si tu ne me réponds pas, je poursuivrai mon récit.

3

Chère Ouarda,

J'imagine que tu as du mal à accepter de ne plus me voir à la maison, de ne plus m'avoir sous la main, prêt à te servir, à jouer le rôle du mari qui ne dit rien. Il faut t'avouer que ce départ ressemble à une fuite. J'étais arrivé à un tel état d'exaspération que j'étais prêt à tout. Tu ne te rendais même pas compte de ce que j'endurais. Pour toi, tout était normal : les enfants faisaient leurs études, moi j'enseignais comme toi, certes j'étais à l'université, toi au lycée, je gagnais plus que toi. Tu ne savais pas que j'écrivais, je me cachais comme un enfant timide pour écrire. Je ne publiais rien. Donc je n'existais pas comme écrivain, ni pour toi ni pour les autres. Tu devais te dire : « C'est un intellectuel, quelqu'un qui n'a pas prise sur la réalité. » Il est vrai que les tâches ménagères m'insupportent.

Tu dois te demander : « Mais pourquoi me raconte-t-il toutes ces histoires ? » J'ai envie de te montrer mon visage, le vrai, celui que tu n'as jamais voulu voir. Ainsi, je pense qu'on se dévoile en racontant les autres. C'est ce que j'essaie de faire depuis que je suis à Naples, depuis que je t'écris en t'attribuant une attention particulière, t'appelant Ouarda et espérant te convaincre de la beauté des choses quand on est vivant, c'est-à-dire heureux.

Je laisse la Vieille raconter une partie de sa vie. Il me semble que c'est une version quelque peu édulcorée. Je pense qu'elle ne voulait pas se livrer d'emblée par pudeur et aussi par jeu. En fait, j'ai su plus tard que cette histoire a été rêvée par elle. Elle aurait bien aimé avoir vécu cette passion avec Marco. Mais cet homme, nous le retrouverons dans l'autre récit de sa vie, le vrai récit, celui plus tragique qui ne se livre pas tout de suite.

Histoire de la Vieille
quand elle était belle et jeune

Est-ce parce que tu n'es pas venu, comme les autres, me confier ton histoire, que j'ai envie d'inverser les rôles et de te raconter la mienne ? Comme tu le sais, je suis celle qui libère les gens du fardeau qui leur pèse. Ils arrivent, lourds et crispés, me disent ce qui leur est arrivé, me racontent tout sans rien cacher et repartent d'ici soulagés, souvent en meilleur état. C'est mon métier. Attention à ne pas confondre avec le confessionnal ou les professionnels de ce genre de boulot. Moi, j'écoute, je réceptionne, je mouds et ensuite je classe dans un de ces cartons. Ils savent que c'est presque de la magie. Une fois vidés de leur histoire, ils oublient. En fait, je leur fais boire une potion que Momo m'a rapportée de son Afrique natale. Ils boivent ce liquide rose bonbon et ils n'ont plus envie de penser à l'histoire qui leur a empoisonné l'existence. Pas tous, pas Gino. Lui, il a refusé de boire et d'oublier. Moi aussi d'ailleurs, je veux pas oublier, j'ai même besoin de me raconter. Tu vas prendre ma place et tu vas m'écouter puisque tu dis que t'es écrivain.

A présent que tu as bu ton café, que tu es presque un parent, quelqu'un en qui je peux avoir confiance, maintenant que nous avons fait mieux connaissance, je peux me livrer à toi, je te dirai tout ou presque tout. On ne dit jamais tout. Les gens qui me parlent aiment faire le tri, sélectionnent ce qui les arrange et oublient ce qui n'est pas en leur faveur. Je le sais et fais semblant de ne pas m'en rendre compte, puisque ça leur fait plaisir. Moi aussi, j'ai tendance à faire le tri. Ne m'en veux pas, je t'ai prévenu. Remarque, tu n'es pas obligé de me croire.

Écoute mon histoire.

Écoute-la bien.

Tu ne sortiras d'ici qu'après avoir tout enregistré. D'ailleurs, si tu cherches bien, tu trouveras bien quelques épaves du bonheur. Mais ça, c'est une autre histoire. On a le temps. Le mien n'est pas compté, je devrais dire : n'est plus compté. Le tien ? Je m'en moque. Le temps est une chimère. Nous en sommes tous victimes. Lorsque j'ai compris que le temps n'était rien, je me suis sentie libérée. Toi, t'es encore jeune. T'as peut-être des illusions. C'est ton droit. Je te laisse mariner dedans jusqu'à ce que tu sentes le vinaigre et l'ail, jusqu'à ce que tu craches ta bile pleine d'amertume, que tu la recharges de ce liquide sirupeux où dorment des vipères qu'un ami vietnamien m'a offertes en l'an de grâce 1944 quand Naples fut libérée par les rapaces du Nouveau Monde.

Ô toi l'étranger, l'envoyé du spectre du bonheur, l'enfant de l'humilité contrariée, le voyageur sans bagages, sans rêves, l'ombre du destin venue planer au-dessus de mon trou, écoute-moi, et que chaque mot tombe sur ta peau comme une braise, qu'il devienne liquide et s'infiltre dans ton corps jusqu'aux viscères, je n'ai rien contre toi, ni contre ta tribu, ta lignée, ton clan, ta religion, ni contre le pieu que tes ancêtres ont un jour planté en Sicile ou dans les sables du Maroc, non, je veux juste t'aider à ouvrir les yeux sur l'ennemi invisible, celui qui ne cesse de se dissimuler derrière les faux-semblants, celui qui se vautre dans notre belle inconscience et nous trompe, celui qui passe et nous fait croire que nous sommes éternels, cet ennemi-là, l'insaisissable, la roche pleine de trous, le visage labouré de rides, voilà l'ennemi, le temps.

Je suis un morceau d'une grande porte oubliée dans le jardin de Palmyre, je suis l'arbre qui a été brisé par la tempête, le jour où la peste a vidé Naples, le jour où nos amis les rats ont mordu les enfants dans leur sommeil. Je m'égare, je m'égare...

Sois patient si tu veux connaître l'histoire d'Anna Maria Arabella, née probablement d'une lave du Vésuve et qui a brûlé tout ce qu'elle a aimé, tout ce qu'elle a serré contre son cœur, contre ses yeux, tout ce que ses larmes heureuses ont baigné. J'ai été un feu dévastateur aimé par les hommes au péril de leur vie. Je ne faisais rien pour les attirer. Il suffisait d'apparaître, d'être là, dans ma beauté naturelle, dans l'harmonie des choses. On me disait que j'avais les plus beaux yeux de Naples. Regarde-les, ils sont toujours aussi beaux, bleus comme l'azur. Tu sais, seuls les yeux ne vieillissent jamais. L'âge passe et ne les touche pas. J'avais une chevelure longue et douce comme la soie, je n'employais jamais de teinture, que du henné importé du Maroc. J'étais mince, oui, p'tit mec, j'étais svelte et mince, avec une poitrine ferme, des hanches larges, juste ce qu'il faut pour recevoir l'amour. Ma peau, ah ! ma peau ointe d'huile spéciale qu'on me rapportait de Tunisie, ma peau couleur miel naturel ! Ce corps, je l'entretenais avec bonheur. J'aimais m'en occuper, me disant que c'était l'enveloppe de l'âme, le voile mystérieux du souffle le plus profond.

J'habitais une maison sur les hauteurs de Posillipo, face à la baie de Naples. La maison n'était pas très grande mais se situait au milieu d'un immense jardin en terrasses. J'avais mes habitudes. Vers sept heures du soir, je m'installais dans la véranda bleue, affalée sur de grands coussins, je me faisais servir à boire et regardais la ville se couvrir du soir et allumer ses lumières. Personne n'avait le droit de me déranger. Cette heure de sérénité était sacrée. A partir de vingt heures, mes amants pouvaient me parler au téléphone. C'était un rituel. Ils devaient me séduire de nouveau, me convaincre que j'étais la plus belle, la plus intelligente des femmes... Je choisissais non pas celui qui me promettait le plus, mais celui qui me faisait rire. Ah ! un homme qui ne sait pas faire rire une femme ne doit pas bien faire l'amour ! La virilité ne réside pas dans les muscles, elle est dans l'esprit. Je n'aimais que les hommes qui avaient de l'esprit, de l'humour et de la légèreté. Une denrée rare.

Naples est une ville physique, brutale, féroce, impitoyable. Les hommes le savent et évitent la lourdeur. Ne me fixe pas comme ça. Je suis grosse mais pas lourde. J'ai un peu d'asthme, j'ai du mal à respirer... L'air de Naples est plein de petites particules noires qui ont la fâcheuse manie de venir s'incruster dans les poumons. Regarde plutôt mes yeux. Sont-ils fatigués ? Sont-ils endormis ? Oui, je sais, tu te dis : comment a-t-elle pu séduire tant d'hommes ? Rassure-toi, je me le demande aussi. Tu cherches avec tes petits yeux d'enquêteur embarrassé les restes, les restes de ma beauté. Arrête de chercher. Ils sont là, au fond de ma poitrine, là où n'entre que l'air nécessaire pour maintenir mon souffle en vie. Tu me trouves prétentieuse. C'est ce qui m'a ruinée : la prétention, l'orgueil, l'illusion de l'éternité des choses.

J'étais riche et belle, aimée et entourée, jalousée et courtisée. Mon frère et moi avions hérité de cette belle maison. J'avais quelques rentes : de quoi vivre confortablement. Pas envie de travailler. Avec mon diplôme d'architecture j'aurais pu construire des châteaux, des palais, mais je ne voulais construire qu'une petite maison accrochée sur un rocher donnant sur la mer. Personne ne m'a demandé de le faire. Alors j'ai oublié l'architecture. J'avais Naples à mes pieds... jusqu'au jour où j'ai rencontré Marco, le fils de Mariella, ma femme de ménage toujours vêtue de noir. Elle me parlait de ses enfants en se plaignant d'eux. Tous dans les affaires, me disait-elle. Quelles affaires ? Le trafic, les petites combines, la misère quotidienne, le vol, la prison, la liberté conditionnelle... Justement, j'étais intervenue pour faire sortir Marco, son aîné. Il était condamné à un an. Il a quitté la prison au bout de sept mois pour bonne conduite et aussi grâce à mon avocat. Je m'étais portée garante. Quelle naïve j'étais ! Et Marco, le beau Marco, s'était habillé en jeune marié pour venir me remercier. Il m'a baisé la main. Ses yeux noirs brillaient d'un éclat mystérieux. Il était d'une beauté excessive. C'était trop. Une peau tannée par le soleil de Sicile, des épaules larges, des cheveux très noirs bouclés, une bouche épaisse et une élégance troublante. Il lui arrivait d'être un peu gauche, un peu vulgaire, comme s'il renouait dans l'instant avec ses origines paysannes. Il parlait napolitain avec un léger accent. En fait, il me plaisait parce qu'il était drôle sans faire d'effort. J'ai été séduite tout de suite, pas tout à fait ce qu'on appelle le coup de foudre, mais une folle envie de le mettre dans mon lit, moi qui aurais pu être sa mère. Cette envie devint urgente. Je rêvais de sa bouche et j'imaginais son sexe dans mon ventre. Il avait compris que je le désirais. Nous sommes devenus amants très vite. Nous ne parlions presque pas. Il m'a labourée jusqu'à en perdre le souffle. J'avais trouvé ma drogue : le sexe de Marco. C'était différent des autres hommes. Il ne se fatiguait jamais. Il avait trouvé en moi une hallucinée complètement éperdue qui s'abandonnait à lui tous les jours à la même heure, l'heure fatidique du coucher du soleil dans la véranda bleue. Je compris un jour qu'il fallait payer quelques-unes de ses dettes. Je donnais, sans réfléchir, sans compter. Marco prenait l'argent, se mettait à genoux et déposait un baiser goulu entre mes cuisses. J'étais devenue son esclave ; le pire, c'est que j'aimais être son objet. Quand il lui arrivait de ne pas me réclamer d'argent pour payer son usurier, j'étais déçue, quelque chose me manquait. Mon état de droguée se compliquait : non seulement j'avais besoin de son sexe à heure fixe, mais j'avais besoin d'être dépossédée par lui, dépouillée de mes biens. Il avait un pouvoir magique sur moi. Il venait, non rasé, sale, sentant la sueur et l'air marin, se plantait devant moi et j'obéissais à ses ordres qu'il donnait par gestes. Je léchais sa peau comme une chienne. Il me giflait et j'aimais ça. Il me battait et j'y trouvais du plaisir. J'avais des bleus sur tout le corps. Je ne sortais plus, je ne me montrais plus. J'étais devenue sa chose, et j'étais consentante. J'étais devenue une autre, ma maison s'était transformée en un bordel, car il arrivait parfois avec d'autres femmes et leur faisait l'amour devant moi. Je ne protestais pas. Je subissais et dès qu'il me touchait je chavirais, je montais au septième ciel, comme on dit. La seule chose que je n'aurais pas supportée, c'est qu'il me prostitue. Il ne l'a pas fait, peut-être avait-il compris que c'était la limite à ne pas dépasser. J'étais pleine de sentiments et d'émotions. Je tremblais d'amour. Lui, ce n'était qu'un fornicateur inlassable. Pas de sentiment. Pas de tendresse.

Sa mère m'avait quittée; elle avait été suivie par les autres domestiques. Je ne m'en souciais pas. Je ne cherchais pas à les retenir, ni à les remplacer ou à faire nettoyer la maison. Les assiettes s'amoncelaient dans la cuisine, la poussière recouvrait les meubles, des objets précieux disparaissaient, sur les murs il n'y avait plus que la trace des cadres. Mes anciens amants ne téléphonaient plus. Marco perdait de plus en plus au jeu. Lorsque je n'avais plus d'argent, j'en réclamais à des amis. On me prêtait, on me donnait, on me faisait l'aumône. Certains refusaient de me prendre au téléphone, d'autres me conseillaient d'aller consulter un psychiatre. Bref, j'étais devenue folle, malade, irrécupérable. Ils avaient raison. La vie, leur mode de vie, ne m'intéressait plus. Je savais que j'étais sur la pente, je savais que je n'allais pas me ressaisir et reprendre mes esprits. J'étais perdue et je ne voulais pas vivre autre chose. En fait, c'était moi qui utilisais Marco. Quelque chose s'était brisé dans cette harmonie que j'entretenais quotidiennement à la villa de Posillipo. Naples m'avait contaminée. Certains se droguaient, d'autres se détruisaient par l'alcool, moi j'avais choisi la passion et la dépossession.

Ainsi en un an j'avais tout perdu : mes amis, ma maison, mes meubles et ma raison. Marco avait fini par me dépouiller de tout. Pour le garder, j'ai vendu mes parts de la maison à mon frère, qui ne m'avait pas pardonné le genre de vie que je menais. Lui, c'était un homme économe, prudent, calculateur, marié, bon père de famille, même s'il pratiquait l'amour avec des hommes clandestinement.

Ce fut ainsi que je me retrouvai un matin à la porte de cette superbe maison avec une petite valise dans laquelle il y avait plus de médicaments que de bijoux. Marco avait évidemment disparu. J'ai traîné dans les rues, seule, radotant comme une vraie folle, à la recherche de mon homme, à la recherche de quelqu'un qui lui ressemblerait... En vain... J'avais vieilli en quelques semaines. J'avais perdu la lumière dans mes yeux, j'avais grossi, j'avais bu et vomi, j'avais gardé toute ma tête. J'avais tout perdu, sauf ma tête. J'avais simulé la folie, déliré, dit n'importe quoi. J'avais pas besoin de simuler la dèche, j'étais sans le sou.

Le jour où je me présentai à l'Auberge des Pauvres, j'eus une forte envie de mourir : je traversais les rues sans faire attention ; les voitures m'évitaient. La mort ne voulut pas de moi. C'était ma punition, mon calvaire : vivre dans la misère dans le souvenir d'un petit escroc qui me faisait merveilleusement l'amour !

Telle est mon histoire. Pas drôle. Plutôt ordinaire. Ma mère me le disait bien quand, adolescente, je faisais le mur et allais rejoindre un homme marié, joueur de cartes mais bon fornicateur. Elle me disait : « Les hommes te perdront. » Je comprenais le contraire de ce qu'elle me disait : je leur échapperai ; ils ne m'auront pas ! Tu parles, j'ai toujours été une poire, jamais su négocier mes charmes, j'ai toujours été impatiente, non calculatrice, le contraire de mon frère, j'aime la vie, le plaisir, la perte de conscience... J'ai pas changé, sauf que j'ai perdu mes illusions, je suis devenue cynique mais pas cruelle.

Après un bref moment de silence, elle se moucha en faisant du bruit, se mit à tousser ; j'entendais son souffle court et haletant. Elle était malade. Insuffisance respiratoire, comme mon père. Ses poumons étaient en mauvais état. Comme mon père, elle refusait de se soigner et résistait malgré tout.

— As-tu tout enregistré ? Tu peux prendre des notes, ça me gêne pas. Donne-moi une bière avant de te raconter la suite. T'as l'air étonné, bien sûr qu'il y a une suite ! Il faut que je te raconte mon arrivée dans cet Albergo de malheur.

Après avoir bu, elle rota deux fois, regarda fixement le sol, puis dit :

Ah ! Ce fameux après-midi de septembre. Le ciel était gris. Les visages étaient gris. La mer était grise. Et moi je voulais mourir dans le bleu du ciel et de la mer. Pas question de m'en aller dans la grisaille. Je me disais : « La mort est têtue, elle n'aime que le gris. » Pourtant, il suffisait de m'abandonner dans ses bras sans trop penser au bleu et elle m'emporterait ; d'ailleurs cette auberge était tout indiquée pour crever. Justement, en y entrant, je vis deux gaillards porter un cercueil en bois pas cher et le déposer à l'arrière d'une camionnette qui livrait des caisses de Coca-Cola. Je fis le signe de croix, non par foi mais par respect. Je ne suis pas chrétienne. Quand je me suis retournée, je me suis trouvée face à un homme méchant. Il ressemblait à Vittorio Gassman vieilli et sale ; il avait un visage creusé par des rides profondes, une barbe de quelques jours et une main sèche. Ce que j'appelle une main sèche, c'est une main qui ne donne rien, une main sans âme comme une cuiller en bois ou en métal. Elle ramasse, frappe, prend, mais ne se tend jamais pour donner ou apporter du secours. Il s'appelait Generoso! Exactement le contraire de ce qu'il était. Ce concierge de l'Auberge des Pauvres avait un poste clé. Il avait du pouvoir. C'était lui qui acceptait ou refusait l'accès au bâtiment. Je n'avais aucun papier, juste une bague en or que je lui donnai avant toute parole. Il m'installa au premier étage, probablement dans la chambre du mort. La chambre sentait la maladie et le désinfectant. Elle ne sentait pas tout à fait la mort. Là, au moins, je me serais vite adaptée, car la mort sent le parfum du paradis. C'est étrange, elle ne sent jamais mauvais. La chambre dégageait les odeurs d'une mauvaise fin d'une mauvaise vie, les derniers jours de quelqu'un qui puait la solitude, la merde et l'urine. Comment dormir dans des draps lourds de maladie ? La première nuit, je dormis par terre. Je fus réveillée par le coup de pied dans les fesses que me donna le concierge. Il hurla que ma bague était du toc et qu'il me le ferait payer. Ma bague était vraiment en or, je l'avais toujours portée et elle avait échappé au brigandage de Marco. Il me dit : « Lève-toi, c'est l'heure du bain. » Il m'indiqua la salle où tout le monde se lavait. Je découvris un spectacle dégradant et insoutenable. La déchéance humaine était là, représentée par des physiques en décrépitude, tenant à peine debout, tremblants, humiliés d'être lavés au jet d'eau comme dans une prison ou un camp de concentration. Je compris que l'Auberge des Pauvres était en fait l'Asile des Déchets. Nous étions des morceaux de vie sans force et surtout sans dignité. On nous obligeait à être nus, hommes et femmes mélangés. L'eau était tiède, pas même froide. Il y avait des hommes qui avaient honte et mettaient leurs mains sur leur sexe ; des femmes esquintées par la vie baissaient la tête. Ces corps exposés ainsi gardaient une part de mystère : il était impossible d'imaginer comment ils étaient avant. On aurait dit qu'ils avaient toujours été déformés, qu'ils étaient nés vieux, courbés, grabataires, sans vie, sans joie, sans espoir. Je me regardai et me dis : « Non, tu n'es pas comme eux », peut-être parce que je venais juste d'arriver et que la dévastation n'avait pas encore entamé son travail. J'étais humaine. Mes seins étaient des seins. Mes fesses étaient des fesses. Mon corps avait encore de l'attrait et de la vie. J'étais détruite de l'intérieur, la façade était encore belle ; enfin, pas atteinte par le mal qui me rongeait.

Normalement, ceux qui se réfugiaient là étaient abandonnés de tous et n'avaient plus rien. C'était mon cas. Ma famille n'existait plus depuis longtemps. Mes parents étaient morts en déportation. Ils avaient fait partie de la rafle des juifs étrangers qui avaient eu le malheur de se trouver au sud de la France, je crois que c'est à Nice, dans ce qu'on a appelé la « zone libre ». Tu parles de liberté ! Les pauvres, ils avaient été entraînés dans ce voyage par un oncle cinglé qui pensait que les Italiens allaient faire la même chose que les Allemands. Quant à mon frère, il détestait mon amour de la vie, ma passion pour les hommes, le vin et les roses. Le seul problème qui le préoccupait, c'était l'argent. Il vivait mal. Sa femme le trompait avec un coiffeur devenu cordonnier avant d'ouvrir un café. Elle me racontait comment son amant la prenait dans la salle du fond du bistrot. Elle aimait les situations dangereuses. Elle laissait la porte entrouverte pendant qu'elle se donnait à son cafetier. Mon frère ne se doutait de rien. L'avarice le détournait de sa femme. Pas le temps de se demander ce qu'elle faisait quand elle partait « faire un tour ». Je l'encourageais à le tromper et même à lui piquer de l'argent.

Je ne regrettais rien. J'avais vécu, claqué mon argent, je n'avais jamais travaillé. Il n'était pas question d'aller chercher du travail. J'étais incompétente pour ça. J'avais tout oublié de l'architecture. Je sentais que ma vie, la vraie, était arrivée à son terme. Le corps continuait à respirer. Que faire? Me tuer? Peur de me rater. Et puis, au fond, il y a toujours une toute petite bougie qui reste allumée quelque part, dans une cave, dans un tunnel, dans une vieille maison laissée aux chauves-souris, aux araignées, à la poussière, à l'humidité… Je ne sais pas pourquoi, mais j'ai toujours vu cette lueur. Elle m'obsédait, m'accompagnait dans mes dérives.

Je ne revivrai jamais les moments de bonheur intense à la villa de Posillipo. Je ne reverrai jamais le coucher du soleil, affalée sur de gros coussins, en compagnie d'un de mes amoureux, un verre de champagne à la main, l'œil humide et le cœur serein. C'était une autre époque. Comment aurais-je pu imaginer tomber un jour dans ce trou où les rats sont mieux traités que les humains? J'entendais parler de l'Auberge des Pauvres comme d'un monument aux dimensions extravagantes. Je pensais que c'était un musée ou un asile pour vieux comédiens. J'y aurais bien vu Alberto Sordi, Nino Manfredi, Vittorio Gassman y finir leur vie.

— Mais je parle, je parle et j'oublie d'ouvrir la fenêtre pour permettre aux chauves-souris d'entrer dormir. Aide-moi à me lever. Attention, regarde où tu mets les pieds. C'est un piège terrible qui mord les jambes des voleurs. Il n'y a pas grand-chose à voler, mais je n'aime pas qu'on fouille dans mes affaires. J'aime mes objets tels qu'ils sont, dans leur beau désordre. Toi, c'est différent, t'es pas un voleur, tu me plais. Oh, t'as rien à craindre ! Il y a longtemps que ma *sonrisa vertical*, comme disent les Espagnols, s'est définitivement fermée. Je suis sèche, impénétrable, murée à mort, à moins que ce salopard de Marco refasse surface... Je ne devrais pas parler ainsi. Dis-moi, toi, le brave, as-tu fait l'amour avec une vieille, une femme toute ridée partout, avec une poitrine flasque et vide, avec des fesses tombantes ? As-tu embrassé une bouche sans dents ? As-tu mis tes lèvres sur un ventre où les poils sont blancs et épars ? Ah ! mon petit, je ne cherche pas à te dégoûter de l'amour et des femmes, rassure-toi, je ne suis même pas aigrie, je suis bien conservée, ce qui est mort chez moi, c'est le désir, l'envie d'avoir du plaisir, l'idée d'ouvrir mon corps à quelqu'un. Voilà, mon ami, tu te rends compte ? Hier encore, on ne se connaissait pas, et voilà que nous sommes à présent de vieux copains complices ! Je vois, t'es crevé, mon histoire t'a fatigué, je comprends. Va, retourne à ton hôtel, prends une douche, ouvre une bouteille de vin et bois-la à ma santé, à notre rencontre, laisse-toi aller un peu, repose-toi de la Vieille et reviens me voir, nous avons tant et tant de choses à nous dire...

Après un instant de silence, elle reprend :

– Dis-moi, qui t'a envoyé ici ? C'est tout de même bizarre, moi qui suis si méfiante d'habitude, je te raconte tout comme si nous étions de vieilles connaissances.

– Ça doit être le destin. Vous croyez dans le destin ?

– Ça dépend des jours. C'est quoi le destin ? Un fil de fer ou un fil d'or ? On a tous un fil autour du cou. Tôt ou tard quelqu'un tire dessus : ça blesse ou ça casse. Le pire, mon ami, c'est lorsque ça tue lentement... Enfin le mien, je sais où il est et ce sera moi qui tirerai dessus, et la boucle sera bouclée...

4

Pas de réaction de la part de ma femme. Peut-être n'ouvre-t-elle même pas mes lettres. Cela lui ressemblerait. Elle pense que je n'ai rien à dire et particulièrement à elle. Elle se trompe, mais en devenant indifférent, je serai plus près de la réalité.

Donc, pas envie d'écrire à Ouarda. Ou je continuerai peut-être d'écrire des lettres que je n'enverrai pas.

Je n'avais pas faim, seulement envie de parler à quelqu'un en marchant le long de la baie. Parler seul dans la nuit, ce n'est pas très recommandé. Je m'apprêtais au pire : l'insomnie accompagnée d'une forte céphalée. On aurait dit que je les appelais à mon chevet. Souffrir, se faire mal, se cogner la tête contre les murs. Voilà ce qui m'attendait.

Je m'efforçais de penser à la Vieille dans son hangar, mais la nausée rendait mes idées troubles. J'essayai de respirer lentement par le ventre et de vider mon esprit de tout ce qui lui faisait mal.

L'image inventée de Ouarda, l'embellie, celle que je considérais comme la lumière de mes nuits, la passion dont je rêvais, celle qui m'inondait de joie et de bonheur du seul fait d'y penser, cette image devenait floue, pour disparaître dans un nuage de fumée, car exceptionnellement ce soir Naples était couverte d'un épais brouillard. Comment apprendre à désespérer à Naples, lieu de tant de perditions, de folie et d'abandon ? Mais je n'étais pas venu là pour ça. Ne pas sombrer dans la mélancolie. Cette nuit ne m'appartenait pas. Je devais éloigner de mes yeux cette femme idéale, une image sans plus, la mettre sous l'oreiller, accepter de ne plus la faire vivre dans ma tête et m'enrouler dans l'étreinte blanche du silence.

Je me mis par terre et fixai le bord de la fenêtre. En fait, mes yeux étaient attirés par les lumières d'un bateau qui quittait le port. Le Château de l'Œuf était illuminé. On projetait sur sa façade d'immenses reproductions de Diego Rivera et Frida Kahlo. C'était une mauvaise idée. On ne voyait pas grand-chose des peintures tant l'agrandissement était disproportionné. J'avais mis du temps avant de reconnaître que la peinture de cette femme qui a passé sa vie à souffrir me dérangeait. Quelque chose me touchait au point de me la rendre insupportable. Durant une heure, je suivis le défilé des images. Cela me distrayait. Mais je pensais en permanence à l'embellie. Elle occupait tout mon être. Mais qui était-ce ? Fattouma, la femme sans charme, la mère de mes deux enfants, fatiguée et grincheuse ? Non, l'embellie était la femme de l'amour, celle dont j'ai toujours rêvé. J'étais avec elle, au milieu de cette nuit étrange. J'entendais sa voix, son rire, ses sanglots lents de l'amour heureux. Je ne recherchais pas de logique à cette histoire.

J'eus le sentiment que mon livre, lancé de manière extravagante par la rencontre avec la Vieille, allait s'arrêter à ce sentiment d'échec. La femme de l'amour ne jouait pas le jeu. Elle ne serait peut-être pas là à mon rendez-vous. Mais comment serais-je après mon séjour napolitain ? Le livre n'avait tout d'un coup plus de sens, puisque j'avais la nette impression que celle à qui je le destinais fermait sa maison, son visage et son cœur.

J'eus un espoir : le livre achevé pourrait peut-être la faire changer d'avis. Je décidai de ne pas arrêter mes investigations. J'attendis le jour, assis sur le bord du lit. Je fus le premier client de l'hôtel à prendre un café.

Je me rendis très tôt à l'Auberge. Je fis un tour et remarquai que la cour d'entrée était transformée en parking municipal. Le gardien s'était aménagé une maison dans l'un des bureaux qui devaient servir de réception. Il y avait du linge qui séchait entre les fenêtres et quelques antennes de télévision sur les toits. J'eus du mal à retrouver mon chemin. Il y avait plusieurs entrées et sorties du sous-sol. Les sentiers souterrains bifurquaient dans ma tête ; je tournais en rond comme une bourrique. J'étais une bourrique. Ce devait être l'effet de l'abandon. Le malheur rend souvent bête. J'avais perdu tout discernement. Je prenais un chemin, je faisais le tour du bâtiment, cela prenait une bonne demi-heure, mais je me retrouvais au point de départ. J'eus l'idée de m'informer auprès du gardien. Il mit le doigt sur sa tempe, le tourna plusieurs fois et me dit :

— Une vieille femme dans un hangar ? Et pourquoi pas Sophia Loren sur un sofa, là, juste derrière la réception, en train de fumer un cigare cubain et de boire les Larmes du Christ en vous attendant ? Non, personne, je dis bien personne, n'habite dans le sous-sol. En tout cas, dans l'état où il est pas un être humain n'accepterait d'y vivre. Pas de lumière, pas d'eau, des rats par brigades, des araignées et même des fantômes. Peut-être que vous cherchez un fantôme, celui de votre grand-mère qui s'est déplacée avec tout le cimetière jusqu'au sinistre Albergo dei Poveri ! Ça doit être ça ! Au fait, si vous rencontrez la Loren, dites-lui que Marcello l'attend toujours, Marcello Mastroianni, bien sûr... Au fait, savez-vous pourquoi l'Auberge a été fermée ? C'est à cause de types comme vous qui venaient souvent rechercher des fantômes. Ça coûte cher à l'État un fantôme ! Donc, des types débarquaient, l'air hagard, on aurait dit qu'ils venaient d'une autre planète, les yeux ronds, la bouche ouverte et puis ils vous demandaient sur un ton banal : « Mais où est passée Flavia ? Et Silvana, ne vous a-t-elle rien laissé pour moi ? Et Tony, vous savez l'homme qui boite, est-il toujours suspendu à l'arbre de Noël ? » Bref, c'était devenu la cour des miracles. En fait, la ville n'avait plus de sous pour entretenir ce monstre. Vous savez, il faut des millions et des millions pour chauffer, nettoyer, repeindre, réparer, remplacer les vitres et les portes cassées, les ampoules grillées ; il faut de l'argent pour payer tous ces fonctionnaires. Moi, par exemple, vers la fin, on me payait plus, on oubliait, on me disait : « Allez ailleurs, on n'a pas besoin de gardien. » J'avais pas envie de déménager. Ici, j'ai mes habitudes. L'Auberge même fermée reste l'Auberge, n'est-ce pas ?

L'insomnie rend fou. Je quittai le parking à reculons et me réfugiai dans un café d'où je pouvais voir le monstrueux bâtiment aux fenêtres si hautes. Des balcons penchaient. Je me rendis ensuite au petit square. Il y avait toujours le clochard et les chiens. Il noircissait du papier. Il devait savoir si la Vieille était une femme ou un fantôme. Je m'approchai. Il me fit signe de le laisser tranquille. J'insistai. Il bredouilla : « La Vieille t'attend. » Je le fis répéter. Comme par miracle, je retrouvai l'entrée du hangar. Je la reconnus en repérant la plaque rouillée de l'Association sportive. Tout me revenait. Tout devenait clair. Je courus vers la porte du hangar. Je la poussai et me trouvai face à un colosse noir aux yeux brillants qui me prit par le coude et me tira violemment. Il me dit en hurlant : « C'est mainte- nant que tu arrives, espèce d'ingrat ! T'aurais pas dû t'en aller. T'as fait mal à ma maman. Je n'aime pas ça. Je vais t'écrabouiller le visage… » Je n'eus pas le temps d'ouvrir la bouche ; du fond parvint la voix de la Vieille : « Momo, ne lui fais pas trop mal. Assieds-le sur la petite chaise électrique, celle que nous avons bricolée l'autre dimanche, et donne de petits coups de courant, ça lui fera du bien. En tout cas, ça le réveillera, puis- qu'il n'a pas fermé l'œil cette nuit. Fais gaffe, le secteur ici c'est du 110 ! »

Le colosse s'installa dans le fauteuil en face de moi, une télécommande à la main. Tout d'un coup, je sursautai en hurlant : je venais de recevoir une décharge électrique dans les fesses. Il riait en tapant le sol de ses pieds. La Vieille apparut dans une belle robe, une voilette sur le visage. J'étais debout, tremblant, prêt à m'enfuir.

– Ceci est un avertissement. La prochaine fois, Momo passera au degré supérieur. Il aime jouer avec ce truc-là.

– Mais qu'ai-je fait pour être puni ? On n'est pas dans un commissariat de police…

– Et pourquoi veux-tu tout expliquer ? C'est comme ça. Qui veut connaître Naples doit se mouiller, prendre quelques risques. Je ne suis pas un livre facile à lire. Je veux bien te guider, mais pas tout te mâcher. Un livre ! Oh ! disons une légende qui tombe en ruine ! Je n'ai pas envie de m'écrouler sous les yeux des étrangers.

— Et, l'Africain, n'est-il pas un étranger ?

— Momo est mon fils, l'enfant de l'amour, le souvenir vivant de la passion. C'est le fils que j'ai eu avec Marco.

— Mais Marco est sicilien. Vous ne m'avez pas parlé de ce fils dans votre histoire…

— Tu es logique, trop logique. Imbécile. Et si je décide que Momo est le fils que Marco m'a donné, en quoi ça te dérange ? Et si je ne te raconte pas tout, j'ai mes raisons. La vie n'est pas aussi claire que tu le penses.

Elle était en colère, criait. Momo lui baisait les mains. Le crâne rasé, le corps musclé, la taille impressionnante, Momo se déplaçait avec élégance, comme un ancien danseur. Il avait cependant quelque chose dans le regard qui trahissait cette force physique. On aurait dit un grand enfant, un homme tendre ou égaré. Plus je le regardais fixement, plus ses yeux devenaient humains. Alors pourquoi m'avoir fait subir l'épreuve de la chaise électrique ? C'était sans doute pour s'amuser. Je ne savais plus quoi dire, quoi penser. J'eus envie de laisser tomber et de partir ; abandonner cette tanière de fous et oublier Naples. A la limite, je pourrais écrire des cartes postales, genre impressions d'une ville plus marâtre, plus saumâtre et plus incompréhensible qu'on ne croit. La Vieille avait le pouvoir troublant de lire dans mes pensées.

— T'as envie de te tirer… Ça se lit sur ton visage. Très peu mystérieux, ton visage. T'as peur ? Écoute, petit, ce que tu viens de vivre n'est qu'une misérable mise à l'épreuve. Alors, oublie tout ça et reprenons le récit. Momo va faire les courses ; ensuite, il ira à la gare vendre sa camelote.

Momo se mit à genoux, posa sa tête sur le ventre de la Vieille, aspira profondément les odeurs nauséabondes, mit ses mains sur les gros seins en disant :

– Bénis-moi, maman, je ne partirai pas avant d'avoir reçu ta bénédiction, tu sais que, sans elle, je ne réussis rien. Et puis, maman, ce n'est pas de la camelote que je vends, ce sont des objets dessinés par de grands stylistes. Je sais, ce sont des faux, mais quelle importance ? Pour moi, il y a pas de différence.

– Va, Momo ! Allah le Clément et le Miséricordieux, Celui qui sait et donne le savoir aux savants, Allah le Très Grand te protège et te garde lumière dans les ténèbres, lustre au-dessus de la tête des envieux, des jaloux et des mauvais. Va et que je meure toi vivant et pas l'inverse parce que j'en mourrai…

Elle se tourna vers moi et dit :

– Il faudra qu'un jour je te bénisse toi aussi. Pour cela, il faut non seulement y croire mais aussi le mériter.

Momo me regarda en souriant et s'en alla un grand sac en plastique sur l'épaule.

– Mais pourquoi Allah ?

– Parce que Momo est musulman. Il appartient à la Confrérie des Tijanis du Sénégal. Il m'a convertie à l'islam. Il est beau, mon fils ! Tu vois ces caisses (non, pas les cartons dans la barque), c'est à lui. Il fait du troc. Mon fils n'est pas un voleur, mais il traite avec de vulgaires voleurs. Dans ces caisses, il y a tout ce que tu veux : des télés, des caméras, des couches pour bébé (en fait, c'est pour moi. La nuit, j'ai la flemme de me lever pour faire pipi. Alors, il m'apporte des couches et je dors tranquille. C'est pratique), des appareils photo, des couteaux, du café et même un peu de hachisch du Maroc.

– Mais vous êtes juive, si je me souviens bien.

– Ça te tracasse de savoir que je suis à la fois juive et musulmane ?

– Ce n'est pas possible. On ne peut pas avoir deux

religions en même temps. Il faut choisir. On peut aussi ne pas en avoir du tout.

— T'es logique, toi. Mais, dis-moi, est-ce que tous les Marocains sont aussi logiques que toi ?

— Non, les Marocains sont logiques quand ça les arrange et irrationnels quand la situation n'est pas très bonne. On dit : « *Hebell t-errbah* » (Fais le fou et tu gagneras). Vous savez, ils aiment faire plaisir, vous dire toujours : « Oui, pas de problème, ne vous en faites pas, vous pouvez dormir tranquille », etc. Mais, au fond, il faut bien les connaître pour interpréter leurs expressions. En général, quand un Marocain vous dit « pas de problème », attendez-vous à en avoir ; s'il vous dit « Inchallah », cela veut dire « non », autrement dit : ça ne dépend pas de moi mais de Dieu ; s'il vous dit « il n'y aura que du bien », cela veut dire « au pire il n'y aura rien », etc. Alors la logique, ce n'est pas leur caractéristique première.

— Oui, je suis juive. Je ne le savais pas avant que mes parents ne soient raflés par des Français. Ils étaient pas très pratiquants. Je ne suis pas une bonne juive. Quant à l'islam, je m'en fous ; la religion, je m'en fous. Rien à faire, plus je vieillis plus je m'en éloigne. Alors, je fais plaisir à mon grand enfant, je lui dis : « Oui, je suis musulmane. » En fait, il est pas plus musulman que moi. Mais il dit que c'est sa culture. Moi, je veux bien. Pas toi ?

— Je n'ai rien à dire. C'est votre droit.

— Mais t'es musulman, toi ? Je veux dire : t'es observant, tu fais les prières, tu bois pas d'alcool, tu manges pas de porc, t'es allé à La Mecque et tout ça ?

— Je suis comme Momo, de culture musulmane. Mes parents m'ont éduqué selon les valeurs de l'islam et m'ont laissé libre de pratiquer ou pas. J'ai même été à La Mecque. Oui, j'ai fait le pèlerinage. Je suis haj !

– C'est le rêve de Momo. Il dit qu'il ramasse de l'argent pour aller un jour en pèlerinage. Il paraît qu'être haj, ça en impose !

– Oui, c'est ce qu'on dit. Mais moi, je l'ai fait par curiosité. J'avais accompagné un vieux monsieur, un homme qui avait de l'argent et pas d'enfant. J'étais étudiant, il me payait pour lui tenir compagnie et surtout pour faire certains rites fatigants à sa place. Une bonne expérience. Mais je n'ai pas aimé comment les Saoudiens traitent les gens. Cela n'a rien à voir avec la religion. Quand j'étais petit, on me disait qu'on allait à La Mecque pour se laver de tous ses péchés. Beaucoup de gens font le voyage pour ça. Il n'empêche : lavés ou pas, les salauds restent des salauds.

– Oh ! le haj, t'es pas très optimiste ! Enfin, c'est ton problème, mais si Momo t'en parle, ne le dégoûte pas. Pour lui, c'est la porte du paradis.

5

La Vieille :

Au début de mon séjour à l'Auberge, je ne voulais rencontrer personne. Je voyais des ombres passer dans les couloirs infinis, très peu éclairés et bien sûr pas chauffés. Il y avait quelque chose de pathétique et de pitoyable chez ces hommes et ces femmes qui marchaient courbés, comme s'ils avaient commis un crime et qu'ils étaient là pour payer leurs fautes ; je n'avais aucune envie de leur ressembler. Ils ne se regardaient pas ; ils devaient avoir honte d'être ainsi humiliés, maltraités par la vie et surtout par le directeur de l'Auberge, un ancien dirigeant de Démocratie chrétienne, un avocat qui avait été rayé de l'ordre de la magistrature. Je ne l'ai pas connu. Il a été muté dans une administration pénitentiaire du Nord, mais il a laissé une bien mauvaise réputation. Avec le temps, j'appris à connaître quelques-uns de ces hommes et femmes réfugiés là pour cause de détresse et de solitude.

Il y avait Federico, pas très vieux, mais rachitique, nerveux et édenté. Sa bouche, c'était un trou. Il n'avait presque pas de lèvres. Quand il fermait la bouche, le trou devenait un trait horizontal, un sillon qui accentuait ses rides. Il avait été un funambule exceptionnel. Il avait tenu en haleine les Napolitains quand il avait marché, les yeux bandés, sur un fil tendu entre le Château de l'Œuf et la terrasse du Vesuvio. Il avait fait l'aller-retour avec grâce et élégance. Je l'avais vu à la télé. Il avait renouvelé son exploit en divers endroits de la ville. C'était un artiste fameux et modeste. Il n'aimait pas parler à la télévision. Comme il parlait avec des gestes, on pensait qu'il était sourd-muet. Avant d'être funambule, il était mime. Une nuit, il tomba... de son lit et se cassa le col du fémur. Opéré, mal soigné, il ne retrouva pas l'usage normal de ses jambes et perdit le seul pouvoir, le seul métier qu'il avait. Le funambulisme était fini pour lui. Le mime aussi, parce qu'il n'avait plus le cœur à se produire sur scène. Il se mit à boire, n'acceptant pas d'être infirme. Il aurait, sans doute, préféré une chute spectaculaire suivie d'une mort immédiate à cette petite chute ridicule. Il se mit à mendier, sombra dans le désespoir, jusqu'au jour où il fut ramassé par une association caritative et introduit à l'Auberge.

Je l'ai peu connu. Il ne parlait à personne, dormait avec un chat et attendait la mort. Le jour où on a fermé l'Auberge, il s'est jeté par la fenêtre du deuxième étage. Il n'est pas mort tout de suite. Il a souffert, puis il s'est éteint après avoir avalé les somnifères qu'il cachait dans la poche de son pantalon.

J'ai essayé de savoir davantage de choses sur lui en m'occupant du nettoyage de sa chambre. C'était un homme délicat. Il avait tout rangé : ses deux chemises propres pliées portaient ses initiales F. D., un pantalon de rechange, un vieux manteau en cachemire étaient accrochés sur un cintre derrière la porte. Dans ses poches, j'ai trouvé des papiers où des phrases étaient écrites en tout petit. Il y en avait une bonne vingtaine. Ce devait être son journal depuis l'accident. J'en ai gardé quelques-uns :

L'homme qui marche dans le ciel est un oiseau rêvé, un enfant aux ailes déployées se prenant pour l'oiseau rêvé par l'homme.

L'homme qui marche sur la tête voit le monde à l'endroit. La légèreté jaillit de l'inconsolable solitude.

Tous les soirs je me bats contre l'avancée irrémédiable de la nuit, priant une étoile de jeter entre le noir et mes yeux un voile aussi apaisant qu'un linceul.

La perfection, c'était mon métier. Un grain de sable, une brise mal lunée, un cri en trop, et voilà l'artiste redevenu un homme ordinaire, interchangeable à l'infini.

La mort n'est rien. Elle délivre le papillon d'une mauvaise toile d'araignée. Ce qui n'est pas tolérable, c'est le tissage qui traverse la peau et le cœur.

J'ai fait de mon silence un compagnon délicat. Il me fait éprouver de la compassion pour l'enfant resté en moi, assis sur le bord du fleuve.

Et dans les étoiles qui descendent, le vent passe. De la poussière et des mots pèsent sur la barre de l'équilibre.

J'ai nommé la fin dans un buisson de chiffres, de notes de musique stridentes et de feuilles séchées par la lune.

Depuis que le temps n'est plus cette détresse exquise qui se décompose en gouttes de sueur sur ma peau, je ne frémis plus. Alors, vaut mieux s'en aller…

Et ainsi de suite.. Je n'ai trouvé aucune trace de famille ou d'amis qui seraient un jour venus le voir ou qui auraient réclamé son corps après son suicide. Federico, un homme qui a vécu seul et qui est mort seul.

Tu vois, ce qu'on appelle l'Auberge des Pauvres, c'est en fait l'asile de la grande solitude. C'est pas un hasard si j'y suis et si toi aussi t'es là, dans ce misérable hangar où j'essaie d'être utile, où je recense les histoires des amours meurtries. Oui, je sais, toutes les amours finissent par des blessures. Mais qu'y puis-je, moi, la dernière pensionnaire de cet Albergo de malheur ?

Bon, passons à l'histoire de Bianca. Elle est aussi triste. Mais je n'y peux rien. C'est pas moi qui tire les ficelles.

Bianca était une actrice des années quarante, le genre de belle femme pulpeuse qui a eu un succès soudain et bref, puis que l'on a oubliée. Elle faisait de la peine à voir, dévastée par les illusions. Elle prétendait être venue à l'Auberge pour bien s'informer sur la pauvreté, sur la déchéance humaine, car elle disait qu'elle travaillait un rôle, celui d'une mère abandonnée durant la guerre et qui aurait trouvé refuge dans ce lieu. Personne ne la contrariait. On faisait semblant de la croire. Cela n'aurait servi à rien de la confondre avec l'insupportable vérité. C'était une brave femme, vieillie avant l'âge, pas méchante, obsessionnelle, un peu comme moi, sauf que moi je sais rire de moi-même, je n'ai plus d'illusions ni sur les hommes ni sur la vie. Elle nous demandait de venir lui donner la réplique dans la caféteria. Elle buvait, oubliait son texte, disait n'importe quoi, titubait sur scène et avait du mal à se relever. Certains pensionnaires étaient méchants, ils sifflaient, lui disaient des gros mots. Elle vivait dans son rêve sans se rendre compte qu'elle n'avait plus aucune chance de trouver un rôle.

Elle avait tout perdu. Issue d'une famille de Calabre, des gens modestes et rudes qui n'avaient jamais admis qu'elle joue au théâtre et encore moins au cinéma. Pourquoi buvait-elle autant ? On disait qu'elle avait été follement éprise de Vittorio De Sica. Elle avait eu un petit rôle dans un de ses films. Il était gentil avec elle, mais Bianca faisait une fixation sur ce grand gentleman. Elle fut amenée ici par un metteur en scène de théâtre qui lui aurait dit pour se débarrasser d'elle : « Si tu veux le rôle, il faut que tu vives la vie des pauvres, la vie des gens qui n'ont plus rien. Je reviendrai te chercher quand tu seras bien imprégnée de cette réalité. » Le type n'est jamais revenu. Elle n'avait personne à Naples. Lorsque sa famille apprit qu'elle avait montré un bout de sein dans un film, elle organisa des funérailles symboliques et la déshérita.

Et puis, il y a l'histoire d'Antonella, une fille superbe, brune, élancée, de longs cheveux, des yeux graves, une jeunesse saccagée. C'est sa propre mère qui l'a rendue folle. A seize ans, elle fut bousillée par l'égoïsme monstrueux d'une mère trop vieille pour enfanter. Veuve, elle avait épousé un banquier qui rêvait d'avoir des enfants. Elle n'a pas pu lui en donner, alors elle mit au point un scénario diabolique : elle demanda à Antonella d'être une mère porteuse. Elle la mit dans leur lit et la fit engrosser par le banquier. Lorsque l'enfant naquit, elle le lui prit et dit à tout le monde que c'était le sien, qu'elle l'avait conçu en Amérique latine avec son nouveau mari. La petite Antonella devait garder le secret et ne parler de l'enfant qu'en disant « mon petit frère ». A vingt ans, sa vie était foutue. Elle refusait de se nourrir. Devenue très maigre, elle s'évanouit un jour dans la rue, là, juste dans le petit square en face de l'Auberge. Le concierge l'amena ici en attendant que sa famille la réclame. Au bout d'une semaine, elle demanda à manger ; du coup, on la garda. Je crois qu'elle a disparu quelques jours avant la fermeture. Elle a dû fuguer, partir sous d'autres cieux, espérant une amnésie pour ces années de malheur.

Il y avait aussi toute une famille de Gitans qui allaient et venaient. On ne savait jamais combien ils étaient, ni qui était l'enfant de qui, ni ce qu'ils faisaient. La seule chose qu'ils savaient très bien faire, c'était la fête. Ils étaient tous musiciens, chanteurs, danseurs, jongleurs, magiciens, voleurs, malins et toujours pauvres.

Je les aimais bien. Ils mettaient un peu de joie dans ce sinistre bâtiment. Le jour du bain, ils ne se disputaient pas pour y aller. Ils aimaient être à part, ne voulaient surtout pas qu'on les fixe ici ou là.

Je pourrais aussi te parler de Lorenzo, le coiffeur pour dames, ruiné par les garçons ; Armando, le boxeur qui radotait ; Ilaria, la chanteuse qui avait perdu sa voix et qui exhibait sa carte du Parti fasciste, une belle fille

86

au visage presque angélique, obsédée par la haine des communistes, des Noirs et des Arabes. Elle disait : « Ils ne m'ont rien fait, mais je les aime pas. C'est comme ça, j'ai hérité ça de ma grand-mère qui dit avoir été violée par des Marocains pendant la guerre » ; la famille Romano, qui n'a jamais été relogée depuis le tremblement de terre...

Viens, approche-toi, gratte-moi le dos. J'ai perdu la petite main en bois qui met fin aux démangeaisons. Vas-y gratte, n'aie pas peur, bouche-toi le nez si tu veux, je dois avoir des croûtes autour des furoncles. C'est la fièvre. Après chaque grippe, j'ai des croûtes sur le dos ou sur les jambes. Momo est expert en grattage. Il me connaît bien. On dit à Naples : « Savoir gratter là où il faut est une preuve d'amour. » Je ne t'en demande pas tant. Faut pas m'aimer, enfin pas trop, juste ce qu'il faut pour que je continue à respirer. Avec Momo et sa tribu, je respire bien. Tu sais, les Africains qui viennent à Villa Literno ramasser les tomates et qui restent après la saison, ils sont tous frères. Ils viennent de temps en temps ici faire une grande bouffe. Je les bénis un par un, puis ils repartent se disperser dans la ville. Je les aime bien. Ils n'ont aucun complexe. Certains se sont installés dans un hangar dans l'autre galerie, celle qui donne sur la grande avenue. On peut plus les déloger. Tu sais, le mauvais mec, le gardien du parking, il a tout fait pour les virer de là. Un jour, Babou, le plus vieux de la tribu, lui a rendu visite. Je ne sais pas ce qu'il lui a dit ou fait, mais, depuis, le mauvais mec ne bouge plus. Quand il voit passer le vieux, il baisse les yeux.

Bon. Gratte, mon ami, gratte, ça fait du bien. Je ne comprends toujours pas pourquoi tu veux écrire un livre sur Naples. De quoi tu te mêles ? Et que peux-tu comprendre ? Ah, oui, je sais, tu as gagné un concours de jeunes écrivains ! Cela ne suffit pas pour croire qu'on peut enfermer Naples dans un livre. Heureusement que ma patience est grande et que je continue à te parler. Mais, tu sais, tu devrais te méfier, ce que je te raconte est souvent inventé ! C'est ça, Naples. Impossible de savoir avec certitude ce qui est vrai et ce qui est faux ou imaginé. C'est comme en amour : quand il y a des certitudes, il n'y a plus d'amour ou, si tu veux, un amour qui n'est pas sujet de doutes et de tempêtes n'est pas tout à fait de l'amour, c'est autre chose : de l'arrangement, de l'habitude, de la compassion ; mais l'amour, c'est du risque, du danger et de l'incertitude permanente, le plaisir est alors plus fort. La raison n'est pas toujours bonne. Faut pas croire, mais trop de raison dans les sentiments, ça les abîme souvent. Quelqu'un a dit, je crois que c'est un Mexicain, que « la raison qui ne dort jamais produit des monstres ». La mienne dort souvent, elle a quand même produit un monstre, moi, l'ogresse des temps difficiles, la folle qui ne perd pas le nord. J'ai l'aspect d'une folle qui a perdu son portefeuille. J'avais un portefeuille bourré de billets ; pas des lires, ça vaut rien, mais des marks. Marco me les a pris. C'était ma petite réserve personnelle. J'avais appelé ça « ma liberté ». Je l'avais mise de côté au cas où tout me lâcherait. J'ai été lâchée et ma réserve vidée. C'est ça, la vie. Bon, revenons à cette auberge construite par un roi. L'imbécile ! Il voulait quelque chose de grandiose pour des âmes blessées. Aujourd'hui, plus personne ne se préoccupe des gens tombés à terre. On ne s'arrête même pas par curiosité. On passe son chemin. Peut-être que ton livre, si tu réussis à l'écrire, attirera l'attention de M. Onassis ; il pourrait nous rendre visite et décider de sauver ce paquebot rouillé. Quoi ? Onassis est mort ! La Callas aussi ? Jacqueline l'Américaine est morte ? Comment ça se fait qu'on ne m'ait pas prévenue ? Ça me fait bizarre. Je croyais que ces gens étaient éternels, immortels. Je me faisais des idées alors. Donc, l'armateur grec, le richissime Onassis, la tête de veau écrabouillée à la naissance par les mains de la sage-femme, cet homme si puissant est sous terre, donné à la vermine et à la décomposition ! Les fourmis ont dû se régaler. Il ne mangeait que de bonnes choses. Sa chair devait être bonne. Il va falloir trouver un autre milliardaire pour restaurer cette chose qui tangue et se fatigue. T'en connais pas, toi, par hasard ? Remarque, je pourrais demander aux Africains de retaper ce bâtiment. Je suis sûre qu'ils le feraient très bien. Ils mettraient un peu de couleur, planteraient des arbres, construiraient des huttes dans la cour... Donne-moi un mouchoir, ou bien mouche-moi, j'aime bien qu'on s'occupe de moi. Il faut que je me prépare ce soir à recevoir des personnalités en visite guidée de l'Auberge. Toutes étrangères : le grand rabbin d'Anvers, le mufti de Jérusalem, le champion du monde du 400 mètres, le couturier Brahim B., le patron des patrons turcs, un cosmonaute australien, un joueur d'échecs russe, un ancien terroriste irlandais, un chanteur nonchalant et peut-être Monseigneur Tutu, celui-là je l'aime bien, je l'ai rencontré une fois dans un grand magasin, il était accompagné de Benetton, qui voulait le faire figurer dans une publicité contre le racisme ; moi-même j'ai posé pour Benetton, c'est la grosse femme blanche qui donne le sein à un bébé noir, le bébé c'est le neveu de Momo, et la boucle est bouclée !

Comme tu t'en es rendu compte, chère Ouarda, je ne te fais grâce d'aucun détail. Je te transmets avec fidélité ce que me raconte la Vieille. Elle divague souvent et j'avoue que je la suis avec intérêt et plaisir, car, sans même sortir du hangar, je sais pas mal de choses sur Naples et sa démesure. Sa mémoire et son intelligence sont impressionnantes. On ne s'ennuie pas avec elle.

Il faut que je te dise : depuis que je pense à toi en refusant de te mêler à mon passé, je découvre tes qualités. Faut-il aller si loin, faire un tel détour pour voir l'être qui occupe votre vie dans sa vérité ? Je n'ose penser que nous avons été un couple, je rejette loin de moi l'image d'un homme et d'une femme vivant dans l'erreur, le simulacre et le déchirement.

La Vieille m'a posé une question sur toi. Je lui ai promis qu'un jour je lui répondrais. Pour le moment, je l'écoute.

Je suis dans un drôle d'état. Attentif à toi parce que la distance m'aide, intrigué par la Vieille parce que je pense qu'elle est une image assez juste de la ville, peu préoccupé par moi-même, ce qui est une bonne thérapie pour ce qui m'attend.

Voilà, chère Ouarda, j'attends de te lire.

6

— Tiens ! Que fais-tu là, toi ?

Je crus que la Vieille s'adressait à moi. Non, elle visait une ombre, juste derrière moi. Je me retournai et vis un petit vieillard chauve avec une barbe éparse sur des joues creuses, l'air de quelqu'un qui s'est trompé d'adresse. Tout s'excusait en lui. Il avait la tremblote. Il n'osait pas répondre. Il devait être timide ou malade. Il bredouilla quelques mots inaudibles. La Vieille comprit ce qu'il voulait, lui dit qu'il pouvait se servir. Il se pencha, ouvrit une caisse et en sortit des citrons, puis il disparut comme il était venu.

Cet homme est un artiste, un vrai. Il a été démoli par une femme, je devrais dire par l'amour. Les femmes ne démolissent pas plus que les hommes. Quoique…Tout dépend de la manière dont se tissent les liens. Plus la passion est fulgurante, plus dure est la chute. Il n'y a pas plus beau, plus fort que l'amour volé, l'amour clandestin, celui qui nous met en danger, qui nous fait vibrer jusqu'à frôler la mort. Chez Gino, tout a pris des proportions grandioses : la magie de la rencontre et la précipitation de la rupture. Ça, c'est Naples. Si un jour on doit ériger une statue à la gloire de cette ville, il faudra la dédier à l'amour, l'amour fou. On n'aime pas de la même manière qu'on soit à Naples ou ailleurs. On a pris l'habitude de citer Venise pour évoquer l'amour ; c'est un cliché qui a la vie dure. A Venise, l'amour est triste, disons conventionnel. A Naples, c'est la folie au moins une fois sur deux. Moi, je préfère la folie au romantisme mouillé.

Il s'appelle Gino. A force d'obstination et de travail, il était devenu un grand pianiste. Pour cela, il avait renoncé à tout. Sa famille et même ses amis comptaient moins que son piano. Il faisait une carrière internationale quand l'amour s'est emparé de sa vie, de son corps, de son âme. Il lui a tout donné, puis lui a tout repris. Le pauvre ! Il n'était pas préparé à ça. D'ailleurs, personne n'est préparé. Moi, je suis préparée à rien. J'attends rien. Peut-être la mort, mais là c'est une autre histoire.

D'après ce que j'ai su, tout allait bien pour lui. Il se consacrait pleinement à son art, donnait des concerts dans les principales capitales du monde. Sa vie privée n'avait rien d'exceptionnel. Je crois qu'il avait une femme et des enfants. Ils vivaient séparés, apparemment sans drames, sans conflits. Il était connu pour être solitaire, discret et même un peu terne. Ce n'était ni un séducteur ni un flambeur. Un homme sans fantaisie. En me racontant son histoire, il m'a avoué qu'il était maniaque, le genre de manie qui consiste à se laver les mains plusieurs fois par jour, à mettre de l'ordre partout où on se trouve, etc.

Voilà qu'un jour vint la bourrasque, celle qui emporte tout sur son passage. Plus d'ordre, plus de manie. Le résultat, tu l'as vu : une ombre, un fantôme, un pensionnaire de l'Auberge des Pauvres. Je te le redis : on devrait dorénavant l'appeler l'Auberge des Amours meurtries ou quelque chose comme l'Auberge où mourir de ses blessures. Promets-moi, un jour, quand je ne serai plus là, de faire graver une plaque avec une autre appellation. De toute façon, c'est une ruine, mieux vaut l'oublier. Là où je suis, c'est ma tombe. Je me fiche de ce qui se passe là-haut, dans les étages. Il ne se passe rien. Même les fantômes l'ont désertée. Bon, revenons à la bourrasque, à celle qui va la provoquer et tout faire tomber sur son passage. Elle s'appelle Idé, je crois que c'est Aïda, mais qu'importe, pour lui c'est Idé. Une beauté. Belle de corps et de tête. Je l'ai connue. C'est elle qui l'a amené un jour à l'Auberge. Elle nous l'a déposé comme un paquet ou un blessé de la route. Je me souviens bien de cet après-midi de novembre. Elle est arrivée en taxi, elle était pressée, elle pleurait. Elle aurait dit au concierge : « Prenez soin de cet homme, c'est un grand pianiste. » Elle s'est occupée des formalités administratives, a laissé une somme d'argent pour lui, au cas où il aurait envie de quitter ce lieu. Ensuite, elle est venue me voir. Je ne sais pas pourquoi elle m'a rendu visite. Le concierge a dû lui conseiller de me parler. Une femme lumineuse, avec de grands yeux verts, une chevelure dense, folle, toute bouclée, de petits seins parfaits, une taille de gazelle, une allure de grande dame. Elle était un peu plus grande que lui et bien plus jeune. Quelle beauté ! La classe, quoi ! Elle m'a dit : « Je vous confie Gino. C'est un être précieux, un homme de qualité. Il a fait une chute, le genre d'accident dont on ne se relève pas si vite. Il a besoin d'une cure de sommeil et surtout il faut qu'il oublie. Je compte sur vous pour l'aider. Je reviendrai le voir de temps en temps. Pour le moment, il vaut mieux que je m'éloigne. Merci de prendre soin de lui. S'il vous parle, s'il vous raconte une histoire extraordinaire, croyez-le. »

En effet, il m'a raconté son histoire quelques semaines après son arrivée. Je ne dirai pas qu'elle est extraordinaire, mais plutôt classique, une histoire napolitaine qui commence bien et se termine mal. C'est une histoire d'amour, belle comme une étrange rencontre, comme un fruit à l'amertume subtile, lente à venir.

Il m'a dit : « Quand je la vis, je compris tout de suite que ma vie allait basculer dans quelque chose d'irrémédiable. » Elle était venue exposer dans le hall de la salle de concerts les disques de la maison d'édition qu'elle représentait. Un hasard, une coïncidence ? Peut-être.

C'est quoi une rencontre, une vraie, une rencontre décisive ? Quelque chose qui ressemble au destin. On est là, on ne s'y attend pas du tout, et voilà qu'on voit en une fraction de seconde des images de notre vie future défiler à toute allure, on prend peur, on est bourré de joie et on sait à cet instant précis, de manière intime, que notre vie ne nous appartient plus, c'est comme le sentiment de la mort imminente, sentiment aussi de la vie intense, tellement intense que notre corps devient trop limité, insuffisant pour tout recevoir, on sent, on voit arriver le boulet qui roule vers nous pour nous écrabouiller tout en nous promettant de la vie et du plaisir, et on ne bouge pas, on ne fait rien pour l'éviter, car on sait qu'on est déjà brisé, on est fait, puis défait, car le destin ne nous consulte pas avant de frapper. Ce serait trop commode si quelque chose ou quelqu'un nous prévenait.

Gino m'a dit qu'il avait compris cela tout de suite ; il m'a raconté comment il s'était mis en colère, une colère qui l'avait profondément ébranlé. Il reprocha à Idé d'être là, comme si elle avait prémédité cette rencontre et qu'elle était le signe élégant mais furieux du destin. Il lui dit : « Mais, mademoiselle, ce n'est pas permis de venir avec tant de beauté et de grâce narguer un vieux pianiste dont la carrière commence à peine à atteindre la notoriété, dont les mains sont sa mémoire, et la mémoire commence déjà à trembler. Vous me troublez. Votre lumière me fait mal aux yeux. J'ai mis du temps avant d'atteindre un peu de sérénité, avant de confirmer un don par un travail incessant, une vie paisible, un destin tranquille. »

Elle sourit comme si le message avait été bien reçu, lui tendit une lettre et s'en alla s'occuper de sa table d'exposition. Il n'ouvrit pas l'enveloppe mais la sentit. Un léger parfum s'en dégageait. Une lueur d'espoir prise dans l'impatience enfantine traversa son esprit. Il était déjà dans les premières joies de ce qui se tramait devant ses yeux, une fièvre qui commençait à peine à monter.

La lettre :

Monsieur,
J'écoutais ce matin votre dernier concerto, alors, comme un écho, je pensais à cette phrase d'un peintre iranien que je me permets de joindre à cette brève missive, en remerciement des heures partagées avec votre musique.
Bien sincèrement.

Idé.

« *Rêver, c'est peut-être la chose la plus nécessaire qui soit. Plus nécessaire encore que de voir.*
Si un jour on me disait : "Tu es obligé de choisir entre rêver et voir", je choisirais sans doute rêver.

Je pense qu' avec l'imagination et le rêve on supporte mieux la cécité. » A. K.

Pourquoi cette lettre ? Qu'a-t-elle voulu dire ? Qu'y a-t-il derrière les mots ? Il se posa la question de l'artiste iranien. Il se dit que c'était une mauvaise hypothèse. S'il avait à choisir, c'est voir qu'il choisirait sans hésitation. Mais le rêve, sa généalogie, ses mécanismes le préoccupaient. C'était de cela qu'il aurait voulu discuter avec elle. Mais on ne discute pas avec le destin. On le reçoit, on lui fait bon accueil et on attend la suite. Il sentit un pincement au cœur, suivi d'un très léger étourdissement. Il se souvint avoir ressenti la même chose il y avait longtemps de cela, quand il était tombé amoureux pour la première fois. Trente ans ! Le souvenir de la sensation était intact et troublant. Était-ce un souvenir vécu ou une émotion du moment ajustée sur des images sorties pour la première fois d'un coffre presque oublié ? Il se dit : « Même si on ne revit jamais les mêmes situations, il faut éviter ce qui est en train de débouler droit sur moi. » Malheureusement, nous ne sommes pas maîtres de ce qui nous arrive. Ah ! si moi, la Vieille-trop-lucide, je pouvais revenir en arrière et effacer certaines images ! C'est trop tard. Il m'a fallu traverser des déserts avant de trouver la paix, ou ce qui lui ressemble, dans ce hangar de l'apocalypse ! En te racontant l'histoire de Gino, c'est l'histoire de tous les êtres frappés par la foudre que je déroule devant toi.

En rentrant chez lui, Gino fut pris d'une grande fébrilité. Il fallait répondre à la lettre.

Chère Mademoiselle,
Sachez tout d'abord que le rêve fait partie intégrante de la réalité. Quand je compose, il m'arrive de me

poser la question : suis-je dans le réel ou dans le rêve ? Car je voudrais vous faire une confidence, à vous que je ne connais pas, vous que le ciel ou quelque astre a mise sur mon chemin : la création est un processus qui échappe totalement aux catégories maîtrisables. Quand je joue, je m'imagine ailleurs. J'oublie où je suis et même ce que je fais. Mes doigts avancent et mon esprit les suit ou plutôt mon corps et mon esprit les suivent. C'est comme lorsque je rêve et me lève pour boire un verre d'eau ou regarder la montre. Je suis à cheval entre deux états où la logique est absente. J'aime ces moments où je donne raison à l'absence de conscience. Je voudrais en parler avec vous si vous en avez le temps et l'envie. Je me permettrai de vous appeler à votre bureau dans cette maison d'édition qui porte un drôle de nom « Pain-et-Notes ». Je suppose que c'est un clin d'œil pour signifier que l'être humain a autant besoin de musique que de pain.

En hommage à votre grâce.

Gino.

Gino était possédé. Il avait tous les symptômes de la possession : naïveté, illusion, poésie de circonstance, impatience, grandiloquence de certains propos et surtout perte de distance entre lui et ce qui devait arriver. Il m'a confié un cahier bleu où il notait tout. Il pensait que j'étais bien placée pour recueillir ses impressions et les comprendre. Personne ne peut prétendre se connaître en amour. Car chaque histoire est unique, même si certains événements se répètent ou se ressemblent. Mais si je te raconte son histoire, c'est surtout pour te parler de Naples et des Napolitaines.

J'ai su par lui qu'ils s'étaient rencontrés une première fois après le fameux concert et ils avaient passé des heures à parler de musique, de littérature, de philosophie. Elle adorait Mahler. Gino préférait Mozart. Elle lui avait dit : « Mozart, tout le monde aime, c'est dans l'ordre des choses. Mahler, c'est plus inattendu. » Ils avaient parlé du rêve et de la cécité, du pouvoir de l'imagination et des émotions cruciales, de la joie et de la douleur, de la saveur des premières figues de l'été, du temps et de la liberté. Là, Gino me dit qu'il avait senti qu'il n'était plus libre. Il l'avait regardée longuement, avec gravité, comme s'ils avaient déjà vécu des mois ensemble, et lui avait dit :

– Le temps, la liberté, c'est ce qui me manque le plus. Je vais devoir devenir un voleur, un cambrioleur du temps. Voler des heures à ma musique, à mon foyer…

– Vous parlez comme un homme coincé dans une mauvaise histoire conjugale ! Sachez que je ne serai jamais votre maîtresse, la femme qu'on aime mais à qui on donne les miettes du temps ; je n'aime pas le vol et les voleurs, cela ne fait pas partie de mes mœurs.

– Vous êtes en colère ?

– Non, je précise certains points. Pas besoin de colère pour cela. Le jour où je serai en colère, vous verrez que c'est autre chose, et j'espère que vous ne me verrez jamais en colère.

Voici ce que Gino écrivit ce jour-là dans le cahier bleu :

« Impossible de travailler. Mes doigts ne suivent plus. Ma tête est ailleurs. J'ai peur. J'ai passé toute ma vie à avoir peur. Je déteste cet état-là. Je me sens dépossédé de mes moyens. Si je ne joue pas, si je ne compose pas, je suis perdu. Et je sens très fortement que je suis en train de me perdre. En même temps, je trouve à cela une sorte de douceur, de plaisir presque inconscient. Je me sens un autre. J'ai l'impression de perdre mes repères, surtout à la maison. La tempête est annoncée. Je ne suis pas capable de l'arrêter ou de lui résister. Que m'arrive-t-il ? J'étais un homme tranquille, un pianiste convenable, génial d'après certains, médiocre d'après d'autres, mais un pianiste qui connaît le succès. J'ai même réussi à être indifférent à l'égard de la critique. Je ne suis pas génial, mais je travaille sans relâche. Or depuis que j'ai rencontré I. je n'ai plus le cœur à ça. Elle m'habite, et je suis bien. »

Gino adressa à Idé une carte postale de Bari, où il donnait un concert. Il lui écrivit des choses assez romantiques, évoquant la lumière de ses yeux, la beauté de sa chevelure et son impatience de la revoir. Il aimait écrire des lettres ou des cartes postales. C'était sa façon d'être courageux et audacieux. Les mots le fascinaient autant que les notes de musique. Comme tous les timides, il se cachait derrière le voile des mots.

Un dimanche, après avoir beaucoup hésité, il l'appela chez elle et lui proposa une promenade dans les jardins de Posillipo. Le fond de l'air était frais. Elle arriva avec un petit quart d'heure de retard ; elle portait un magnifique manteau vert pomme. Il lui tint délicatement le bras. Il frôla ses mains. Au moment de se quitter, il déposa un baiser dans la paume de sa main droite. Émue, elle retira doucement son bras et lui dit : « A bientôt. » Elle partit en courant, se retourna et lui envoya un baiser de la main en faisant de grands gestes. Elle devait être heureuse. Lui était plutôt accablé. Il se dit : « J'étais tranquille, j'avais même renoncé au sexe, à l'amour, voilà que je me trouve embarqué dans une histoire qui ne me fera pas que du bien, c'est plus fort que moi, plus violent que l'inspiration et la création. Tant pis, il faut vivre, même si je dois souffrir ; au moins je suis lucide, péniblement lucide. Je n'y peux rien. Je suis déjà ailleurs et j'attends avec impatience notre prochaine rencontre. »

Ils se retrouvaient presque tous les jours à l'heure du déjeuner. Ils mangeaient une salade, buvaient du vin, se promenaient comme des adolescents éblouis pour la première fois par le grand amour. Ils ne parlaient pas de sentiments, mais échangeaient leurs points de vue sur la musique contemporaine. Ils étaient d'accord pour ne pas aimer Boulez. Ils riaient de tout. Ils se sentaient légers, insouciants. Curieusement, quand il pensait à elle, il ne la désirait pas. Il la considérait comme un être d'exception, non comme un être de désir. L'imbécile ! Quand il la voyait arriver, l'émotion l'étreignait. Il était heureux et tremblait de joie. Il perdait sa salive comme s'il était en état de choc. Un gamin ! Un enfant se réveillait en lui, oubliant l'âge, le passé et les rides. Elle aussi n'arrivait pas à dissimuler son émotion. Il ne cessait de se demander : « Mais qu'a-t-elle de plus que les autres pour me mettre dans cet état ? Quel est ce magnétisme si prompt à agir ? D'où vient-il ? Pourquoi suis-je devenu si vulnérable, si fragile ? Où irons-nous avec toutes ces émotions, ces troubles, ce déphasage, ces turbulences physiques et morales ? Tiendrai-je le coup ? En même temps je vis, c'est merveilleux, c'est magique, sa seule présence me nourrit et me donne envie d'aller très loin, de créer, de faire des choses extraordinaires, elle me donne des ailes, de la liberté, de la joie et de la vie… Mais tout ça, un jour, oui, un jour, tout ça s'arrêtera, brutalement, je préfère ne pas y penser… » Le pauvre ! Il sentait venir les choses. Et pourtant, cette femme n'était qu'une femme, intelligente et belle, certes, mais que s'était-il passé dans la vie de Gino au moment de la rencontre, ou bien que s'était-il passé juste avant, qui avait favorisé cette rencontre et en avait fait une histoire pleine de douceur, de cruauté et de larmes ?

Le cahier bleu :

« Ainsi je tombe dans l'amour comme si je n'avais jamais aimé, avec frénésie, désarmé, disponible, je veux dire prêt à l'abandon et aux ravages. Pourquoi si vite ? Que me manquait-il de si essentiel pour que je me sente dans cet état de fébrilité juvénile ? Je n'arrive plus à restituer l'image de l'aimée. Elle disparaît dans un flot d'autres images. Je ne sais plus dessiner les contours de ce visage. Ébloui, je ne sais plus où j'en suis ni qui j'aime. Est-ce l'amour que j'aime, est-ce la femme que j'aime ou est-ce une image de moi qui circule dans d'autres yeux ? Je parle ainsi parce que le désir n'est pas vif, il serait même lentement écarté, éloigné de moi et de mes nuits. J'ai eu en moi le désir de l'amour comme un mal endormi dans mes sens, soudainement réveillé par I. Mais je tourne en rond à la recherche de son image. J'ai le souvenir de sa voix, de son parfum, de la lumière dans son regard, mais je ne sais plus comment elle est faite. Seul un type comme moi, artiste écrasé de modestie, mari ayant abdiqué tout pouvoir, père sans autorité, est capable d'oublier le visage de celle par qui arrive l'amour. Tout s'est éclipsé. Seule reste l'idée de la sensualité, l'idée d'une histoire qui commence dans le cafouillis, dans le flou et l'impatience. »

Leurs corps se frôlaient. Ils avaient besoin de temps pour se donner l'un à l'autre. Ils burent du vin à la lueur d'une bougie, se caressèrent longuement sans jamais être entièrement nus. Elle lui murmurait : « Ce n'est pas le sexe que je cherche. » Et lui répondait : « Le désir de l'amour engendre l'amour. »

Elle disait : « Mon corps porte tant et tant de cicatrices ; j'ai besoin de douceur et de tendresse qui fermeront mes blessures. Je ne supporterai aucun mensonge, aucun simulacre. J'ai été si mal aimée, j'ai été privée d'enfance, de musique et de poésie. C'est pour cela qu'aujourd'hui toute ma vie tourne autour des notes et des mots, de la musique et des livres. Je compte sur vous pour m'offrir des livres, beaucoup de livres, beaucoup de disques, beaucoup d'attention. Je suis forte et fragile, vraie et rebelle, entière et sincère. J'ai envie de vous et je ne saurais pas dire pourquoi. Je suis d'une autre époque, terriblement romantique, j'ai un immense besoin d'enfance, de cet âge où la magie est si naturelle, où l'innocence est fragile. J'ai été saccagée par un homme qui devait être mon père, quelqu'un qui a toujours su me faire peur, me faire pleurer, me donner des insomnies. Je m'endormais en bloquant la porte de ma chambre avec une armoire. J'ai été frappée. J'ai vu ce que je n'aurais jamais dû voir. J'ai pleuré. Longtemps j'ai perdu la parole. Les mots m'ont quittée, ils ne sortaient plus de ma gorge. Mes yeux ont trop grandi et tout avalé. Mes souvenirs se sont abîmés au contact de la brutalité des adultes. Mes yeux sont remplis de douleur. Si vous vous penchez sur moi, vous verrez combien ils sont tristes. J'ai été défaite par ce monstre que je n'arrivais pas à haïr. Je ne l'appelais jamais papa, mais toujours Nato au lieu de Renato. Je trouvais ça joli ; il n'aimait pas, se mettait en colère et me menaçait, me disait qu'il ne me donnerait pas à manger pendant deux jours. Ma mère était partie. Longtemps, on m'a dit qu'elle était actrice en Amérique, jusqu'au jour où j'ai appris en fouillant dans des dossiers qu'elle était internée dans un asile à Madagascar. Elle avait de la famille là-bas. Alors mon corps est endolori comme mes pensées, comme mes souvenirs. Après ces aveux, en général les hommes prennent la fuite. Je ne leur en veux pas. Ceux qui restent sont ou bien des pervers ayant secrètement l'intention d'inscrire sur mon corps d'autres blessures, ou bien des naïfs croyant pouvoir réparer le saccage. Je n'ai pas l'impression que la perversité soit dans vos habitudes. En même temps, je ne pense pas que vous êtes un naïf. Mais je crois à vos émotions, à vos élans. Je vous laisse ces mots écrits en pensant à vous :

« *Quand commence-t-on à se souvenir des premiers instants ? Vous m'avez donné un crayon et j'écris, les mots se bousculent de ma tête à mon cœur, bientôt ils envahiront mon ventre.*

Il y a longtemps, trop longtemps que je n'avais écouté ainsi les oiseaux. Je rêve d'une maison au pied de laquelle la mer viendrait mourir. Et je m'allongerais là, gorgée de soleil, offerte à la caresse de l'amant, des larmes de bonheur accrochées à mes cils.

Où se trouve la paix ? Dans quelles contrées perdues, ce royaume m'accueillera-t-il en son sein comme la mère prend son enfant tout contre elle ?

La journée a passé, les oiseaux se sont approchés et mon corps respire le bien-être de vous. Il y a le feu et le sable, une langue chaude et lente qui me laisse alanguie et apaisée.

Gino, je vous souris du fond de mon cœur épris de vous. I. »

Ce fut presque à leur insu que leurs corps se découvrirent. L'intensité de la fusion était grande et harmonieuse. Gino dira plus tard qu'avec Idé il avait appris à ne plus avoir d'égoïsme dans le plaisir. Ce n'était pas une question de prouesse ou de performance. C'était de l'amour, le vertige, l'entrée dans le paradis des sens.

103

Idé avait connu beaucoup d'hommes et peu d'amour. A l'approche de ses quarante-cinq ans, Gino avait presque renoncé à l'amour et même à la sexualité pour se consacrer entièrement à la musique. Séparé de sa femme depuis quelques années, il ne se sentait pas le courage de refaire sa vie. Il disait : « C'est fatigant de devoir séduire pour avoir de nouveau des conflits et se résigner à une séparation à l'amiable ! » Donc, il ne regardait quasiment plus les femmes. Idé, à cause de sa beauté et de son désir de vivre, à cause de son passé qu'elle cherchait à effacer par tous les moyens, se conduisait comme un homme : elle séduisait, consommait, puis abandonnait. Elle n'avait aucune difficulté à mettre dans son lit n'importe quel homme qui lui plaisait. Comme elle m'a dit : « Il suffit d'un sourire, une expression subtile du visage, les hommes accourent. Il m'arrivait de les choisir d'un certain âge. Les imbéciles, ils me disaient presque tous, à un moment ou à un autre : "Étrange ! J'aurais pu être ton père !" Cette réflexion, je l'attendais. C'était pour moi le déclic, le signal qu'il fallait jeter le type dehors en le ridiculisant. J'ai fait ça quelque temps. Je n'en suis pas fière. Mais il fallait bien se défendre. Après, ce fut le divan, puis un calme relatif. J'ai rencontré Gino au moment où je commençais à goûter ce calme, cette solitude où les fantômes et les ombres du passé s'éloignaient de moi. Mais très vite j'ai compris qu'avec Gino – qui aurait pu être mon père, mais il ne me l'a jamais dit – les choses allaient être différentes : légères et graves, intenses et brutales, douces et cruelles. La passion, la fatalité de la passion. Nous en avions besoin tous les deux, moi parce que je voulais vivre, lui parce qu'il avait lentement renoncé à une vraie vie. C'est pour cela que notre rencontre relève de la magie, du miracle. Rien n'était prémédité. Mais comme dans toutes les fêtes, il arrive un moment où il faut trancher : on vit pleinement jusqu'au bout, en se donnant sans réserve, sans calcul, sans économie. Il nous arrive d'avoir peur, on ne se sent pas capable d'affronter une telle bourrasque de la vie, alors on arrête net. C'est ce qui nous est arrivé. »

Idé vivait avec son demi-frère, qui avait eu lui aussi des démêlés avec son père. Elle refusait à Gino de venir chez elle. Elle lui disait que sa maison était son secret, qu'elle préférait qu'il restât à l'écart. Je crois qu'elle était trop exigeante, ne supportait pas ses absences, le temps qu'il prenait pour les répétitions avant un concert, les voyages où il ne l'emmenait pas, les nuits qu'il ne passait pas avec elle, l'enfant qu'il refusait de lui faire. Un jour, il lui fit un drôle de compliment. Il lui dit : « La preuve que je vous aime, c'est que si je vous avais rencontrée plus tôt, je ne vous aurais pas proposé le mariage ! Parce que le mariage est un contrat social souvent incompatible avec le grand amour. Je sais qu'il y a des mariages heureux. Le mien était terne et sans grande joie. Dans le mariage, avec le temps, quelque chose d'autre se substitue à l'amour. Je ne suis pas fait pour ça et pourtant j'ai fait comme tout le monde. Ma vie perdait peu à peu son éclat. Heureusement que j'avais ma musique. Enfin, j'espère que vous appréciez le compliment ! »

Drôle de compliment pour une jeune femme qui rêvait du grand amour qui se concrétise dans les liens sacrés du mariage, avec des enfants, dans une vie débordante de joies, de fleurs et de surprises heureuses. Idé cherchait à effacer son passé, à retrouver l'enfance dont elle avait été privée. La rencontre avec Gino était un coup de foudre. Soudain, l'homme dont elle rêvait, celui qui allait la sauver de son passé, le héros qui allait l'emmener sur son cheval blanc, était là, devant elle, envoyé par la fatalité, mis sur son chemin par le destin. Mais ce n'était pas aussi simple. Cet homme était faible, pas chaud pour des engagements décisifs. Idé avait besoin d'un homme plus fort qu'elle, quelqu'un qui n'hésite pas, qui prend des initiatives et l'entraîne dans d'autres tourbillons. Or Gino était un brave type, amoureux, certes, mais incapable de fasciner une femme qui recherchait une autre forme de virilité. Quand ils faisaient l'amour, Gino refusait de se plier à ses désirs de violence. Elle lui réclamait une force mentale qu'il n'avait pas. Idé n'était ni une perverse ni une malade, mais elle avait besoin d'admirer un homme qui sait prendre des décisions, qui ne bafouille pas, qui sait dire non quand il le faut.

Cependant son amour si soudain pour Idé avait redonné à Gino de la lumière sur le visage, de la jeunesse et de la vie. Il disait qu'il était tellement heureux avec Idé qu'il dormait avec un sourire sur tout le corps. Il était loin d'imaginer tout ce que cette femme attendait de lui. Il ne comprendrait pas. Pour lui, aimer c'était être tendre, attentif, disponible et surtout soumis à ses émotions. Or Idé ne voulait pas d'un homme soumis ; elle était à la recherche d'un rebelle qui la comprenne et la fasse sortir d'une enfance pleine de turbulences et de mauvais souvenirs. Gino n'avait pas l'étoffe d'un héros, il était seulement un artiste qui avait du talent et de la bonté.

J'ai là une des lettres qu'il a écrites à Idé mais qu'il n'a pas envoyée. Je vais la chercher. J'aime cette histoire, l'ennui c'est qu'elle me fait presque pleurer chaque fois que je la raconte. Je suis comme Idé, romantique et sentimentale…

L'amour, mon amour, la grâce et la rosée sur l'amour naissant au petit jour. Ma main s'agrippant à votre chevelure et vos yeux baignés de larmes heureuses avec cette gravité qui ne ment pas et qui m'atteint au fond de l'âme. Ô vous qui êtes venue m'irriguer de votre belle jeunesse, vous m'avez redonné vie et regard entre vos bras, dans la passion qui nous emporte, dans le rire qui nous unit. J'avais oublié ce goût que prend le jour, cette lenteur qui enrobe nos corps dans l'amour. J'avais oublié que ces émotions pouvaient encore traverser tout mon être. Quand je joue, il m'arrive de ressentir quelque chose de troublant, ce moment indicible où on se sent très léger, comme lorsque vos yeux s'offrent à moi, graves et rieurs... Mais où êtes-vous ? L'absence, l'insupportable silence... cette porte fermée, ce désert versé dans ma vie...

La Vieille s'arrêta de lire. Elle était émue. Après un instant de silence, elle poursuivit :

Tu te demandes ce qui s'est passé. Pourquoi tout ce bonheur brutalement interrompu ? Gino me disait que ça ressemblait à la mort, une rivière devenue sèche, une voix coupée pour toujours. Il n'avait pas compris ce qui était arrivé à leur histoire.

Je bois un verre pour pouvoir continuer.

Ils eurent des journées belles et douces. Souvent, le soir, ils se quittaient, lui avait besoin de solitude pour composer sa musique, elle retrouvait son demi-frère, son ami et complice. Profitant d'un concert qu'il devait donner à Grenade, il réserva une suite au Parador et s'enferma avec Idé plusieurs jours et plusieurs nuits. Tout était parfait : le paysage, les lieux, le vin, le poisson, le climat. Tout était merveilleux.

Voici ce qu'il a noté dans son cahier bleu :

« L'arrivée à Grenade n'augurait rien de bon. L'imprésario s'était trompé de date et les réservations étaient faites pour un autre jour. Idé n'aima pas du tout ce début. Elle s'énerva ; elle disait tout le temps qu'elle ne méritait pas ça. Nous passâmes une première nuit dans un hôtel du centre-ville. Il faisait chaud. Il y avait trop de bruit. Heureusement que nos corps s'apaisèrent par l'amour. Le lendemain, nous fûmes installés dans une suite au Parador qui domine tout Grenade. Après le concert, nous ne sommes pas sortis. Nos corps ne se lassaient pas de se confondre, de se caresser et de faire la fête. Nous dînions dans la chambre à la lueur des bougies et nous admirions les lumières du ciel sur la ville. Nous prenions de longs bains chauds dans une immense baignoire où elle versait plusieurs parfums. Elle me massait le corps, me racontait des histoires drôles ou me lisait des pages d'*Anna Karénine*. Nous dormions par terre, enveloppés dans nos peignoirs. Le premier qui ouvrait l'œil léchait le corps de l'autre pour le réveiller en douceur. Ma langue se fatiguait, mais je poursuivais les caresses. Au bout du dixième jour, je sentis que quelque chose se tramait dans la tête d'Idé. Elle évoquait déjà le départ, la solitude. Elle disait, en plaisantant, que pour oublier elle partirait avec un autre homme, ou même avec plusieurs amants. Je ne croyais pas ce qu'elle disait. Mais un doute subsistait. Il faut dire que nous eûmes une discussion sur le désir d'enfant chez la femme de trente ans qui l'a fait pleurer. Moi, j'étais clair là-dessus : pas question de faire un enfant ni avec elle ni avec personne. J'avais deux grands enfants dont je ne m'étais pas bien occupé et je ne referai plus jamais une telle erreur. Les larmes venaient de loin. Probablement de son enfance malheureuse. On a bu du vin, on a refait l'amour, et le lendemain nous sommes rentrés à Naples. Depuis, c'est le silence cruel. »

Leur retour annonçait la fin de cet amour. Ce fut Idé qui en décida ainsi. D'une part, elle avait vécu un bonheur trop beau, trop grand et ne supportait pas l'idée qu'un jour leur amour entrerait dans la banalité ou pire la routine. D'autre part, Gino ne pouvait pas la sauver. Son demi-frère, que j'ai rencontré plus tard, m'a dit des choses étranges à son sujet : « Idé est une femme blessée ; elle a besoin d'être matée, or je crois que Gino était trop gentil avec elle, il devançait ses désirs, faisait tout pour qu'elle soit heureuse ; il ne comprenait pas que l'amour pouvait aussi être dans la fermeté, dans des rapports solides et durs en même temps. Elle ne recherchait pas la brutalité, mais quelqu'un qui la tienne fort dans ses bras pour qu'elle ne lui échappe pas. Or Gino la serrait dans ses bras mais ne la retenait pas. Il lui écrivait de belles lettres, mais ne lui donnait pas concrètement ce qu'elle espérait. »

Gino mit du temps à comprendre cela. Pourquoi se quitter alors que la passion était à son point culminant ? Elle tint bon. Peut-être que la rupture avait été décidée avant le voyage de Grenade, « voyage de noces sans noces ». Il n'y avait plus rien à faire. Elle se ferma à tout. Il lui écrivit une lettre par jour. Pas de réponse. Il l'appela tous les matins. Elle ne répondit pas. Elle n'existait plus. Morte. Disparue. Elle n'avait jamais existé. Gino tenta tout pour la retrouver, lui parler, savoir pourquoi cette rupture si violente, si radicale. Plus aucune trace de la belle Idé. Gino sombra dans une profonde mélancolie. Il était tout chagrin. Il fermait les yeux, mais partout la lueur des souvenirs le hantait.

Il ne vivait que de cette lueur qui le fatiguait, le faisait douter de la vie qu'il avait vécue ; tous ces souvenirs tremblaient dans un sentiment d'irréalité. Un ami lui dit : « Entre le paradis et l'enfer, il y a juste un voile, transparent, léger, flou. Un tel amour, si parfait, ne pouvait pas durer. Il fallait l'arrêter au moment de son apogée. Dans un roman ou un film mélodramatique, les deux amants se seraient donné la mort au moment du crépuscule, au moment où le ciel s'imprègne des rougeurs du soleil couchant. Dans la vie, on prend la fuite. Les explications sont inutiles. Les mots ne s'ajoutent pas aux choses graves. Il vaut mieux regarder ailleurs et accepter de souffrir. Enfin, c'est facile à dire, mais, mon pauvre ami, on est toujours seul, n'oublie jamais ça ! »

Gino me dit que c'était plus fort que lui. Ces conseils le laissèrent indifférent. Il me raconta comment il avait décidé très vite de quitter la maison, de s'installer dans un grand hôtel et d'attendre le retour d'Idé. Il retournait aux endroits où ils avaient l'habitude de se promener. L'espoir de la retrouver était devenu une obsession, une sorte de maladie. Du coup, il abandonna le piano ainsi que les répétitions, se fâcha avec son imprésario qui essayait de le sortir de cette situation et fit annuler ses concerts. A partir de là, Gino se laissa gagner par le désespoir et renonça à vivre et à se battre. Il errait dans Naples à la recherche d'Idé. Comme tous les possédés, il la voyait partout : sur des affiches, dans des films, dans la rue, dans ses rêves ; malheureusement, il rêvait peu parce qu'il ne dormait presque pas. Il se mit à la recherche de Sylvana Mangano, collectionnait ses images, voyait ses films plusieurs fois, car Idé lui ressemblait. Mais tout se brouillait dans sa tête. Quand il voyait l'image de Mangano, il parvenait à lui substituer celle d'Idé. Il était assez satisfait de cette prouesse mentale. Là commençait le début de la dérive. Il connaissait par cœur *Riz amer*, en récitait les dialogues, dansait comme s'il était Vittorio Gassman. Il avait décidé qu'Idé n'était qu'une apparition dans sa vie, une image appartenant au monde des images. Il pensait échapper ainsi à la souffrance. Pure illusion. Un soir, il sentit le besoin de se confier à quelqu'un. Il entra dans un bar et commanda un verre de vodka. Il n'y avait personne dans la salle. Il regarda le barman, un vieux monsieur aux cheveux gominés, puis lui dit :

– Avez-vous déjà été amoureux, très amoureux ?

– Non, monsieur, j'ai toujours été barman.

Gino abandonna son verre et s'en alla, plus désespéré que jamais.

Quand elle apprit par la presse que tous les concerts de Gino avaient été annulés, Idé décida de refaire surface. Lorsqu'elle le retrouva, attablé au fond d'un café, elle eut un choc. Elle était en face d'un vieillard, un homme négligé, non rasé, les cheveux sales, les yeux éteints et la démarche incertaine. Elle était en droit de se dire : « Ce n'est pas Gino, pas mon Gino, l'homme que j'ai aimé follement. Non, c'est quelqu'un d'autre, cet homme ravagé n'est pas l'artiste que j'ai connu. » En un an, il était devenu une loque. Il était à la limite de la folie. Idé cachait son visage pour pleurer. Elle faisait des efforts pour ne pas montrer son immense tristesse. Je la comprends, je pense qu'elle n'avait pas envie de se sentir coupable. En général, c'est ce qui arrive. C'est là qu'elle décida de nous l'amener. Pas tout de suite. Elle prit soin de lui pendant quelques jours, l'emmena chez elle, lui fit sa toilette tout en évitant de laisser voir sa tristesse. Elle le fit examiner par un médecin, puis par un psychiatre. Gino avait l'air hagard, ne savait pas où

111

il était, confondant Idé et Sylvana. Il avait perdu la raison, mais pas au point d'être interné. Il avait des moments de lucidité, se levait et cherchait un piano pour jouer, disait que ça irait mieux bientôt, quand Idé le reprendrait dans ses bras et le ferait voyager à travers le monde. Il délirait gentiment, ne menaçait personne, ou il sombrait dans un silence profond. Une vieille amie d'Idé lui indiqua l'Auberge des Pauvres. Elle n'en avait jamais entendu parler, mais l'idée de le confier à une auberge particulière n'était pas rassurante. De toute façon, il n'était pas question pour elle de le garder chez elle ni de rester dans les parages. Pour elle, c'était une histoire qui avait mal tourné et il fallait s'en détacher. Elle souffrait elle aussi et se débattait avec ses vieux démons.

Gino prit place parmi nous dans cette auberge au moment où on évoquait sa fermeture. L'Auberge des Pauvres devenait l'Auberge des Naufragés de l'amour, ou si tu veux des Naufragés de la vie. Moi, je suis les deux. Mais la vie et l'amour, c'est la même chose. C'est Garance qui disait, dans *Les Enfants du paradis*, « je suis vivante » pour dire « je suis amoureuse et heureuse ».

Idé m'a dit aussi quelque chose comme : « J'ai aimé, voilà tout. Mon amour a pris le chemin qu'il a voulu. Gino n'y est pour rien ou presque, comment lui dire : ramène-moi vers les chemins de l'amour, ramène-moi vers les cimes de l'amour unique, ne descends pas du ciel ni de la montagne. Je suis moi aussi une naufragée, je me bats comme je peux. »

A présent, tu sais qu'ici tu ne rencontreras que des blessés. des écorchés, des éclopés, des visages façonnés par le malheur, par le deuil ou simplement par une inexplicable absence. Gino poursuit une ombre, un souvenir, une image. Idé a sauvé sa vie, s'est éloignée, s'est préservée. Peut-être que le malentendu est là. Elle a pris la fuite à temps pour sauver sa peau. Lui n'a pas compris qu'il fallait aussi prendre la fuite. Mais elle a survécu. Lui a cru vivre, jusqu'au jour de leur rencontre.

Gino est malade. Il ne cesse de maigrir. Il refuse de se soigner. Il vient ici de temps en temps prendre quelques citrons. Il dit que leur parfum le maintient en vie. C'est encore le souvenir d'une promenade à Ravello où la plupart des arbres sont des citronniers. Son cahier bleu se termine par un poème. J'aurais aimé qu'un homme m'ait écrit ces vers :

Est-ce par amour
que les mots tombent dans le vide
comme le soir sur le bleu du marbre

Est-ce par furie du silence
que les chants sombrent dans l'absence
Ô toi,
lumière
atteinte en moi par l'éclipse de ce rire qui manque

Vaine poésie
face à un regard qui résiste
Et ce corps qui brûle
dans le miroir du souvenir

Ô toi,
que n'es-tu de cet abandon
où le visage se révèle
dans la gravité des yeux baignés d'amour

Que n'es-tu de cette éternité
robe d'un amour qui tremble
un jour cueilli par nos corps enlacés

Nous manquons
aux lueurs paresseuses du temps
aux repas tardifs
aux Larmes du Christ
et à cette belle langueur
notre fatigue heureuse

Ton visage me quitte
quand ma pensée se fait pressante

Ton sourire
je le garde dans une veine
interdite à l'absence

Ce sourire
est celui de ta voix quand elle avance
celui de tes mains
que je baise en baissant les yeux.

On ne m'a jamais dit des choses aussi jolies. Pourtant, je les méritais. Il faut éviter d'atteindre les sommets, surtout dans la passion. Je n'ai jamais su me préserver. J'ai reçu des claques et je ne faisais rien pour les esquiver. C'est sans doute à cause de ça que je suis là. Oh ! j'ai la paix ! Mon corps m'encombre un peu. Mais je m'y suis faite. Je bricole. J'invente. Je reçois. Je ris et surtout j'ai appris quelque chose d'essentiel : ne rien attendre des autres. J'ai passé ma vie à approfondir cette erreur. Le partage est un leurre. Vois-tu, même quand Idé se donnait à Gino, elle savait que le partage était impossible. Lui, en parfait idiot de l'amour, attendait tout de cette communion. En même temps, c'est beau. Quelqu'un de cynique est inintéressant. Il a eu raison de croire en l'amour aveuglément. C'est émouvant. Il n'y a que ça de vrai !

Telle est l'histoire de Gino. Il lui arrive de jouer sur un piano en bois dont il a gravé les touches dans le rebord d'une table. Lui seul entend sa musique. Il se concentre, ferme les yeux et joue jusqu'au bout. Ses enfants ont tout fait pour le récupérer, mais il s'obstine à ne pas les suivre. Il dit qu'il attend quelqu'un d'autre. Je crois qu'il se sent bien ici. Il a dû trouver la paix pour calmer ses blessures. Ce qu'il n'a jamais admis, c'est la fin brutale de son histoire. Idé ne pensait pas lui faire du mal. Quelque chose d'indéfinissable lui manquait. Il me disait que c'était une bonne personne. Mais elle avait pris la fuite sans penser que Gino allait se retrouver dans cet asile des blessés de l'âme. J'en avais vu des types comme lui. En général, ils faisaient un bref séjour, puis repartaient. Cela ressemble aux bas-fonds d'une ville à la dérive. Mais Naples n'est jamais seulement à la dérive. Il lui arrive aussi d'être championne du monde du vol à la tire, du cambriolage sans traces, du plus beau ballet de moineaux dans le ciel au-dessus du port, du concours des polisseurs de crânes.

Le téléphone sonne. La Vieille le cherche. Il est sous un tas de dossiers. Je le lui tends. Elle parle en baissant la voix :
— Ah, bon, l'hirondelle ne fait plus le printemps, la cigogne, oui, l'oiseau qui aime les minarets, non, Momo est sorti, oui absolument, mais que vient faire ici l'olivier de Jérusalem ? Dis-moi, ce dîner, oui, c'est ça,

non rien. Bien sûr, je suis là. Je ne bouge pas. Le chimpanzé aussi. C'est ça. L'œil ne s'élève jamais au-dessus des sourcils. L'argent. Pourquoi l'argent ? Mais tu sais bien que je n'en ai plus. Voler ? Mais tu es fou. Mais pourquoi mêler l'hirondelle à cette histoire ? Mais que fais-tu à Palerme ? Encore des magouilles... Tu ne changeras jamais. Adieu, je ferme le téléphone. C'est ça, au revoir. Je sais, Albergo dei Poveri di Palermo. Non, je ne le connais pas. Pas envie. Adieu.

Elle poussa un soupir. Affalée dans le vieux fauteuil, les jambes écartées, elle me regarda, les yeux brillants à cause des larmes :

– Le dîner a été annulé. C'est le fils de pute qui l'a annulé, Marco, l'escroc, le voleur, il me poursuit, me persécute. Si Momo l'apprend, il est capable d'aller l'égorger.

Comme c'est curieux ! Venu à Naples pour écrire un livre, me voilà mêlé aux problèmes des uns et des autres. En fait, une ville ce sont des visages, des corps qui bougent, se confondent, se disputent, s'enlacent, se déchirent, des foules qui se pressent devant un marchand de poulpe, un cercueil qui passe, du linge qui sèche sur le balcon ou entre deux immeubles dans une rue étroite, un peu de suie sur la pierre, du néon qui clignote, des odeurs de cuisine, un parfum de vieille dame, un autobus en panne dans une rue très passante, des Gitans qui tendent la main, d'autres qui fouillent dans votre sac, une galerie vide le matin, pleine d'immigrés le soir, un café tous les cent mètres, des enfants qui traversent sans faire attention, des rumeurs, de la fumée qui monte au ciel, des amoureux qui se croient seuls au monde, des nuages qui s'amassent, une voiture de pompiers bloquée dans une ruelle, un libraire qui chante, un mendiant qui joue de l'accordéon, une lumière descendant lentement du ciel, une femme qui pleure la tête contre le mur, un tramway arrêté, un funiculaire qui monte, un autre qui descend, une actrice qui se tord la cheville, un mangeur de pizzas qui la regarde, un poète qui perd la tête, un vieux matelas couvert de taches de sang et de sperme sur le trottoir, une télé morte, un réfrigérateur cassé, une publicité pour des serviettes hygiéniques, une autre pour des couches, un balcon qui penche, un jour il tombera sans tuer ou en tuant des passants, la place du Plébiscite ouverte aux artistes, le palais royal s'ennuie, les églises se remplissent de touristes, l'odeur du café le matin, l'odeur du pain grillé et moi qui me réveille après une longue nuit d'un bon sommeil… C'est ça une ville vivante…

– Hé, p'tit, réveille-toi. Tu rêves, t'es parti ?

– Excusez-moi, je me suis laissé emporter par une rêverie…

– Bon, ce n'est pas l'histoire de Gino qui te fait rêver, j'espère ? Après tout, une forte passion, même quand ça se termine mal, c'est pas mal, ça fout un peu de désordre et beaucoup de vie dans les veines. C'est curieux, ça m'a fait du bien de t'avoir parlé et raconté des histoires, moi qui perds les cheveux et l'ouïe, moi dont la beauté ne cesse de s'éteindre, moi dont les pieds sentent mauvais, dont tout le corps sent mauvais, j'ai l'impression que les égouts de Naples passent par mes veines, je suis ces rigoles d'eau sale et de déchets, je me libère de tout ce qui pue, je me lave de l'intérieur, lucide et humaine, trop humaine, je couvre mes blessures de pâtes mélangées à de la levure, je poudre mon

117

visage, je ferme les yeux et je te vois, là, en train de prendre des notes comme si ma vie pouvait se contenter de ce misérable cahier d'écolier, je ferme les yeux et je revois la véranda l'été à Posillipo, la mer scintille, Naples se tait et mes amants attendent, ô, p'tit mec, n'écris rien sur mes amants, ils pourraient se fâcher et venir te faire la peau, tout ce que je t'ai raconté est vrai, mais la vérité nous échappe, elle est là où on ne l'attend pas, je t'ai dit au début que j'étais la dernière pensionnaire de cette auberge, peut-être t'ai-je menti, je ne le sais pas moi-même, car tu t'es quand même rendu compte que les pauvres n'avaient pas besoin de vivre dans un château, être pauvre c'est n'être pas aimé, c'est tout, c'est pour cela que toutes les histoires sont des histoires d'amour, et quand elles se terminent mal, elles échouent là, dans ce sous-sol, comme des épaves, de tristes choses qui se cognent contre le mur de la vie.

Voilà, petit, Naples c'est tout ça et moi avec, surtout moi. Si tu veux faire un portrait haut en couleur, baroque et délirant, c'est moi qu'il faut observer. Ce qui m'ennuie, c'est que, lorsque je m'adresse à toi, mon délire se calme, je deviens sage, raisonnable, je fais des phrases bien polies, en respectant les règles, je te parle comme à l'époque où je vivais à Posillipo. Mais qui es-tu ? Cette fois-ci, tu ne sortiras pas avant de passer aux aveux. OK ! Oublie ton hôtel de luxe et tes rendez-vous mondains. Tu vas parler ; je t'écoute. Attendons le retour de Momo. J'ai envie qu'il assiste à ça. Je t'ai dit beaucoup de choses. A toi, à présent, de te confier, c'est ton tour de parler… Pour toi ce sera gratuit.

7

Chère Ouarda,

Ne m'en veux pas. Je n'ai pas pu faire autrement. Impossible d'échapper à la Vieille. J'ai été obligé de raconter notre histoire, depuis le début, depuis le premier jour, jusqu'à mon départ pour Naples. J'ai joué le jeu, je n'ai rien dissimulé. Je ne sais pas si j'ai été honnête et juste à ton égard. Mais j'ai pensé qu'en en parlant nous aurions une chance de nous en sortir.

Alors, n'oublie pas que nous sommes dans un roman. La vérité est souvent dépassée, arrangée ou simplement contournée. Les choses sont dites. Et les mots sont dangereux. Je l'ai toujours dit. Aujourd'hui, ils nous concernent. J'avais besoin de cette distance et surtout de cette vieille femme, accoucheuse de talent.

A plus tard, chère amie.

Assoupie, la tête penchée à gauche, la Vieille ronflait. Je crois même qu'elle bavait un peu. Je suis resté silencieux. Je regardais autour de moi. Un silence pesant régnait sur les choses. Tous ces objets cassés ne servant plus à rien, toutes ces affaires entassées dans ce hangar me donnaient l'impression d'être dans un bidonville de la périphérie de Casablanca, un quartier de pauvres après un tremblement de terre ou des inondations. Un rat traversa en diagonale la pièce. Je poussai un cri. La tête de la Vieille penchait à présent à droite. Je repensai à Gino et à son piano en bois. Son histoire fut brève. Sa dépression entraînant sa déchéance devait dater d'avant sa rencontre avec Idé. Nous portons tous en nous les germes de la dépression. Je me dis que si cela m'arrivait, je ne saurais pas quoi faire. J'y pense souvent, surtout depuis que des écrivains de renom ont raconté la leur. (Je sais, ma chère Ouarda, je ne suis pas encore un écrivain important. N'empêche que les grands créateurs n'ont pas le monopole de la souffrance.) La dépression frappe au hasard. C'est une maladie, pas un état d'âme. « Un jour, c'était un matin, rapporte Antonio, un écrivain italien, je n'ai pas pu me lever de mon fauteuil. J'y suis resté toute la journée, les yeux fixant un point imaginaire ; j'étais collé, le monde autour de moi n'existait plus, le danger non plus, j'étais ailleurs, peut-être dans un monde où je ne ressentais plus les choses, un monde où j'étais cloué par l'impuissance dans mon vieux fauteuil où j'aimais tant lire la presse tous les matins, là, mes yeux ne déchiffraient plus rien, ils étaient vides et les objets étaient là pour me narguer, je ne réagissais pas, je n'avais plus d'envie, plus de désir, ni envie de me lever, ni de parler, ni de crier, juste l'envie de pleurer longtemps, longtemps, sans raison, sans fin. » Comme dit la chanson : « Ça arrive, ça ne prévient pas ! » Il paraît que les gens de la campagne aussi sont dépressifs. Ils ont l'angoisse de la sécheresse ou de la maladie contagieuse chez le bétail. Ils viennent en ville se faire soigner. Toute dépression est une rupture brutale, une confrontation avec soi dans la solitude. Si ça ne prévient pas, comment faire pour l'éviter ? Il m'est arrivé quelquefois de me sentir totalement étranger au monde. Durant quelques secondes, je ne sais plus où je suis ni qui je suis et surtout je ne sens plus la vie circuler dans mes veines. On dirait une disparition brusque de l'air. C'est bref, mais assez impressionnant. J'ai souvent peur de m'évanouir dans mon sommeil. Ne plus me réveiller. Partir ainsi en douceur, sans souffrir, sans faire de bruit, sans être obligé de voir la mort s'approcher, indifférente aux prières, sans pitié. Ce serait, comme on dit, « une belle mort », comme si la mort pouvait avoir droit à l'esthétique, au raffinement et à la souplesse. J'observe la Vieille et je ne peux pas m'empêcher de penser à sa mort prochaine. Peut-être qu'en ce moment elle est en train de mourir en douceur. C'est simplement de l'inquiétude qui se manifeste en moi. C'est fou toute l'angoisse que nous portons en nous. Toi, tu arrives à évacuer ton angoisse dans des choses futiles, et c'est tant mieux. Moi, je n'y arrive pas.

On dirait que la Vieille a enflé. Elle me paraît immense. J'observe sa respiration. Elle est régulière. Elle somnole. Que lui raconterai-je quand elle se réveillera ? Que dire de ma vie ?

Momo entra dans le hangar accompagné d'une jeune fille brune, les cheveux teints en rouge. Quand il vit la Vieille, il hurla en s'adressant à moi :

— Imbécile ! Il fallait lui donner son médicament, sinon elle tombe dans le coma. Vite, lève-toi, la boîte est dans le frigo.

Pendant ce temps-là, il lui tapotait les joues et lui faisait sentir un oignon coupé en deux. Quand elle se réveilla, elle dit simplement :

— L'hirondelle a fait son nid dans la mosquée. Normal. C'est à cause du vent.

La jeune fille aux cheveux rouges était impressionnée. Elle me regarda comme si elle cherchait une explication à tout cela, puis se tourna vers Momo et lui dit quelque chose à l'oreille. Il l'attira à lui et caressa ses fesses par-dessus son jean très serré. Elle se blottit contre lui et l'embrassa dans le cou. La Vieille les interrompit :

— Non, Momo. Raccompagne la jeune fille, elle a le cul trop bas.

Sans discuter, Momo s'en alla avec la fille. Il revint quelques minutes plus tard.

— Maman, je pensais bien faire. Tu as tort de dire que son cul est bas. C'est une Marocaine née à Bologne… Elle cherche du travail, je pensais qu'elle pourrait m'aider à vendre mes articles.

— Ce soir, on va écouter le p'tit. Il a des histoires à nous raconter. Lui aussi est marocain. Quant à son cul, on s'en fout !

Après un moment de confusion suivi d'un silence pesant, je me levai et fis quelques pas en enjambant les cartons de Momo. Je leur demandai ce qu'ils attendaient de moi.

— Deux choses : pourquoi Naples (ne me raconte pas encore l'histoire du concours) et quelle est ton histoire, le récit de ta vie ?

— Naples ! Avant d'arriver chez vous, j'ai cherché le centre de cette ville ; je ne l'ai pas trouvé. Je n'ai rien compris. Je sens qu'elle fascine et repousse parce que, avant tout, c'est un port où la vie est tumultueuse, faite d'éclairs, d'orages, de fantaisie, une vie changeante, masquée, brutale, sale, pleine de couleurs et d'épices, invraisemblable, étonnante, décevante, où la vérité est multiple, jamais certaine, où le mensonge est néces-

saire, où le vol est un art, le rire une volonté, les superstitions se mêlent à la réalité, le rêve descend dans les
caves et les hirondelles font leur nid dans des mosquées…

— Tu veux dire des synagogues ? Il n'y a pas de mosquée à Naples, du moins officiellement.

— En êtes-vous sûre ?

— Absolument, puisque je suis juive.

Momo sursauta comme s'il venait d'apprendre que le
ministère de l'Intérieur italien avait rejeté sa requête et
qu'il allait être expulsé vers le Sénégal *manu militari*.

— Quoi ? T'es juive, tu en es certaine ? T'es juive et je
ne le savais pas ? J'ai une maman juive. Remarque,
c'est rigolo, un musulman noir dont la mère est juive,
donc je suis juif moi aussi

— Non, Momo, tu n'es pas juif, tu es musulman.

— D'après ce qu'on m'a dit : est juif celui dont la mère
est juive.

— Bien sûr, Momo, mais es-tu certain que je suis ta
mère ?

— Comment ? Tu me renies à présent, tu me jettes, tu
m'expulses !

— Mais non, arrête ta crise. Tu connais parfaitement la
vérité. Moi qui passe pour une folle baroque, je suis
entourée de vrais débiles qui confondent le vrai et le
faux, la forme et le fond, l'essentiel et le superficiel…
Enfin, qu'est-ce que ça fait que je sois juive ? Ça ne
change rien. T'es Momo, tu crois en un seul Dieu, tu
restes Momo-les-épices-de-l'Afrique, et c'est tant mieux
ainsi. Après tout, la religion ne fait que compliquer
l'existence. Vous deux qui me regardez comme si je
venais juste de débarquer de la planète Mars, sachez
que si je suis ici, si ma vie a été bouleversée, si j'ai été
blessée à mort, c'est parce que je suis juive. Un jour

viendra où je vous raconterai mon histoire, la vraie, la douloureuse. Un jour, je ne sais pas lequel, mais pour le moment je n'ai pas le courage de remuer ce tas de cendre où le sang s'est coagulé. L'histoire avec Marco n'est qu'un épisode dans le livre de ma vie. Et toi, c'est quoi ta vie ? Raconte…

Ma vie n'a pas grand intérêt. Surtout que je mélange tout, ce que je vis et ce que j'écris, ce qui m'arrive et ce que j'imagine. Je crois que je passe plus de temps à imaginer qu'à vivre. Je ne sais pas si c'est une paresse ou une prouesse. J'invente. Je ferme les yeux quand un spectacle me déplaît et je rêve. Parfois, j'invente un personnage, je le nomme et le laisse vivre à ma place. C'est commode, surtout quand on vit à côté de quelqu'un qui a horreur de la littérature, préférant les films aux livres. Non, ma femme n'est pas mauvaise. Elle est ce qu'elle est, c'est-à-dire une personne qui sait ce qu'elle veut et qui ne change jamais d'avis. C'est formidable les gens qui ont des certitudes, qui ne doutent jamais. Ce sont des gens en béton. Mais il faut se méfier du béton. La moindre fêlure dans le mur peut entraîner la chute de toute la maison. Ma femme n'est pas une maison, quoique… Chez nous, au Maroc, les gens traditionnels appellent leur épouse « la maison », c'est une forme de pudeur, une connerie de machiste qui pense que la maison ne sort pas, ne se rebelle pas, la maison c'est l'intérieur, le chaud, le doux…, c'est l'abri contre les mauvaises pluies, enfin, je ne me suis jamais permis de l'appeler « la maison » ni « madame » comme font certains de mes collègues à l'université. Ils me disent : « Je suis pressé, il faut que j'y aille, je dois sortir madame à moi. » Ce sont des intellectuels ! Donc, ma femme se

124

moque pas mal de ce qui se trame dans ma tête. Elle sait que ce qui se passe là est de l'abstrait. Il n'y a pas de risque. Je me suis souvent demandé si elle savait vraiment tout ce que je pense. Elle ne me prend pas au sérieux. Pour elle, je suis quelqu'un qui aspire à devenir écrivain. Je ne suis pas un écrivain, n'ayant jamais rien publié, à part quelques poèmes et nouvelles dans des revues de province. Pour elle, un écrivain est quelqu'un qui passe à la télé. Je l'accable de mauvaises pensées, mais c'est plus fort que moi. Je suis aussi mauvais qu'elle. Nous sommes quittes. Même si on ne se parle pas ou presque pas, on sait ce qu'il y a derrière le visage. Car les yeux ne mentent pas. Ils trahissent les sentiments. Quand elle se mettait à parler politique, avec ses cousines et leurs maris, j'attrapais des migraines. Tout se mélangeait dans sa tête. Elle disait que les Marocains n'ont que ce qu'ils méritent ; elle trouvait normal de glisser un billet dans la main du gendarme qui l'avait arrêtée pour avoir brûlé un feu rouge, d'appeler la nièce du ministre pour que celui-ci intervienne auprès de son collègue de l'Éducation nationale pour faire muter sa sœur d'un collège de banlieue avec des élèves difficiles à un collège du centre-ville fréquenté surtout par des enfants de riches, de téléphoner à son oncle, haut placé dans l'administration de la douane, pour avertir les douaniers à la frontière de Ceuta pour qu'elle ne soit pas fouillée. Le pire, c'est que l'oncle en question lui rendait ce genre de service. Pour elle, le piston est plus important que le droit. Un jour, elle arriva à la maison avec une petite paysanne d'à peine douze ans, mal habillée, sale et apeurée. Elle me dit : « Elle va aider la bonne. » Je sursautai et rompis le silence :

— Tu sais comment on appelle ce que tu as l'intention de faire ?

– Oui, je sais, tu vas encore me sortir des théories sur l'exploitation des pauvres, etc., etc.

– C'est de l'esclavage. Tu n'as pas le droit de faire travailler une enfant qui devrait être à l'école.

– Les parents n'ont pas de quoi manger et tu veux qu'ils envoient leurs enfants à l'école ! Au moins cette petite aura un toit et mangera à sa faim. D'après tes théories de poète engagé, il vaut mieux qu'elle crève de faim et qu'elle aille à l'école pieds nus !

– La loi oblige les parents à la scolariser. Il suffit d'appliquer la loi. Or, toi tu participes à la violation de la loi. En tout cas, cette petite ne travaillera pas chez moi, tu vas tout de suite la ramener chez ses parents.

– C'est ça, tu la condamnes à la misère, alors que moi je la sauve et lui donne une chance.

– C'est le raisonnement que tiennent ceux qui font travailler les enfants et font des profits sur leur dos.

Nous avons ramené la petite chez ses parents qui habitaient dans un bidonville. Ils l'avaient retirée de l'école pour la faire travailler. J'étais désespéré, ne sachant pas qui blâmer le plus. Je pestais et accusais tout le monde : les parents, ma femme, le gouverneur de la ville, le ministre de l'Éducation nationale, le ministre de l'Intérieur, un homme tout-puissant, le gouvernement, les Marocains qui ferment les yeux sur ce genre de scandale, les partis politiques de gauche qui ne font rien de concret pour ces milliers d'enfants qui traînent dans les rues, et la sécheresse, responsable de plus en plus d'exode rural… Mais est-ce la faute du soleil si mon pays a le taux d'analphabètes le plus élevé du monde arabe ? Plus de la moitié des Marocains ne savent ni lire ni écrire, et cela plus de quarante ans après l'indépendance ! Est-ce la faute du ciel si la mendicité est devenue quasiment un métier et que personne ne s'en indigne ? Et Fattouma qui participe au maintien de cette misère !

En fait, la dégradation de nos rapports s'est aggravée à partir du moment où nous nous sommes retrouvés seuls dans la maison après le départ à l'étranger de nos deux enfants. Quand ils étaient là, nous parlions d'eux. Partis, nous continuions d'en parler de manière répétitive. C'était notre seul sujet de discussion : sont-ils bien installés ? Sont-ils bien chauffés à Québec ? Que mangent-ils ? Une fois, leur mère leur a préparé une dizaine de tajines qu'elle a donnés à un de leurs amis qui allait les rejoindre à l'université. Elle ignorait qu'on n'avait pas le droit de faire entrer de la nourriture en Amérique du Nord. Les tajines furent jetés et ma femme a pleuré quand elle l'a su. Cet épisode des tajines refoulés à la frontière canadienne nous occupa au moins deux semaines. Je n'en pouvais plus de l'entendre parler de ses efforts pour rien, et moi qui l'avais prévenue, elle croyait que c'était pour la contrarier. Je la laissais faire et je riais en douce. Après les tajines, il y eut l'épisode du jogging. Le médecin lui conseilla de courir ou de marcher au moins deux heures par jour afin de perdre quelques kilos. Elle acheta des baskets, un ensemble de jogging et, une fois prête pour aller courir dans les environs de Marrakech, elle me demanda de l'accompagner. Maigre comme un fil de fer, je n'avais aucune envie de courir et surtout pas avec elle. Elle me traita d'égoïste, d'égocentrique et d'écrivain raté, fier de son intelligence et de sa bonne santé. Là aussi, je riais. Elle ne supportait pas mes sourires. La pauvre, je n'étais pas gentil avec elle. Elle m'énervait. Je m'ennuyais. Tout en elle m'insupportait : son corps bien enveloppé, ses tics de langage, ses cheveux teints, ses manies de manger entre les repas, ses longs coups de téléphone à sa mère, son désordre (elle avait l'habitude de corriger les copies de ses élèves sur la table de la cuisine en mangeant une tartine beurrée), son parfum trop sucré, les couleurs de ses vêtements, ses souvenirs d'enfant gâtée et, par-dessus tout, sa prétention. Voilà, vous êtes en droit de me demander : « Comment as-tu fait pour vivre si longtemps avec quelqu'un qui t'insupportait autant ? » Je n'ai pas de réponse. Je suis le premier étonné. L'habitude, la force de l'habitude, la paresse, le poids des pressions sociales, la douceur de l'ennui... Taratata taratata...

Pourquoi suis-je à Naples ? Évidemment, ce fut une occasion rêvée de quitter ce petit enfer domestique où, malgré tout, je trouvais mon compte, et de m'offrir un peu de dépaysement. Cela est une raison profonde Mais il y en a une autre : je suis à Naples dans l'intention de retrouver quelqu'un, une femme, napolitaine d'après ce qu'elle m'écrivait, une créature de rêve, un don du hasard et du ciel. Elle m'est tombée dessus comme une bénédiction au moment où je n'arrivais plus à écrire, où ma femme commençait à se rebeller comme si j'étais un tyran. C'est une histoire platonique. Tout s'est passé par lettres. Comme des adolescents, nous tenions une correspondance. Non, je n'avais pas répondu à une annonce genre « J. F. aime mus. litt. ciné class. souh. corresp. avec j.h. cult. sincère ». Non, Iza est la nièce par alliance de mon professeur d'université, M. Dorna ; elle préparait une thèse en sociologie sur les structures de parenté dans la société rurale du Maroc. Son oncle nous a mis en contact épistolaire. Au début, nous échangions des informations sur nos pays. Je lui parlais de ma famille, de mes origines paysannes, je lui ai raconté l'histoire de mon arrière-grand-père qui n'avait jamais quitté le Haouz, la région de Marrakech.

Elle me parlait de Naples et me conseillait de lire Malaparte et Elsa Morante. Et puis, petit à petit, nos lettres ont changé de ton et d'esprit, elles sont devenues plus intimes, plus poétiques et même assez sensuelles. J'ai découvert qu'on pouvait tomber amoureux d'une personne dont on n'a jamais vu le visage ni entendu la voix. Son écriture est particulière, grosse, ouverte, généreuse. Je l'ai donnée à analyser à un ami graphologue, professeur à la même université que moi, il a le don de lire les lignes de la main et pense pouvoir dévoiler la personnalité de quelqu'un à partir de son écriture. Voici ce qu'il m'a dit (il est exubérant et parle en gesticulant) : « C'est une personne généreuse mais entière ; pas de demi-mesure, pas d'arrangement. Elle veut tout et ne fait pas de concession. Elle aime donner mais aime aussi recevoir. Elle a les pieds sur terre mais est capable de folie, genre tout quitter pour suivre un amour. Sois prudent avec elle. Ne lui mens jamais. Elle est exigeante, brillante, certainement très intelligente. Elle a une maturité qui va au-delà de son âge. D'après ce que je sais de toi, je ne pense pas que tu aies les épaules assez solides pour t'embarquer dans une histoire avec elle. Vos écritures se complètent, mais cela ne veut pas dire qu'elles vous incitent à vivre une histoire ensemble. J'ai l'impression que vous n'êtes pas de la même planète. C'est une tragédienne, un destin, une personne exceptionnelle. J'en suis certain. Je le sens, je le vois ; à toi de faire attention. Je m'avance beaucoup. Après tout, le mieux est de vous rencontrer. Il n'y a pas mieux que le regard et le toucher pour savoir où on en est. Avec elle, tu connaîtras des cimes et des abîmes. Tu es prévenu. Mais en ce domaine, ça ne sert à rien de donner des conseils. D'ailleurs, si j'étais à ta place, si j'étais moins gros et plus adroit, je n'aurais pas hésité à aller à Naples, ne serait-ce que pour la surprise de la découverte. Est-elle belle ? Cela, l'écriture ne le montre pas. Mais elle a du tempérament. Ce que je vois aussi, c'est quelqu'un qui a des cicatrices à l'âme. Peut-être que je me trompe. Vas-y et raconte-moi. »

En fait, elle est belle. J'ai une photo d'elle, je la garde précieusement dans mon portefeuille. Mon amour pour elle se révéla partagé. Oui, je sais, c'est un amour imaginaire, une hypothèse ou une illusion d'amour. Et pourquoi pas ? Quand on s'enfonce dans l'ennui d'une belle ville qui fait pâmer les touristes et qu'une petite fenêtre s'ouvre dans un coin du ciel, on ne va pas faire le difficile. Cela m'occupait et je me laissais lentement prendre au jeu. C'était agréable. Je lui écrivais des poèmes, elle me répondait par des dessins, très beaux. Mes sentiments pour elle devenaient de plus en plus forts. Je l'imaginais entre mes bras, je sentais ses parfums, j'avais en moi l'odeur de sa peau, une peau que je n'avais jamais effleurée. J'étais amoureux d'une image. Elle me disait la même chose. Je n'écrivais que pour elle. Un jour, je lui ai envoyé un télégramme pour lui suggérer de passer de l'écriture à l'oral, je voulais entendre sa voix. C'est important le timbre d'une voix, le grain de la sensualité, ça nourrit encore mieux l'imagination. La voix, c'est le début de l'intimité, on habille mieux l'image qu'on s'est fabriquée. Elle avait hésité avant de me répondre. Je crois que cela lui posait des problèmes. Elle ne me disait pas tout. Je devais me contenter de ce qu'elle me donnait comme information sur sa vie. En fait, elle parlait rarement de sa vie quotidienne. On aurait dit un être vivant sur une autre planète. Je l'appelais d'une cabine une fois par semaine. Je répétais souvent les mêmes choses ; ce que je voulais, c'était entendre sa voix, une voix sans phrases, sans mots, juste la chair de la voix, sa musique. C'est ce qui me faisait rêver. Je dormais avec son souvenir, je la retenais en moi et j'y mettais les mots que je voulais entendre. C'est enfantin, je vous l'accorde, mais il n'y a pas d'âge pour s'étonner et s'émerveiller. C'était comme un jeu qui se compliquait parfois, car je perdais le souvenir immédiat de la voix et j'inventais vite n'importe quoi. Mais je finissais par la faire revenir, par m'envelopper de sa chair, grave, douce, mais un peu douloureuse. J'étais ensorcelé, nous ne nous disions rien d'extraordinaire, des banalités, des plaisanteries, des promesses. Nous ne parlions pas d'amour, mais c'était sous-entendu. Parfois, le vent emportait des morceaux de phrase. Je m'arrangeais pour entendre ce que je souhaitais entendre. Il y avait aussi des silences. J'entendais son souffle ou parfois ses soupirs. Je n'osais pas lui demander pourquoi elle soupirait.

Ma femme avait senti que quelque chose avait changé en moi. Il m'arrivait d'être heureux et elle savait que ce n'était pas grâce à elle. Il était facile de soupçonner l'existence de quelqu'un d'autre, une autre femme. Nos relations étaient déjà assez médiocres. Après vingt ans de mariage, nous n'avions plus rien à nous dire. Elle m'a accusé de trahison. Jusque-là, elle n'avait aucune preuve, seulement quelques dessins, dont certains pouvaient passer pour érotiques. Puis elle fouilla dans mes affaires et trouva une lettre que je m'apprêtais à envoyer à Iza, une lettre où je lui déclarais mes sentiments. Comment expliquer à mon épouse que j'étais amoureux d'une femme que je n'avais jamais vue ? Comment lui dire que nos disputes, nos conflits m'avaient poussé à me réfugier dans une histoire fictive, une sorte de folie à peine admissible pour un adolescent ? Comment lui expliquer que l'amour est la plus vieille demeure du monde, qu'il faut tout le temps reconstruire pierre par pierre, qu'il ne faut jamais se reposer et croire que les sentiments sont acquis pour toujours ? Elle a souffert, puis elle a cherché par tous les moyens à me faire payer cette échappée dans une relation platonique. Nous ne nous adressions plus la parole. Je communiquais avec elle en lui laissant des mots sur la table, comme dans le roman de Simenon, *Le Chat*. Je n'avais aucune vie sexuelle. Ça ne me manquait pas. Mon sexe s'était retiré de la vie, je veux dire de mon corps ; il était devenu si petit, si insignifiant, qu'il n'existait plus. S'il m'arrivait de le toucher pour le caresser, je ne trouvais qu'une vieille peau toute plissée incapable de se souvenir de l'amour ou de réagir à ces caresses. Vous savez, le pire c'est qu'on s'habitue, on ne bande plus et on trouve ça normal, disons qu'on ne s'inquiète pas. En tout cas, moi je savais que je n'étais pas malade : mon sexe s'était mis en réserve, il attendait, je n'avais pas de sentiment d'impuissance. Quand je pensais à Iza, à sa voix, à la tendresse qu'elle me transmettait, mon sexe ne réagissait pas. Il restait froid et recroquevillé. Je n'avais même pas envie d'en parler à un psychologue ou à un sexologue. A Marrakech, nous avons un sexologue, un type qui a fait ses études en Amérique. Nous sommes devenus amis. Il a peu de clients : les Marocains n'aiment pas parler de leur vie intime. Des femmes viennent le voir pour se faire avorter. Donc, je n'avais ni l'envie ni la force de changer quoi que ce soit dans ma vie triste et terne. Heureusement qu'il y avait Iza, les lettres et la voix, une fois par semaine. J'aurais pu divorcer, partir ailleurs, peut-être même la rejoindre. Je n'avais ni la force ni le courage d'affronter les foudres de Fattouma. Elle tenait beaucoup à son statut de femme mariée à un universitaire et peut-être même écrivain. Alors, j'ai laissé faire, par lâcheté, par peur. Oui, cette femme me faisait peur. Quelqu'un m'a dit que la peur, c'est l'enfant en nous qui panique. Je suis cet enfant qui s'agite et ne sait où trouver refuge. La peur, ma hantise, ma faiblesse. Comment est-il possible d'avoir peur de son conjoint ? « Si tu veux ne plus avoir peur, m'a dit un collègue de l'université, abdique, ne résiste plus, sois soumis et laisse-toi prendre en charge par ta femme ; elles adorent nous prendre sous leur protection. Redeviens un enfant et tu n'auras plus peur ! » En fait, j'évitais toute confrontation. Je déteste les conflits. Mais cela ne suffit pas à les résoudre ou au moins à les esquiver. Elle me poursuivait jusqu'à l'université, menaçait, pleurait, et moi, ne voulant pas de scandale, je la calmais, je lui parlais, je la rassurais, juste pour éviter un attroupement à l'entrée de la faculté. A la maison, j'appliquais le mutisme. Du silence et des mots laissés sur la table. Cela l'énervait. Je ne bronchais pas. Je partais en rêverie. Je composais à partir de la photo d'Iza un personnage me prenant par la main et m'emmenant vers une prairie où les coquelicots sont mauves, jaunes, rouges et même bleus. Je partais, je m'absentais, je m'envolais comme dans un conte fantastique. C'était ma seule défense, puisque c'était le seul domaine où je pouvais m'isoler.

Au bout de deux ans de correspondance, je ressentis de la lassitude. Les dernières lettres d'Iza étaient énigmatiques, souvent tristes, avec des considérations assez désespérées sur la vie. Je l'interrogeais sur son état général, mais elle ne répondait pas. Un jour, elle m'adressa un dessin qui était une copie du *Cri* d'Edvard Munch. Pour tout commentaire, trois mots au dos du dessin : « Je suis fatiguée. » Je fus inquiet. Que s'était-il passé ? J'ai commencé par penser qu'elle avait rencontré quelqu'un, un homme bien, et qu'elle allait s'engager avec lui. Ce serait plutôt une source de joie. Ensuite, je me suis souvenu qu'entre nous il y avait le pacte de la vérité : interdit de se mentir. Donc, la trahison était impossible. Peut-être avait-elle des vérités difficiles à dire ou du moins qui ne se disaient pas au téléphone ou par lettre. Après, j'ai pensé à son travail de traductrice. Elle traduisait du français et de l'anglais en italien. Peut-être ne lui donnait-on plus de livres à traduire. Un jour, je reçus, non pas un dessin comme d'habitude, mais une lettre :

Cher ami,
Cela fait plus de deux ans que nous correspondons. Je vous envoyais tantôt des dessins, tantôt des textes. Chaque fois, c'est une joie de vous lire et de vous répondre. Chaque fois, c'est un plaisir d'attendre le facteur et de mettre à rude épreuve mon principal défaut, l'impatience. J'ai rêvé de vous plusieurs fois. Je n'ai pas voulu avoir de vous une image réelle. J'ai préféré vous imaginer entièrement. J'ai de vous l'image que j'ai forgée. Je vous dessinerai un jour Pour le moment, j'ai quelques soucis qui m'empêchent de travailler et surtout de dessiner.

Je vous envoie ci-joint un avis de concours de jeunes écrivains du monde entier. Le nouveau maire de Naples souhaite faire pour l'an 2000 un ouvrage sur cette ville. Je pense que vous êtes bien placé pour y participer. Si vous avez de la chance, si nous avons de la chance, vous serez sélectionné et ce sera l'occasion de nous voir enfin. Il faut que je m'y prépare dès maintenant. J'ai du mal à passer de l'imaginaire au réel. Mais faisons les choses par étapes. Ne nous pressons pas.

J'ai tant et tant de choses à vous dire. Laissez-moi le

temps de vous attendre. J'aime la notion de l'attente, c'est excitant, stimulant, énervant, insupportable et comme a dit quelqu'un qui attendait son aimée toujours en retard : « Si elle est en retard, c'est qu'elle vient ! »

Je sais, vous n'êtes pas le genre de type à arriver en retard. Mais je parle d'autre chose, je crois que vous êtes arrivé dans ma vie avec un peu de retard, et ça, c'est dur à supporter.

J'ai l'impression que nous nous sommes toujours connus, que nous sommes nés pour nous rencontrer sur le mode étrange de l'absence et de l'attente. A la limite, on peut dire que ni vous ni moi n'existons. Nous sommes des inventions de la solitude, des spectres de l'ennui, des fantômes du bonheur, des images sur des images sur un écran tout blanc où tout se confond, où les événements sont à deviner, où les êtres sont de poussière. C'est une chance et en même temps un handicap.

Il est souhaitable que vous ne téléphoniez plus. Après chaque appel, je reste des heures à regarder l'horizon sur un mur en face de ma chambre, un mur rouge pâle où j'imagine ce que je veux.

Si tout va bien, dans quelques mois vous serez à Naples et ce sera le grand jour !

A très bientôt, mon cher ami.

Iza.

— Et le grand jour est arrivé ? demanda Momo, l'air hébété.

— Le grand jour, c'est pour bientôt. Depuis que je suis à Naples, je n'ai pas eu le temps de l'appeler, ni de la voir.

— Je ne te crois pas, dit Momo. Pas le temps ! Après tant de mois et d'années, tu débarques à Naples et ton premier réflexe est de venir nous enquiquiner à l'Auberge au lieu de te précipiter sur la première cabine téléphonique et appeler la femme de tes rêves.

Après un moment de silence, j'ai dit la vérité :

– C'est ce que j'ai fait. Il n'y a plus d'abonné à ce numéro. J'ai pris un taxi pour l'adresse où je lui écrivais. C'était un immeuble de bureaux. Sur une boîte à lettres, il y avait les initiales I. S. J'y ai glissé un mot sur lequel étaient notés l'adresse et le numéro de téléphone de l'hôtel. Mais pas de réaction. Peut-être qu'il s'agit de quelqu'un d'autre, une dame qui s'appellerait Irma ou Ilaria ou Isabella Stranboli ou quelque chose de ce genre. Voilà, mes amis, la triste vérité. J'aurais aimé vous raconter la suite, la rencontre, la fusion, le bonheur et même la rupture, comme chez Gino, mais, malheureusement, cette suite-là, je ne l'ai pas vécue.

– Mais, grâce à nous, tu la vivras. N'est-ce pas maman ? On va donner un coup de main à notre ami arabe...

La Vieille réfléchit en regardant quelque chose par terre, puis me dit :

– Ton histoire ne fait que commencer. En fait, ton livre sur Naples, c'est comme les poupées russes, ça peut s'ouvrir à l'infini. Dis-moi : pourquoi as-tu décidé de parler autrement à Fattouma ? Tu lui écris en l'appelant « chère amie » ou « chère Ouarda », tu la traites comme une personne étrangère, es-tu sûr qu'il s'agit bien de ton épouse, celle avec laquelle tu ne communiquais plus qu'avec des bouts de papier ?

Il n'était pas question de tricher avec la Vieille. Elle avait découvert cet aspect de ma personnalité : quand je ne peux pas agir sur une situation, je la nie et la transforme en fiction. C'est pour cette raison essentielle que je suis devenu écrivain, certes pas un grand écrivain, je connais mes limites, mais je suis arrivé à la littérature pour masquer mes échecs. J'ai écrit mes premiers poèmes à quinze ans à la suite d'une déception amoureuse. Une fille au lycée m'avait rejeté. En fait, je ne lui avais jamais parlé. Mais j'avais imaginé que si je lui adressais la parole, elle me rejetterait. J'étais tellement timide que tout se passait dans ma tête. J'avais décidé alors qu'elle ne voulait pas de moi et qu'elle me préférait mon voisin, un grand blond. Je lui écrivais des poèmes d'amour que je ne lui envoyais évidemment pas.

– Comme vous le savez, personne ne change, dis-je à la Vieille. Fattouma n'avait aucune raison de changer. Et même si elle le voulait, elle ne réussirait pas à tout changer en elle. Alors, je suis parti de ce constat et je la traite comme un personnage de roman. Une création de la fiction. Celle à qui j'écris n'existe pas. Je suis en plein délire. Mais j'ai souvent réagi ainsi. C'est une défense comme une autre. La défense de Fattouma, c'est de nier tout en bloc et de reporter la responsabilité sur les autres. Elle se présente comme l'éternelle incomprise, la victime. Elle est blindée. Les mots glissent sur sa peau. Seuls les actes la touchent. A présent que j'ai quitté le pays, que je suis à la recherche d'Iza, elle doit souffrir et ne pas comprendre ce qui lui arrive. Je lui écris alors des lettres courtoises où je lui raconte ce qui se passe à Naples. Je ne crois pas qu'elle me répondra. Elle n'est pas du genre à accepter le jeu. C'est son tempérament. Pour elle, tout est sérieux. Pas de plaisanterie ou alors elle adore les blagues, pas très fines, que sa mère lui raconte. Je propose un jeu à quelqu'un qui n'aime pas jouer et qui n'a pas d'humour. Si elle est assez intelligente, elle n'a qu'à m'épater en entrant dans la ronde.

– Mais tu es monstrueux ! Au lieu de trancher dans le vif, tu fuis ! Mais c'est pire que tout. Écoute-moi, petit, tu vas tout de suite choisir, prendre une décision, tu ne peux pas jouer sur tous les tableaux et surtout tu ne vas pas embobiner tout le monde dans tes histoires romanesques.

– Mais je n'embobine personne, j'essaie juste de vivre, je n'aime pas me battre. Quand je suis acculé, je fuis dans la fiction.

Après un silence :

– Allez, viens, petit, ton histoire on s'en occupera, viens me gratter le dos, là, en bas des reins. C'est nerveux, je manque d'air pur, de verdure, j'ai envie d'aller voir la mer. Demain, si tout va bien, nous irons tous les trois à la mer. Momo, mets un peu de graisse dans les roues du fauteuil roulant. Cela fait longtemps qu'il n'a pas servi. La rouille, Momo, la rouille, mon fils, faut jamais oublier de lutter contre la rouille. Regarde mes jambes, elles enflent. C'est aussi à cause de la rouille. Allez, petit, gratte et ne pense plus à ta belle Iza.

Le soir était tombé. J'étais las. Je n'avais pas envie de rentrer à l'hôtel. Je proposai de les inviter à dîner. La Vieille téléphona à une pizzeria. Quand les pizzas furent livrées, elle dormait. Nous mangeâmes tristement, Momo et moi. Vers minuit, elle se réveilla et exigea qu'on assiste à son dîner. Après cette obligation, Momo m'invita à l'accompagner à une fête africaine. Avant de partir, la Vieille nous demanda de nous mettre face à elle, à genoux. Elle nous bénit, exactement comme fait ma mère avant chaque voyage. Elle nous dit que la ville n'était pas très sûre la nuit : « Avec ma bénédiction allez en paix, vous ne risquez rien ! »

Ce fut une belle nuit africaine, c'est-à-dire agitée et pleine d'imprévus. Il y avait des hommes qui ne faisaient rien, tous habillés à la mode, portant des lunettes noires et fumant des cigarettes ou du hachisch. Des femmes, grandes, sveltes, certaines énormes, allaient et venaient avec nonchalance. Elles étaient indifférentes ou trop orgueilleuses. Plus fortes que les hommes. Elles mâchaient un bout de bois sec, de couleur marron tacheté de blanc. En fait, elles se brossaient les dents, les frottaient en permanence jusqu'à ce qu'elles deviennent toutes blanches. De temps en temps, des jeunes filles apportaient des plats de riz et de viande. Les hommes ouvraient des caisses de bière. Un aveugle jouait de la flûte ; son frère jumeau, aveugle lui aussi, l'accompagnait au tabla. Tout le monde se connaissait et s'appelait frère et sœur. Quelques-uns formèrent un cercle et jouèrent aux dés. Certains parlaient ouolof, d'autres français ou italien. Quand Malika entra, tous les regards se tournèrent vers elle. Les joueurs s'arrêtèrent, les aveugles continuèrent leur musique, les femmes se tinrent derrière l'épais rideau gris. Malika, une femme d'une trentaine d'années, gracieuse, belle, une allure de princesse. Elle me désigna du doigt en disant :

— Qui c'est, ce petit Blanc ? Qu'est-ce qu'il fait ici ?

Momo me pinça le bras et me dit à l'oreille de ne pas bouger ni parler. Ce fut lui qui répondit :

— Votre Altesse, c'est un ami, un frère, il vient du Maroc ; il est africain comme nous. Il n'est pas très noir, mais c'est un brave type.

— Africain, africain, c'est vite dit. C'est un Arabe. Et les Arabes n'ont pas toujours été corrects avec les Noirs. Qu'est-ce qu'il fait, ton ami marocain ?

— C'est un écrivain, il est ici pour faire un livre sur Naples.

— Je me méfie des gens de plume. Il a beau être marocain, le Maroc, ce n'est pas l'Afrique noire. Le Maroc

139

fait partie des pays arabes, pas de l'Afrique. Ce sont des Blancs. Et puis, c'étaient ses grands-parents, ses ancêtres qui venaient chez nous acheter des femmes pour en faire des esclaves. Dis-moi, l'écrivain, tu es de quelle ville ?

— Marrakech.

— Je préfère, car si tu avais été de Fès, là tu serais déjà dehors.

— Oui, mais je ne suis pour rien dans cette histoire d'ancêtres esclavagistes. Ma mère est de Fès. Elle n'est pas esclavagiste.

— Tais-toi ! m'ordonna-t-elle. Momo, tu t'en portes garant.

— Oui, à vos ordres, Votre Altesse.

— A présent, la séance peut commencer. Éteignez les lumières. Allumez les bougies. Faites le silence. Ce soir, notre ancêtre Mamadou frappe à notre porte.

Je ne me sentais pas bien. La séance de spiritisme dans cette pénombre douteuse, ainsi que les odeurs mêlées de parfums, d'encens et de cuisine me donnèrent envie de vomir. Il fallait se retenir. Momo, totalement absorbé par la séance, était absent. Les autres avaient l'air hagard. Malika se leva et dansa lentement. Des mains tapaient sur les tables selon un rythme crescendo. Elle entra en transe. Des billets de cent mille lires pleuvaient sur elle. Même Momo en sortit un tout plié et le jeta aux pieds de la princesse. Je voulus en faire autant ; il me fit signe de ne pas bouger. Je profitai finalement de cette agitation pour m'en aller. Je partis à reculons, sans déranger personne. Dehors, la nuit était claire. Je renonçai à aller dormir à l'Auberge. Je préférai une chambre dans un petit hôtel. Ma nuit fut agitée. Je n'arrivais pas à me détacher de la séance africaine. Des ombres bougeaient tout le temps. On aurait dit que la Malika m'avait jeté un sort. Je ne pouvais pas me débarrasser de ces images qui se chevauchaient dans mes cauchemars et me donnaient des sueurs. Elle avait raison : le Maroc n'était pas l'Afrique noire, pas seulement à cause de la géographie mais aussi à cause des traditions et des comportements. Je finis par m'endormir en pensant à Iza me tendant les bras dans une barque non loin de Capri. La mer était calme. Nous glissions dessus comme des enfants heureux de jouer sur la glace. Iza avaient les yeux brillants. Elle souriait tout le temps, me parlait, mais je n'entendais pas sa voix. Elle non plus n'entendait pas la mienne. La barque allait de plus en plus vite. J'avais le vertige et surtout j'avais perdu la main d'Iza. Je me réveillai affolé par ce rêve étrange.

Le lendemain, en arrivant chez la Vieille je fus surpris de me trouver nez à nez avec des enfants plutôt sales et négligés, peut-être des enfants de la rue ou de l'Assistance publique. Ils étaient en pleine discussion. Quand elle me vit, elle me fit signe de la rejoindre. Elle était en train de déposer des crânes humains dans un coffre.

— Ce sont les morts de la peste. Ils viennent de Sanita, du cimetière delle Fontanelle. Les crânes ont été polis par ces gamins. Tu sais, ça demande du travail et de la patience. Ils font très bien ça, ces enfants. J'en ai treize. Le jour où j'en aurai cent, j'ouvrirai une boutique.

— Pourquoi une boutique ?

— Pour faire du commerce. Les sorciers, les voyants, les charlatans, les marabouts et même les fous recherchent des crânes pour leurs manigances. Je les vends déjà. Mais je n'en ai pas assez pour ouvrir une boutique rue Toledo.

Elle posa un crâne sur la table et dit aux enfants :

— Celui-ci n'a pas été bien travaillé. Regardez, il y a encore un morceau de peau et des touffes de cheveux. J'en veux pas, reprenez-le.

Un des enfants, apparemment le chef de bande, prit la parole :

— M'dame, c'est le crâne d'un étranger, un Noir. Les Noirs ont les cheveux crépus. Très dur à polir. Si j'utilise des produits, il risque de fondre. Si tu veux, je le reprends et le retravaille, mais ça coûtera plus cher...

— Tout compte fait, si t'es sûr que c'est le crâne d'un Noir, je le garde.

— Vous aurez votre boutique, m'dame.

Les enfants empochèrent l'argent et quittèrent le hangar après avoir allumé chacun une cigarette. J'étais désemparé devant la Vieille. Elle soupira et me dit :

— Ne prends pas cet air-là. Je m'amuse, je passe le temps. Ces crânes, je m'en fous. Je sympathise avec les gamins, peut-être qu'un jour ils me ramèneront le crâne de Pipo, l'homme qui m'a démolie. A côté, Marco a été un amateur, une petite frappe interchangeable. Que veux-tu ? La chair est triste et succombe vite devant un corps bien sculpté et qui se propose de ranimer en vous la flamme du plaisir et pourquoi pas de l'amour. J'en veux pas trop à Marco. Un gigolo est un gigolo, mais Pipo, c'était autre chose. Quand mon tour viendra, je vous conterai l'histoire funeste de Pipo, de son vrai nom Piero della Caza, petit roi de la pègre, petit en tout : le corps et ce qui lui servait d'âme, une espèce d'éponge qui absorbe tout... Dis-moi, cette nuit africaine..

— Oh ! c'était de la transe, des choses bizarres ! Je suis parti avant la fin. Je ne me sentais pas à l'aise, et puis Momo n'était plus disponible. Il a changé dès qu'il a retrouvé les siens. C'est fou ce besoin qu'on a de se regrouper autour de choses communes. Momo, il devait renouer avec ses ancêtres. Il avait les yeux dans le vague, il voyageait en Afrique, marchait dans son village natal, s'arrêtait devant l'arbre à palabres, il était un autre homme, différent de celui qu'on voit ici. C'est curieux… Je pensais qu'il allait m'aider à retrouver les traces d'Iza, mais ce n'était pas du tout ça. Vous devriez l'accompagner un jour à ce genre de soirée. Vous aimeriez peut-être, enfin je suppose…

– Je connais. T'as vu la fameuse Malika ? Elle se dit princesse. Elle croit avoir été Abla Pokou, fille de la tribu Ashangui. Abla, mariée à l'homme qui lui était destiné, n'eut pas d'enfant. Elle le répudia et tomba amoureuse d'un simple soldat, qui lui fit un enfant. Devenue reine, Abla, pas Malika, dut affronter la tribu ennemie, mais l'oracle fut formel : elle ne pouvait sauver son peuple qu'en sacrifiant son fils. C'est ce qu'elle fit et elle devint une légende. Malika prétend avoir du sang pokou. Elle est assez charismatique, belle, manipulatrice. La vérité est plus triste : c'est une ancienne pute devenue maquerelle. Tout le cirque que tu as vu, c'est du bidon. Momo continue de la voir et même de la craindre parce qu'elle l'aide à avoir ses papiers italiens. Elle connaît tout le monde à la préfecture. Lui aussi paie. Cent mille lires par soirée. Elle aussi paie. La Camorra ne laisse rien passer. Je crois qu'elle partage avec un type qui se fait appeler Toto ; il est le boss du secteur sud-est. C'est là que Malika a son bordel. Elle emploie surtout des filles du Nigeria. Disons que Toto a des petits hôtels qu'il met à la disposition des putes sous la coupe de Malika. T'as l'air étonné !

– Non, je suis triste, un peu las. Cela fait une semaine que je suis à Naples et je commence à me demander ce que j'y fais. J'ai peu d'espoir de rencontrer Iza. Je pense que j'ai tout inventé. Il serait anormal de vouloir trouver des traces concrètes d'une fiction tissée par un homme qui rêve au lieu d'agir et de vivre. Je cherche quelque chose, pas quelqu'un.

— Tu sais, petit, la vie n'a pas de sens si elle n'est bouleversée par des ouragans genre Idé, Iza ou Marco. On parle d'amour quand on souffre. Le manque, l'absence, l'attente attisent la souffrance, et on appelle ça de l'amour. Gino est un peu comme toi : il aime souffrir. C'est pour cela qu'il s'enfonce dans le trou creusé par les regrets. Il faut cesser de s'enfoncer. Une fois dans le trou, tu ne risques pas de rencontrer ta bien-aimée, parce qu'elle est du genre à vivre au sommet des arbres, en haut des montagnes. Alors, lève les yeux et regarde au loin… T'auras des surprises.

A son retour, Momo n'était pas dans son état normal. C'est quoi son état normal ? Je n'en sais rien. Je l'ai toujours vu entre deux excès. La nuit africaine l'avait secoué, lui qui se disait citoyen du monde et qui avait fait la grève de la faim pour la régularisation de ses papiers. Sur sa carte de séjour provisoire, il a fait inscrire en face de « profession » : « marchand de rêves ». Le fonctionnaire de la préfecture avait trouvé cela exotique et l'avait inscrit.

La Vieille :

— Il a encore avalé leur saloperie de poudre pour multiplier les rêves et la puissance sexuelle. C'est un mélange de pétales de rose pilés avec du gingembre, du poivre, de la menthe séchée, de la noix muscade, du curry et d'autres épices d'Afrique dont je ne connais pas le nom. Ah ! Momo ! Mon petit Momo ! Toi, tu souris. Je sais, c'est un colosse, mais avec une toute petite cervelle. Il est d'une naïveté désarmante. Il se fait avoir

144

tout le temps. C'est trop tard pour qu'il change. De toute façon, on ne change jamais. Oui, je sais, je me répète. Une vieille a le droit de se répéter. C'est un acquis et un privilège de l'âge.

Tu sais, Momo a quitté le Sénégal en se cachant dans la cale d'un bateau de marchandises qui a fait escale à Marseille. Il a fait le voyage dans une caisse. Deux jours et trois nuits sans boire ni manger, à faire pipi et caca sous lui. Avec la peur, le pipi ne s'arrête pas. Il a été repéré à cause de l'odeur de merde. A Marseille, la police l'a arrêté et l'a mis dans une espèce de prison pour immigrés illégaux. Il y est resté une quinzaine de jours. Il est tombé malade. Avec l'aide d'une infirmière issue de la même tribu que lui, il a réussi à s'échapper et a vécu avec d'autres Africains, jusqu'au jour où il prit le train et débarqua à Turin. Il eut de la chance. Un Égyptien lui proposa de le remplacer pour le ramassage des tomates à Villa Literno, aux environs de Naples : Abdessalam repartait en Égypte pour l'enterrement de ses parents morts dans l'écroulement d'un immeuble, dans la banlieue du Caire. Momo travailla toute la saison. Un jour, il poussa ma porte et me proposa un sac Louis Vuitton. Je crus qu'il était faux. Difficile de faire la différence entre le vrai et le faux. Il me dit que ce sac était authentique parce qu'il provenait d'un cambriolage de la villa d'un camorriste à Posillipo. Le plus extraordinaire dans l'affaire, c'est que c'était vrai. J'ai reconnu le sac que m'avait offert Pipo, mon chien de mari. Il y avait trop de coïncidences et de hasards pour ne pas croire que Momo était envoyé par le Destin. Momo était l'ombre du Destin venu me chercher au fond de ce trou parce que je pensais lui avoir échappé. Non, petit, où qu'on aille, tant que le dernier souffle n'a pas été rendu, la boucle ne sera pas bouclée. Momo me regardait ébahi en me souriant. Ses yeux brillaient et ses mains qui me tendaient le sac tremblaient. Je lui posai quelques questions :

– C'est toi qui as fait le cambriolage ?

– Non, m'dame, pas capable.

– Où as-tu eu ce sac ?

– C'est par la bande, c'est par Dino. Il est chargé de revendre les choses volées. Nous, les Africains, pas capables d'être de bons voleurs. On se fait tout de suite piquer, surtout ici. Moi, je vends. J'ai déjà vendu une montre Royalex ou quelque chose comme ça, une montre, pas très belle, mais en or et qui marque toujours du retard, il paraît que c'est une spécialité de la qualité suisse.

– Tu veux dire Rolex ?

– Une montre royale.

– Combien veux-tu pour le sac ?

– Cent mille…

Il tremblait toujours. Je pris mon téléphone et lui dis :

– Et si j'appelais la police…

– Non, m'dame, vous êtes bonne. Vous n'avez pas une figure à faire ça. Dino est méchant. C'est un Africain qui travaille avec les Blancs. Son vrai nom est Dialo. Si je ne reviens pas le soir avec la marchandise ou l'argent, il brûle mon passeport.

C'est ainsi que j'ai racheté mon sac et pris sous ma protection ce grand dadais, Momo, chargé en principe de faire les courses, de surveiller le hangar quand je dors et quand je suis malade, parce que nos amis les Gitans ont déjà essayé de me prendre le Momo. C'est un gamin. Pas très malin, mais fort physiquement. Il est émouvant quand il raconte son enfance au pays. Il pleure facilement. Il n'a jamais su faire une affaire. Il se fait remarquer tout le temps. Heureusement qu'il travaille de temps en temps avec ses cousins qui vendent des bricoles sur les trottoirs et dans les marchés. C'est un rêveur. Il croit en la bonté des hommes et se dit citoyen du monde. J'ai beau lui dire qu'il se trompe, il n'y a rien à faire. Il est vraiment naïf. Sacré Momo, je l'aime bien !

Après un long moment de silence où on entendait les ronflements de Momo encore sous l'effet de la poudre de Malika, j'ai posé la question à la Vieille :

– Vous avez été mariée ?

– Hélas, oui. Mariée jusqu'à la lie. Si aujourd'hui je suis sereine et apparemment apaisée, c'est parce que j'ai connu l'enfer au quotidien, et cela je ne le revivrai plus jamais. J'ai toujours sur moi la petite pilule bleue, celle qu'on croque pour partir en douceur. C'est une merveille. Pas de souffrance. Pas de fausse espérance. Dès qu'on risque de subir des tortures, alors faut pas hésiter : la petite pilule bleue…

8

Chère Ouarda,

Je continue à t'écrire même si je suis de plus en plus certain que je n'aurai de toi aucune réponse. Ces derniers jours, c'était mon tour de raconter ma vie. J'ai parlé de toi. Je te laisse imaginer comment. Non, ne pense pas que j'ai profité de ton absence pour dire du mal de toi. J'ai dit ma part de responsabilité. Enfin, je me suis confié comme les gens qui paient la Vieille pour se libérer de leur histoire. Curieusement, je ne me sens pas plus léger qu'avant. Notre histoire me pèse, comme me pèsent le temps qui passe et mon incapacité à changer.

Chère Ouarda, la Vieille m'a raconté sa véritable histoire. Je te la livre telle quelle. Je lui ai dit que j'allais te l'écrire. Elle m'a répondu que tu dois être une bonne personne. J'ai acquiescé de la tête et j'ai baissé les yeux.

Histoire (véridique)
d'Anna Maria Arabella

Tu dois te demander, p'tit, pourquoi je me remets à te raconter mon histoire? La première fois, c'était pour me libérer; aujourd'hui, c'est plus grave. Je ne me sens pas bien. Je sens que mon heure ne va pas tarder. Je respire de plus en plus mal, j'ai le souffle court et je ressens le besoin de dire la vérité. Elle n'est pas belle, pas à mon avantage, elle est même étrange et incompréhensible. Je suis incapable d'expliquer ce qui est arrivé. Je devais être droguée ou ensorcelée. J'ai accepté des choses inavouables. J'ai honte, surtout que j'ai eu du mal à réagir, à sauver ma peau. Pourquoi te raconter ça maintenant? Pour tout te dire, toi l'écrivain, l'homme des mots, j'ai rêvé que j'étais morte, oui, complètement morte. J'étais un morceau de bois sec, disons une planche de bois qui ne sent rien, mais j'étais consciente, j'entendais tout ce qui se disait autour de moi. Il n'y avait pas les gens que j'aimais, ni Momo, ni Gino, ni toi. C'était un autre monde. La mort, p'tit, c'est simple, surtout après avoir tout dit, tout raconté. Moi aussi, j'ai besoin de vider mon sac, de déposer mon fardeau. Toi, je suis sûre que cette histoire tu l'écriras. Enfin, si t'as envie... Remarque, les gens aiment les drames et les histoires extraordinaires. La mienne est plus qu'extraordinaire, elle est horrible, tout simplement moche. La raconter et puis mourir... C'est ça, je sens le besoin de me délivrer, le moment est arrivé pour tout dire. Pourquoi toi? T'as une bonne tête, t'es pas mauvais gars et puis peut-être que t'auras envie d'en faire un roman, qui sait?

Tout a commencé par une nuit claire et douce, il y a longtemps. On ne se méfie jamais assez des nuits claires et douces. L'âme se laisse séduire, abdique et se retrouve brisée. J'étais jeune et inconsciente. On me disait que j'étais belle et élégante et je le croyais. Mes parents n'avaient pas eu le temps de s'occuper de mon frère et de moi. Mon père était un grand médecin, un chirurgien fameux. Les gens venaient de Rome le voir. Ma mère enseignait la musique au lycée. Nous menions une vie bien agréable. Un jour, juste après Noël, alors qu'ils nous avaient envoyés en vacances chez une tante en Sicile, ils partirent dans le sud de la France, à Nice ; plus exactement dans l'arrière-pays, dans la campagne. C'était en 1942. Pourquoi le sud de la France ? J'ai appris plus tard qu'on leur avait dit que c'était une zone libre et qu'ils n'avaient rien à craindre. En Italie, il y avait déjà la chasse aux juifs, surtout à Rome et à Turin. Nous, nous étions trop protégés. Nos parents évitaient d'en parler devant nous. A Naples, les familles juives n'étaient pas nombreuses, mais elles avaient peur. Ce fut probablement à cause de cette peur qu'ils partirent en voiture avec l'oncle Rosenthal, qui connaissait un parent haut placé dans l'administration française. Ce n'était pas un parent direct, mais par alliance, un certain Martin. Un mois après leur arrivée, des policiers en civil, des Français, vinrent leur dire : « Suivez-nous, il s'agit d'une petite vérification d'identité, rien de bien grave, ici on aime bien les étrangers, surtout les Italiens. » Ils ne revinrent jamais. Ma tante s'occupa de nous, s'installa dans notre maison et nous disait, quand nous l'interrogions, qu'elle ne savait pas où ils s'étaient cachés. Plus tard, elle nous expliqua qu'il y avait des milices italiennes et françaises qui n'aimaient pas les juifs et qui les recherchaient pour les faire disparaître. J'étais jeune à l'époque. J'avais presque tout compris, mais comme dans un rêve je croyais que mes parents allaient un jour pousser la porte de notre maison et nous dire qu'ils revenaient d'un voyage d'affaires, quelque chose de ce genre. En fait, je savais qu'un malheur leur était arrivé ; je ne pouvais pas imaginer ce qu'était la déportation, mais je me racontais des histoires heureuses en espérant qu'elles arriveraient un jour. Je ne me rendais pas compte de la gravité de la situation. J'avoue que cette naïveté était de la stupidité et je regrette amèrement d'avoir eu ce comportement égoïste et pas très normal. J'aurais dû me renseigner, exiger de connaître la vérité, faire quelque chose pour dénoncer leur disparition. J'avais onze ans à l'époque, j'aurais dû être plus attentive. Mon frère Roberto, plus âgé que moi, était entré dans un profond silence. Il ne parlait presque plus. Il ne m'aimait pas. Peut-être parce que nos parents avaient une préférence pour moi et la montraient. En tout cas, juste après la guerre, nos liens se distendirent. Nous n'avions pas eu d'éducation religieuse. Je savais que nous étions juifs, mais je ne me rendais pas compte de ce que cela signifiait par rapport aux autres religions. Je n'étais pas pratiquante. J'avoue que l'après-guerre en Italie a été marquée par une farouche volonté de vivre, de sortir de la misère et de ne pas regarder en arrière. Roberto était grave et perpétuellement inquiet. Moi, par réaction et aussi par tempérament, j'étais gaie et assez insouciante. Je croquais la vie à pleines dents. Quand je pensais à nos parents, j'avais un pincement au cœur, mais je tenais à revenir au présent. C'était important pour moi. La nuit, il m'arrivait de faire des cauchemars ; je me réveillais en larmes. Je voyais des ombres marcher dans le brouillard, puis tomber dans un immense gouffre. Ils chutaient sans même crier, ou alors, s'ils criaient, je ne les entendais pas. Une fois, je les ai suivis ; je me suis retrouvée au fond d'un puits noir, je hurlais et personne ne venait à mon secours. Je me disais : « C'est ça la mort, un trou dans les ténèbres et personne pour vous sauver. C'est ce qui nous attend tous. » Par ailleurs, je tenais à bien vivre, je ne regardais pas à la dépense. J'avais des rentes et je bénissais mes parents de nous avoir laissé, à Roberto et à moi, ces quelques biens qui me permettaient de ne pas aller travailler et ne nécessitaient pas de faire des économies en pensant aux lendemains difficiles. Pour moi, la vie facile, c'était quelque chose d'acquis pour toujours. J'étais incapable d'imaginer qu'un jour j'ouvrirais mon porte-monnaie et compterais les lires restantes. Je faisais des folies. Le temps passait sans s'arrêter. J'étais toujours jeune, mince, en bonne santé, je dormais sans problèmes et me réveillais en souriant à la vie. Je ne voulais surtout pas me marier. J'avais des amants, bien plus âgés que moi. J'étais souvent amoureuse, mais cela ne durait pas. Comme m'a dit ma tante avant de mourir : « Tu tombes amoureuse subitement et tu te relèves très vite. » C'était vrai. J'avais un appétit de vivre qui ne laissait de place ni à l'ennui ni à l'hésitation. Les hommes se succédaient sans laisser beaucoup de traces de leur passage. Je fuyais, je leur échappais. C'était mon plaisir. Un jour, un gentil m'a dit : « T'es comme un homme, t'es comme moi, alors nous ne pouvons pas nous entendre. » Il avait raison. Les hommes n'aiment pas que les femmes les imitent. Je ne les imitais pas, c'était ma nature, ma façon de vivre et de ne pas penser au passé, celui de mes parents bien sûr, et les disputes avec mon frère quand nous étions seuls.

Tu dois te demander comment une femme libre comme

moi a été piégée ? Tout est arrivé par Roberto. Je ne l'accuse pas d'avoir été à l'origine de ce mariage catastrophique, mais quand on n'aime pas quelqu'un, il arrive qu'on favorise ce qui peut lui faire mal.

Piero connaissait mon frère. Ils n'étaient pas amis, mais travaillaient ensemble, faisaient des affaires, le genre d'affaires dont on ne précise pas la nature, tu comprends ? Je voyais Roberto une fois par mois, quand il venait faire des comptes avec moi et me faire signer des papiers de notaires ou de la banque. On avait maintenu des relations de commodité. Un jour, il vint avec Piero. Il me le présenta et partit régler un problème avec le jardinier. Piero était du genre à exposer sa virilité. Il avait la chemise ouverte sur des poils noirs et portait une petite croix au bout d'une chaîne en or. Il avait des muscles, de la prestance et du charme. Il avait des poches noires sous les yeux, ne tenait pas en place, parlait en marchant, gesticulait et se regardait souvent dans le grand miroir du salon. Curieusement, il ne m'attirait pas du tout. Ce devait être par instinct ; malheureusement, je suis tombée, oui, tombée par terre comme un fruit mûr qu'il a ramassé après avoir fait ce qu'il fallait faire. Durant deux semaines, je reçus tous les matins un immense bouquet de roses avec une carte signée Piero della Caza. Un soir, il appela :

— Anna Maria, le bleu de vos yeux me poursuit partout où je vais. Je voudrais vous emmener cueillir des roses et déranger quelque étoile…

Il parlait comme un livre. Pour un homme d'affaires, il se donnait des allures de poète. Au début, je le voyais grand, avec des épaules larges, des bras solides, une voix rauque. En fait, il était plutôt petit, du genre trapu, nerveux, sanguin et prêt à la bagarre. Il avait une grand-mère corse qui avait trouvé refuge en Sicile pendant la guerre après avoir dénoncé des communistes à la milice de Vichy. C'était un vrai fils de pute. Il reniait ses origines françaises, disant que la France avait trahi l'Europe en abandonnant les colonies. J'appris plus tard qu'il s'était porté volontaire pour aller combattre avec les Français en Algérie. On lui fit savoir que ce n'était pas possible. Il s'arrangeait toujours pour soigner les apparences. Il aurait pu passer pour un homme du monde s'il n'avait eu cette chemise ouverte, cette croix en or, ainsi qu'une gourmette au poignet. Il y avait cependant quelque chose qui m'agaça chez lui dès le début : il ne regardait jamais en face, toujours de biais. Roberto m'avait dit le plus grand bien de Piero, qu'il appelait Pipo. Il me disait qu'il était un fils de grande famille, sérieux, intègre, et qu'il ferait un bon mari. Je ne sais toujours pas pourquoi mon frère a tout fait pour me mettre dans les bras de ce voyou. L'a-t-il fait en connaissance de cause ou bien était-il aussi naïf que moi et aussi sous le charme de ce type qui ne laissait personne indifférent ? J'ai toujours soupçonné mon frère d'avoir une double sexualité : une, affichée, avec une femme piémontaise bonne à tout faire, et une autre, clandestine, où il retrouvait des hommes. J'ai pensé qu'il était attiré par Pipo et que, à travers moi, il se rapprochait de lui ou m'utilisait pour arriver à ses fins. Mais Pipo, comme tous les machos, détestait les homosexuels. Lui aussi, je le soupçonnais d'avoir des penchants pour les garçons, mais passons ! Ça, c'est une autre histoire. Apparemment, les motivations de Pipo n'étaient pas claires. Il me faisait la cour, et j'avoue que cela me plaisait. J'étais tombée sous le charme d'un homme qui n'était même pas beau. C'est fou ce que l'amour est illogique. Peut-être étais-je tombée amoureuse parce que je pressentais un danger.

155

Pipo m'invita à dîner, engagea des musiciens, commanda du champagne et réserva toute une partie du restaurant seulement pour nous deux. Il fit les choses avec art, comme si nous étions dans un film romantique où on tire sur toutes les ficelles de la sensiblerie. J'aurais dû déjà me méfier : j'aurais repéré des indices qui m'auraient évité de tomber dans le piège, mais j'étais confiante, plus par paresse que par naïveté. Il était très courtois, trop poli. Il disait me vouer une grande admiration et son grand plaisir était de penser à moi avant de s'endormir. Il ne me touchait pas, à peine s'il me laissait lui prendre le bras quand nous marchions le long de la baie de Naples. Il me parlait de sa mère, abandonnée par un père aventurier, de ses difficultés durant la guerre. Il me disait que son rêve était justement de se marier, de fonder une famille, d'avoir des enfants, de se retirer des affaires compliquées et surtout de montrer à sa vieille mère qu'il était meilleur que ce père indigne.

Le soir où il me demanda en mariage au restaurant Rosiello, à Posillipo, je faillis prendre la fuite, car il y eut un incident que je n'ai pas pu supporter. Ce soir-là, j'aurais dû mettre fin à cette relation, car l'incident l'avait démasqué, avait montré le vrai visage de cet homme.

Il faisait beau, la lumière était douce. On nous installa sur la terrasse, face à la mer. Au moment où les premières lumières de Naples scintillèrent, un vendeur de petites bricoles – des briquets, des paquets de Kleenex, des jouets – se présenta devant notre table et nous dit gentiment, dans un italien approximatif :

– *Compra me cosa, grazia signora signore…*

Pipo, l'affreux Pipo, lui demanda de s'approcher. L'homme fit un pas, hésitant.

– Montre tes dents…

L'homme sourit ; on vit une dentition en très mauvais état, des dents jaunes, cassées et chaotiques, des dents trouées.

– Tu viens de cette ville pourrie de Khouribga, lui dit Pipo.

– Oui, monsieur. Alors, vous m'achetez quelque chose, un briquet pour allumer la cigarette de la dame ?

– T'es arabe ou berbère ?

L'homme comprit qu'il n'y avait rien à en attendre ; il fit demi-tour et s'en alla. Pipo se leva, le rattrapa, le prit violemment par le bras et le secoua :

– Retourne dans ton bled pourri. Ici, pas de dents trouées ! Allez, oust ! Fous le camp, vite ou je te bute !

Le pauvre homme s'en alla en courant, perdit deux paquets de Kleenex et un briquet, les laissa par terre et ne se retourna pas. Pipo avait changé de visage. Il était tout rouge, les veines sur ses tempes étaient enflées, les yeux pleins de haine. Ce n'était pas une simple colère, c'était plus fort que ça, quelque chose qui ressemblait à l'envie de tuer. Il prit un médicament et fit un effort pour se calmer.

– Excusez-moi, Anna Maria, c'était inadmissible d'être ainsi dérangé. Quel manque de tact ! Il a bien vu qu'il avait devant lui des amoureux, et il insistait. Fallait pas venir nous perturber. C'est souvent comme ça avec les pauvres, surtout les immigrés. Enfin, je ne suis pas contre les immigrés, mais j'aime qu'on respecte ma tranquillité. Je suis désolé de cette intrusion barbare. Tôt ou tard, les immigrés devront retourner dans leur bled. Je ne suis pas sûr qu'ils soient très heureux chez nous. Pour leur bien, ils ont tout intérêt à repartir chez eux. Nous n'avons ni la même culture ni les mêmes traditions. Ils sont musulmans ; nous, nous sommes catholiques, nous avons lutté pour atteindre un niveau de vie respectable ; eux sont des parasites, leurs pays se complaisent dans le sous-développement et aiment vivre de la mendicité auprès des pays riches... Excusez-moi, je vous ennuie avec mes théories !

– Mais pourquoi vous mettre dans cet état ? Ce n'est qu'un pauvre vendeur de petites choses.

– Non, comprenez-moi, c'est pour vous que je me suis mis dans cet état. Je voulais que notre rencontre se passe dans d'excellentes conditions.

– Oui, mais je n'ai plus faim.

– Oh ! ma belle, mon aimée, vous n'allez pas perdre l'appétit à cause d'un vieil Arabe aux dents pleines de trous !

– Si, justement. A cause de cet homme et de la manière dont vous l'avez traité, je n'ai plus faim. J'ai envie de rentrer. Je ne veux pas que vous m'accompagniez. Je prends un taxi.

Il essaya de me retenir, me baisa les mains, s'excusa encore, mais je n'avais plus envie de le voir.

Je passai toute la nuit à repenser à cet incident. Je me posais des questions ; en même temps, quelque chose de bizarre me voilait les yeux. J'avoue, à ma grande honte, que cette violence fit naître chez moi de l'attirance sexuelle pour cette brute. Oui, j'ai été coupable, je le reconnais, j'ai été entraînée dans une perversité insoupçonnable chez moi. Quand je le revoyais violentant l'Arabe, j'étais partagée entre le dégoût et l'envie. Je le voyais en train de me prendre avec cette violence, me donnant des gifles et me couvrant d'insultes. Ce fut Pipo qui révéla chez moi cette perversion.

Le lendemain je reçus de nouveau des roses accompagnées de ce mot :

Mille excuses. J'ai été odieux. Je mérite un châtiment. Ce pauvre homme m'a obsédé toute la nuit. Le matin je suis allé à sa recherche pour le dédommager. Impossible de le retrouver. Je comprends mieux à présent la souffrance et le malheur de ces gens, obligés de quitter leur pays pour venir mendier, ou presque, dans nos rues. J'ai rêvé de ma grand-mère corse qui m'a grondé ; elle m'a dit : « On ne fait pas ça devant une dame. » J'ai été mauvais. Je le regrette amèrement et vous prie de m'en excuser. Je ne vous dérangerai plus. J'attendrai un signe de vous. Si votre silence est ma punition, je l'accepte, mais ne laissez pas cet amour que je vous porte languir. Je vous baise la main. Piero.

Je suis certaine aujourd'hui qu'il avait quelqu'un pour lui écrire ses lettres. Je soupçonne même Roberto d'avoir tenu la plume, car il écrivait en cachette des poèmes. Ce raffinement, cette sensibilité, je ne les retrouvais ni sur le visage de Pipo ni dans ses manières. Je sentais qu'il faisait des efforts pour être attentif. Mais j'étais aveuglée. Je ne voyais rien, seulement du brouillard et de la fumée. Je me laissais faire. Un étrange sentiment de désir et de rejet m'habitait. Trente ans après, j'avoue que l'oubli a mis du temps à s'installer et à envelopper cette sinistre époque de ma vie. Les choses remontent à la surface comme des épaves d'un naufrage qui ne s'est jamais terminé.

Après la période de la séduction et des roses, des dîners aux chandelles – période Cinecittà –, vint le temps du mal, le mal pur, insidieux, profond, sans pitié. La mise en scène était parfaite. Il avait su mélanger la beauté à la violence, le désir à la destruction, la haine à l'amour. Comment aurais-je pu découvrir que c'était un malade, un pervers monstrueux, un salaud ? Il cachait parfaitement son jeu. Mais pourquoi avait-il besoin de jouer cette comédie ? Les gens qui sont habités par le mal ne prennent pas de gants quand ils décident d'agir. Ils font le mal en plein jour et surtout ils veulent qu'on sache qu'ils sont méchants. Ils n'en ont pas honte. Au contraire, ils en sont fiers. Pipo était plus compliqué.

Le mariage fut grandiose. Je ne sais pas d'où venait cet argent. Mon frère était heureux et triste à la fois. Il vint vers moi et pour la première fois il me demanda pardon. Mais pardon pour quoi ? Il me répondit : « Pardon, tout simplement. » Je ne compris pas cet élan de sympathie de la part d'un être complexé et aigri. Je lui dis que nous aurions dû vivre mieux, avoir des relations plus fraternelles, plus heureuses et ne plus nous disputer à propos de l'argent. Là, Roberto retrouva sa férocité :

– Pas question. Tu me dois de l'argent. Ne compte pas sur ton mari pour en avoir.

Ce fut la première fois qu'il évoquait le rachat de mes parts dans la maison. Je n'y fis pas attention et retournai vers les invités. Tant de luxe, tant d'argent… Il ne fallait pas être très perspicace pour vite comprendre que c'était de l'argent facile, l'argent du trafic, et que Piero était un chef de la Camorra. Mon frère le soutenait dans tout ce qu'il entreprenait. Pipo n'était pas dupe. Il avait besoin de mon frère pour m'approcher. Juste après le mariage, il lui fit comprendre que son rôle était terminé et qu'il valait mieux s'occuper du secteur sud, en Sicile.

J'étais amoureuse, ensorcelée, complètement sous influence, comme une droguée. Quelque chose de plus fort que ma raison me travaillait de l'intérieur et me faisait faire des choses indignes. Il avait des méthodes qu'il devait puiser dans des livres pour me donner l'impression que j'étais libre alors que j'étais terrorisée. Je ne bougeais pas et attendais un signe de lui pour obéir à ses désirs. Je n'avais plus de volonté. J'étais soumise et j'aimais l'être. Ce n'était pas de l'amour. Non, c'était de la maladie. Comment appeler cela autrement ? Ma pensée était figée. Elle n'avançait plus. Cet homme me fascinait et me faisait peur. J'étais malade, c'est-à-dire obsédée par lui. Très vite, nos relations prirent la tournure du drame. Quelques jours après la nuit de noces, il disparut et me dit sur un ton ferme, sans la moindre gentillesse :

– J'ai une affaire à régler. Tu ne bouges pas.

Il était froid et calculateur. Il connaissait mes failles, mes faiblesses. Il m'avait assez bien observée. C'est curieux tous les visages que peut prendre l'amour ! Je me disais amoureuse et j'étais déjà malheureuse. Ce que je vivais, ce n'était pas de l'amour, c'était de la souffrance que j'accueillais, consentante, sans penser à ce qui pourrait me libérer de cette possession. La seule question que je me poserai tout le temps : pourquoi avoir accepté tant de souffrance, d'humiliation et de malheur et y avoir trouvé parfois du plaisir ? J'étais folle. C'est tout. Pour moi, l'amour avait toujours été confondu avec la vie, avec la joie, avec des choses positives, merveilleuses. Là, je découvrais autre chose.

Pipo s'absentait souvent et je n'avais pas le droit de poser des questions. Il partait, il téléphonait, pas pour demander de mes nouvelles ou me dire quelque chose de tendre, mais pour me prévenir qu'un tel allait passer déposer un paquet ou une valise. C'était souvent mystérieux. Ce fut ainsi qu'arriva un jour à la maison une jeune femme, assez vulgaire, trop maquillée, une pute de luxe, la poitrine généreuse, le regard vide. Elle me donna un paquet en me disant : « C'est Piero, votre mari je présume, qui m'a chargé de rapporter ce costume qui était au pressing. Une bagarre dans un restaurant, un peu de sang, rien de grave. Voilà, mission accomplie ! » Elle ne savait pas où il se trouvait ou ne voulait pas m'en parler. En partant, elle se pencha vers moi et me murmura à l'oreille : « Pour une juive, t'es pas mal ! » Je restai sans voix. Quel rôle jouait-elle ? Pourquoi l'avoir envoyée ? Et qui lui avait dit que j'étais juive ? Ce ne pouvait être que Pipo. Quelque chose se tramait à mon insu. A la limite, les putes, c'était son affaire, mais pourquoi en utiliser une pour me faire cette remarque ?

Il me revint à l'esprit une discussion que nous eûmes quelques semaines après notre mariage. Il m'avait reproché de ne pas avoir célébré notre union à la synagogue. Je lui avais dit que j'étais agnostique et que mes parents ne m'avaient pas donné une éducation religieuse. Il insistait sur le respect des traditions et ne comprenait pas pourquoi je ne revendiquais pas le fait d'être juive. Il disait qu'il aurait aimé être juif et que, si j'avais été pratiquante, il se serait converti... par amour ! Il se serait circoncis et aurait imposé le régime casher à la maison. Pipo était catholique. Il faisait souvent le signe de la croix. J'avais été choquée lorsque je le vis se signer la première fois que je me donnai à lui. Étais-je pour lui une épreuve, un risque, un danger et bien d'autres choses de désagréable ? Ainsi nous fîmes l'amour sous la bénédiction de Jésus. Heureusement, je n'y pensais pas trop. Ma jouissance fut cependant bloquée et lui s'acharnait violemment sur mon corps qui n'en pouvait plus d'espérer un peu de tendresse. Il se retira et comprit qu'il fallait changer d'attitude. Il me prit dans ses bras et me chanta une rengaine napolitaine qui disait à peu près ceci : « Moi sans toi je ne suis rien. » Il souriait pendant qu'il me caressait le ventre. Nous refîmes l'amour mais j'étais déjà ailleurs, triste et sans force.

Maria et Aldo, un couple de Siciliens, des arrière-cousins de Piero, s'occupaient de la maison. J'avais abandonné la mienne et vendu mes parts pour un prix symbolique à mon frère. Je n'étais pas enfermée, mais je sentais que je n'avais pas le droit de sortir. Quelque chose me retenait prisonnière. Je savais que le couple sicilien était là aussi pour me surveiller et m'espionner. Je ne réagissais pas. Je subissais et ne faisais rien pour me dégager de cette situation. J'avais perdu mon énergie et ma joie de vivre. J'étais devenue une esclave. La maison était ma prison et Maria et Aldo mes geôliers. J'aurais pu sortir. J'avais les clés. La voiture était à ma disposition, Aldo se proposait même de me conduire où je le désirais. Physiquement, personne ne me retenait, mais je sentais au fond de moi que si je mettais les pieds dehors, il m'arriverait quelque chose de grave. Quoi ? Je n'en savais rien. J'avais l'intuition ou mieux la certitude de m'être mise dans un engrenage et que mon tortionnaire était capable de tout.

Un soir, il est arrivé accompagné de cinq hommes de son acabit pour jouer aux cartes. Il était nerveux, pas rasé, le regard fou. Il entra dans la chambre, ferma la porte à clé, s'approcha de moi, baissa son pantalon et m'ordonna de prendre son sexe dans ma bouche. Je n'en avais pas envie. Il me dégoûtait. Il me donna une paire de gifles qui m'abrutirent et se jeta sur moi, essayant de me violer. Je me débattai, quand il sortit un revolver et hurla dans une fureur terrible :

– A genoux, sale juive !

Je lui envoyai un vase à la figure. Le coup de feu partit et la balle frappa le miroir, qui tomba en mille éclats. Il se rhabilla, tremblant de colère, et me menaça de revenir achever le travail. Je ne dis rien, laissai les bris de verre par terre ; je n'avais même pas envie de pleurer.

Il revint une ou deux heures après, la tête baissée, les

mains pleines de roses. Il se mit à genoux et me supplia de lui pardonner. Il me raconta une histoire d'escroquerie, de vol et de règlement de comptes pour expliquer sa nervosité et son comportement.

– Je venais de tuer un homme. La première fois. Jamais fait ça. On m'a mis à l'épreuve. C'est ça le milieu. J'avais besoin de réconfort. C'est normal de rechercher le repos auprès de son épouse. En plus, l'homme, je le connaissais. Ce fut horrible. J'en tremble encore. Mais j'ai gagné la confiance du boss.

– Qu'est-ce que tu as contre les juifs ?

– Excuse-moi, ça m'a échappé.

« Échappé » ! C'était le sens exact. Il pensait réellement ce qu'il proférait comme insultes. Mais la stratégie devait commander la prudence et l'hypocrisie. C'était une bavure. Ce jour-là, je pris conscience de la gravité du piège où je m'étais laissé enfermer. J'avais affaire à un malade pervers, un raciste, qui avait besoin de souiller et de piétiner une juive à domicile. Difficile à comprendre. J'eus une crise de larmes. Je pleurai, hurlai, me cognai la tête contre le mur. Je fus soudainement éclairée sur l'enfer qui se préparait chez moi. Secouée par cette révélation – une sorte de conviction intime et inébranlable –, je décidai de déjouer son stratagème et de le battre. Je retrouvai mon énergie, mon désir de vivre. Il fallait être patiente, politique et bonne comédienne. Je pris le problème non plus sur le plan personnel, mais général. Je me suis dit que nous vivions en période de guerre et qu'il fallait se battre et ruser avec l'ennemi. Évidemment, ce que j'avais mis de côté dans un coin de ma mémoire est revenu assez vite. Je revis devant moi l'image (que je devinais) de mon père et ma mère, nus, les mains derrière le dos, marchant vers la mort. C'était plus fort qu'un souvenir, car l'image de

164

mes parents se multipliait à des milliers d'exemplaires et se répétait à l'infini. Je vis aussi Pipo habillé en SS en train de donner des ordres. Je l'entendis dire à mes parents : « Sortez du rang, mettez-vous à genoux et demandez pardon à un patriote italien qui nettoie le pays de la vermine… » En vérité, ces images me hantaient bien avant de rencontrer mon bourreau. Je les chassais de mon esprit. J'avais décidé de ne pas m'y arrêter, plus par égoïsme que par méchanceté. Voilà que mon époux avait au moins cet avantage : me ramener vers le passé et m'obliger à le regarder en face sans tricher et sans détourner la tête. J'entrais dans ce passé, non pas par inadvertance, par effraction, mais avec toute la force de la volonté et du besoin de savoir. Je téléphonais à toutes les vieilles personnes de ma famille, leur posais des questions, j'insistais parce qu'elles voulaient oublier, ne plus évoquer cette période horrible de notre histoire. J'en ai même parlé avec Roberto qui a été étonné et m'a donné à lire trois ouvrages traitant de l'Holocauste. Je les lisais en cachette. Je savais des choses sur cette époque, mais je pensais que c'était fini, que plus jamais la haine de toute une communauté ne reviendrait sur scène. Mais la haine était de nouveau là, et j'en étais la cible.

Ainsi, j'étais mariée à un malade, un antisémite pervers. Non seulement il fallait le démasquer, mais aussi l'empêcher de continuer à me nuire, à m'exploiter pour la satisfaction de ses vices d'homme nostalgique de l'époque nazie. Comme par miracle, je sentais mon état se transformer. Je ne voyais plus la maison comme une prison. Je me sentais libre et stimulée pour me battre contre ce monstre. Le sentiment de liberté se manifeste avec plus de force dans une prison. C'est bien connu. Les prisonniers politiques le disent. D'un coup, comme par magie, l'état amoureux disparut, je veux parler de l'obsession, de la dépendance, de l'absence de raison. Je dois, petit, être honnête avec toi. La vérité, c'est que je ne voulais plus de lui comme mari, mais quand je pensais à lui, j'étais partagée entre la pitié et la haine. J'avais peur de lui, et la haine est un sentiment qui suppose son contraire. J'aurais voulu devenir indifférente. C'était impossible. Je résistais. J'eus envie de bien manger. Je me fis livrer un dîner avec une bonne bouteille de vin. J'étais seule et j'échafaudais un plan de lutte. Le lendemain, je renvoyai Aldo et Maria. Ce ne fut pas facile. J'engageai une brave femme qui travaillait chez ma tante. Avec Pipo, je me montrais docile, soumise à ses désirs et ses vices. Je faisais l'amour avec lui sans rien ressentir. Je simulais. Quand il éjaculait, il hurlait : « Oui, ma juive, oui, ma chienne, prends, ma juive, vicieuse, salope, sale race… » Je me disais : « Pauvre type ! Pauvre canaille, tu n'es qu'un minable, ta queue est moche, ta gueule est encore plus moche, et tu cries parce que tu crois que c'est ça faire l'amour, c'est ça jouir alors que je te laisse faire comme si tu te masturbais, et tu ne t'en rends même pas compte ! Quelle misère, quelle pitié ! Tu crois que je mouille pour toi, alors que je mets de la vaseline dans mon vagin réticent pour te donner l'illusion que je t'accueille, et tu ne vois rien, tu es aveuglé par la haine et tu crèveras par la haine. Je ne sais pas comment, mais tu crèveras ! Tu crèveras vidé de ton sang ! » Être avec lui dans le pieu ne me faisait rien. J'étais dégoûtée, mais je surmontais ça. J'étais devenue forte. Mais j'étais au fond de moi blessée et pleine de larmes. Je faisais des efforts surhumains pour mener à bien cette épreuve dont je ne voyais pas encore la fin. J'aurais pu le quitter, m'enfuir, mais j'avais envie et aussi le devoir de le démasquer et de le livrer à la justice. Il lui arrivait de dîner avec moi. Il me rejoignait dans la chambre, m'embrassait les mains, se mettait à genoux et demandait pardon. Je faisais semblant de lui pardonner et me retenais pour ne pas lui enfoncer un couteau dans le ventre. Un soir, il exposa sa théorie sur les juifs :

– Tu sais, je ne suis pas raciste. La preuve, tu es ma femme. C'est la plus incontestable des preuves. Être dans un lien sacré en se donnant mutuellement corps et âme, c'est beau, c'est fort. Il ne faut pas confondre les mots qui sortent sous le coup de l'énervement et les pensées réfléchies. Ce soir, je suis calme et mes pensées sont bien réfléchies. Tu sais, ma chérie, tu n'es pas une vraie juive. D'abord, tu n'es pas observante. Tu en conviens. Tu n'as pas le nez busqué et tu sens plutôt bon. Tu n'es ni cupide ni vulgaire. J'ai beau chercher en toi les caractéristiques des juifs en général, je ne les trouve pas. C'est peut-être cela qui me réjouit et me déçoit en même temps. Comprends-moi bien : si tu étais une vraie juive, membre à part entière de ces déchets des races, je t'aurais quand même épousée, ne serait-ce que pour extirper de toi toutes ces vilenies. Mais tu n'es pas une sale juive. C'est ça le drame. Je suis déçu, car mon instinct de rétablir le bien est sans objet. Je suis frustré. T'es trop bien pour faire partie de ces gens-là. Je me sens niqué. C'est comme avec les Arabes. Ils ont compris comment s'occidentaliser et depuis ils nous baisent. Ils sont devenus cultivés, civilisés, oui, ces bédouins du désert qui vivaient en compagnie des chèvres et des chameaux, et bien, aujourd'hui, ils sont les rois du pétrole, font la loi à la Bourse, imposent leur point de vue, ils sont devenus présentables et même plus intelligents que certains Européens. Les juifs s'entêtent à rester des juifs, avec leurs tonnes de défauts, de larmes, de drames et d'escroqueries, disons avec leurs traditions lourdes. Voilà pourquoi, mon amie, il m'arrive de perdre le contrôle de mes gestes avec toi. Tu n'as rien d'une juive. Tout le drame est là. J'ai l'impression d'avoir été floué. On m'a trompé sur la marchandise. Tu comprends, tu comprends que mon immense plaisir est de niquer les juifs, hommes et femmes. J'ai épousé une juive pour assouvir ma soif, pour prendre le maximum de plaisir, pour enculer à travers elle ce peuple élu de merde, mais tu es une mauvaise juive. T'es nulle. Tu n'as rien retenu de ce qui fait votre charme : manger casher, arrêter toute activité dès le vendredi soir, faire chier le monde avec votre histoire d'Holocauste, de chambres à gaz bidon, nous enquiquiner avec vos dents en or, vos lingots d'or, vos mères-juives-possessives-et cannibales… Non, j'arrête. Tu pleures. Déjà, les larmes. Mais il ne s'agit pas de toi, ma chérie. Hélas, tu n'es pas juive. Tu n'es qu'une apparence de juive. Arrête de pleurer. Tiens, bois un peu de vin. Tu ne vas tout de même pas te sentir solidaire de cette racaille inférieure à nous. T'es mieux, toi, puisque tu es ma femme. Franchement, si j'étais raciste, est-ce que j'aurais épousé une juive ? Tout de même, il faut être cohérent…

Mes larmes coulaient et je ne disais mot. Il ne fallait surtout pas lui répondre, entrer dans son jeu. Je le laissai vider son sac pourri. Pour la première fois de ma vie, j'eus une envie très violente d'égorger quelqu'un. Plus il parlait, plus il était calme, plus mon envie de lui trancher la gorge grandissait. Oui, je voulais voir son sang couler, le voir mourir lentement, vidé de son sang. Je séchai mes larmes. Pas de précipitation. Pas de panique. Les choses étaient claires. La guerre était déclenchée. Il ne le savait pas. Les larmes l'avaient dérouté ; je me conduisais comme une victime qui n'a que ses larmes pour se défendre. Je fis semblant d'être bouleversée par son délire, car ma force consistait à devenir indifférente. Les discours racistes sont tous les mêmes : de la haine, de l'arrogance et un immense complexe d'infériorité qui cherche à se combler par la mort et les massacres. Piero avait été préparé à la haine par sa grand-mère dénonciatrice et délatrice pendant la guerre. Lui était fier d'être son petit-fils. Il voulait être journaliste, avoir un journal ou diriger une radio et surtout l'utiliser pour répandre la haine des juifs et des Arabes. Il avait fait quelques études, mais il n'avait pas tenu la route. Il était incapable d'apprendre. Il se sentait supérieur à tout le monde et fut renvoyé de l'université.

Après ce long discours, ponctué de gestes se voulant tendres à mon égard, il me proposa de partir quelques jours en vacances chez sa grand-mère corse. J'étais curieuse de voir le visage d'une malfaisante, une femme dont l'indignité était fièrement représentée par son petit rejeton. Mais je n'avais pas la force de me battre contre toute une famille. En outre, j'eus peur d'un enlèvement ou d'un meurtre maquillé en accident. Je le remerciai pour sa proposition et lui dis que je préférais me reposer chez moi et que j'avais l'intention de me mettre à lire la Torah en vue de devenir une vraie juive. Il sentit que j'en faisais trop, sourit, puis disparut.

Le lendemain, il entra dans la chambre, une kipa sur la tête. Il me dit qu'il était allé à la synagogue discuter avec des rabbins à propos de sa conversion. Je ne sus pas ce qu'ils s'étaient dit, mais il n'était pas content. J'appris plus tard qu'il mentait. Il avait inventé cette histoire, un prétexte pour répandre sa haine. Je voyais mal un rabbin le prendre au sérieux. On ne se convertit pas comme ça, en poussant la porte d'une synagogue.

— Il ne veut pas de moi. Il m'a même dit que s'il y avait une justice dans ce pays, je serais en prison. Il m'a traité de mafioso. Tu te rends compte ? Ils sont comme ça, les juifs ! Tu leur tends la main, ils fouillent tes poches pour te piller. J'ai compris, il voulait de l'argent, beaucoup d'argent, il n'y a que ça qui les intéresse. Je lui ai parlé de toi. Il a fait la moue en disant « la pauvre ». J'ai pas compris. Heureusement que tu n'es pas comme ce salaud de rabbin. Tu es là à m'attendre, ma petite juive à moi qui se met à genoux dès que je bouge le petit doigt. Tiens, cette fois-ci tu vas le prendre doucement dans la bouche, tu vas l'enduire de ta salive chaude et onctueuse, tu vas t'appliquer jusqu'à ce que j'oublie ce salaud de rabbin...

J'eus envie de vomir. Ce que je fis en courant vers la salle de bains. Il me suivit, les yeux brillants, les mains tremblantes essayant de retenir son pantalon. Je vis de manière encore plus précise et différente des autres fois que Piero était un vrai monstre. Il était gigantesque, lui, le trapu, le petit, l'insecte. Ses yeux parlaient pour lui. Il avait des tics. Son visage était congestionné. La mort rôdait dans la maison. Je la sentais proche, imminente, mais je ne savais pas si elle était là pour le prendre ou pour m'achever. Elle rôdait. Elle avait une odeur, presque un parfum, quelque chose qui passait de la pourriture à une odeur de fleurs fanées. En fait, c'était l'eau de Cologne de Piero que lui préparait sa grand-mère à partir de plusieurs produits.

Je vomissais parce que j'étais enceinte. Je n'osais pas le lui avouer. Je ne savais pas comment il réagirait. J'étais partagée entre l'envie d'avoir un enfant et le désir violent de me rendre justice en me vengeant de Piero. Non, je n'aurai pas d'enfant de ce monstre. Il fallait utiliser aussi cette carte dans la bataille. Il sentit qu'il y avait quelque chose de changé dans mes attitudes, vit que mon teint était pâle. Il comprit que j'attendais un enfant. Il ne dit rien. Il couchait rarement à la maison. Il m'appela un jour au téléphone et m'annonça qu'un ami médecin allait passer vers huit heures. Il ne dit rien de plus. A l'heure dite, un vieux monsieur fit son entrée dans le salon. Il portait une petite mallette. Il était très maigre, me fit le baisemain et dit tout de suite :

— Emmenez-moi dans votre chambre, je vais vous ausculter.

— Mais je ne suis pas malade.

— Je sais. Vous n'êtes pas malade. Mais Piero est persuadé du contraire. J'ai des ordres. Il faut que je vous examine. Cela fait combien de semaines ?

— Six, sept, je ne sais pas au juste.

— Bon, il est encore temps.

— Encore temps pour quoi faire ?

— Mais, madame, pour vous faire avorter. Ce sont les ordres de M. Piero. Vous le connaissez, je n'ai pas intérêt à lui désobéir. Je tiens à ce qui me reste de vie. Je tiens aussi à la vie des miens.

— Je vois. Vous n'avez pas besoin de m'ausculter pour cela. Je verrai ça avec Piero. Je dirai que vous avez fait votre travail. Merci.

— Non, je dois vous examiner.

J'obéis, les larmes coulaient sur mes joues. Le médecin était délicat. Il me prescrivit une ordonnance et me donna rendez-vous le lundi suivant. Il ne souhaitait pas intervenir durant le week-end. Je restai allongée sur le dos, les jambes écartées, mon sexe recevant un peu de vent frais. Je trouvai du plaisir à ne plus bouger, comme si j'attendais la sortie de l'enfant de mon ventre. Quand la nuit fut venue, Piero rentra, il me trouva dans cette position. Je m'étais endormie. Il se mit à hurler et à pester :

– Pas question que tu gardes cet enfant ! Plutôt me flinguer que d'avoir un enfant juif, car chez vous, c'est la mère qui transmet la religion. Plutôt crever, mais avant, je tue tout le monde.

– Moi non plus je ne veux pas avoir la moindre trace de toi dans mon corps, dans ma vie. Mais cet enfant, je le garde parce que je ne suis pas certaine qu'il soit de toi…

Cette première réplique de ma part le rendit fou de rage. Il me donna un coup de poing si fort que je perdis connaissance quelques minutes. Du sang coulait de mon nez. Au moment de me relever, je reçus un coup de pied dans le ventre. Je crus que j'allais mourir. Il redoubla de férocité :

– Une sale juive me faire cocu ! C'est le comble. Je vais te massacrer, te foutre toi et ton fœtus de merde dans la poubelle. Oui, ils avaient raison les nazis, ils savaient ce qu'ils faisaient avec cette racaille…

Le téléphone sonna. Il devait attendre un appel important. C'était le cas. Il m'oublia quelques instants. L'envie de le tuer me hantait. Mais il ne me fallait pas rater mon coup. Je cherchai un objet tranchant. Je me retins. Je m'étais promis de faire les choses dans le calme, pas sous le coup de la colère. Je m'enfermai dans la salle de bains. Tout à coup, un sang abondant submergea mes cuisses. Je faillis m'évanouir. J'appelai au secours. Je perdais du sang de plus en plus. Piero apparut, suivi d'un jeune homme aux yeux clairs. Je leur fis signe de ne pas approcher et d'appeler un médecin.

Je passai trois jours en clinique. Trois jours de calme et de solitude. Piero n'osait pas se montrer. Il m'envoya une carte postale où il demandait pardon. Ce fut Roberto qui vint me rendre visite le deuxième jour. Il avait une sale tête. Lui aussi avait quelque chose à se faire pardonner. Je ne lui en voulais pas. Il avait été manipulé par Piero, puis jeté comme un malpropre à la rue. Il vivait du loyer de notre maison. Il m'avoua qu'il avait toujours été complexé par moi, par ma beauté, par mon énergie et qu'il ne supportait pas ma joie de vivre. Il me dit qu'il avait eu une période où il avait perdu la tête, où il était prêt à tout pour se réaliser, ce fut ainsi qu'il me mit dans les bras du monstre. Piero lui aurait dit qu'il était tombé amoureux fou de moi et qu'il fallait l'aider à m'approcher, pour me convaincre d'accepter de le voir et peut-être d'avoir une relation avec lui. Mon frère ne pouvait pas savoir que Piero était malade, pervers et raciste. Il me promit que plus jamais il ne me laisserait tomber et qu'il allait m'aider.

— Non, ne fais rien. Je m'en sortirai toute seule. Merci d'être venu. J'ai un souci en moins. Je sais que cette épreuve nous a rapprochés, c'est important. Le reste, ne t'en fais pas. Je me bats assez bien.

Il partit les larmes aux yeux. Roberto était le type même du faible. Il n'avait pas de colonne vertébrale. Il me faisait souvent pitié et j'ai horreur de la pitié.

Au matin du troisième jour, le jeune homme aux yeux clairs me rendit visite (c'est le fameux Marco de la première histoire). Il me dit :

— Je viens de la part de M. Piero. Je m'appelle Marco. Je suis en colère contre lui. J'ai tout entendu l'autre soir. J'étais venu avec lui, on attendait un coup de fil important. J'étais dans votre salon. Il criait si fort que tout le monde pouvait entendre. C'est un curieux personnage. C'est mon ami. Je l'accepte tel qu'il est, mais je ne vis pas avec lui. Je lui dois beaucoup : il m'a sauvé la vie une fois en Sicile, à Trapani. Une affaire qui avait mal tourné. Je lui suis fidèle. Il sait qu'il peut avoir confiance en moi. Sa haine des juifs et des Arabes est terrible. Il est obsédé par eux. L'autre jour, il a acheté un exemplaire de *Mein Kampf* à cinq millions de lires parce qu'il était dédicacé par Hitler. Je crois qu'il voulait vous l'offrir. Peut-être le fera-t-il à une prochaine occasion. Moi, je ne le suis pas dans ces histoires. Je préfère garder avec lui des relations de boulot. C'est tout. Comme ça les choses sont claires. Sa dernière petite amie, il la présentait comme sa « fiancée », était une Arabe, une Maghrébine, belle, fine, intelligente, comme vous. Je crois qu'elle l'a quitté à temps. Elle a prétexté une affaire de famille et a quitté Naples. Il dit qu'il n'est attiré que par des femmes sémites et il les maltraite tant qu'il peut. Un jour, ça va mal tourner.

En partant, il me donna un paquet.

– C'est M. Piero. Il sait que vous aimez les macarons. Au revoir, madame, vous êtes bonne, je veux dire belle.

Il me regardait avec des yeux émus. Méfiante, je n'ai pas mangé les macarons. Prudence. Marco revint le lendemain pour me raccompagner à la maison. Piero était à Catane. Il vint avec un beau bouquet de fleurs et me dit :

– C'est de ma part. Piero m'a dit de vous raccompagner, c'est tout.

Marco se montrait de plus en plus attentif et devinait ce que j'endurais. Il venait presque tous les jours à la maison, sous n'importe quel prétexte. Un jour, il arriva à six heures du matin pensant que Piero était là. J'étais seule. Depuis mon avortement, je dormais dans une chambre que la femme de ménage m'avait préparée. Je ne savais jamais quand Piero rentrait ou partait. Ma répulsion était de plus en plus forte. Il fallait me maîtriser. Je me disais que Marco venait me voir envoyé par son patron afin de me mettre à l'épreuve. Marco en faisait un peu trop parfois. Il s'apitoyait sur mon état. Il m'apprit que Piero était convoqué par l'Organisation à New York. Il devait partir incessamment. En parlant, il avait dans le ton de la voix quelque chose comme de la joie. Il dit avec un petit sourire :

— Enfin, une semaine sans Piero, c'est comme les grandes vacances : plus de pression, plus de réunion au milieu de la nuit, plus de cris, plus de crise de nerfs.. Je vais me reposer, et j'espère vous aussi, vous méritez bien un bon repos.

Piero frappa un matin à ma porte et me dit :

— Je n'aime pas te voir dans cet état-là. Excuse-moi, je ne trouve pas le temps de m'occuper de toi…Trop de travail. Ah, le bon vieux temps où nous dînions seuls sur la terrasse face à la mer ! J'ai la nostalgie de la naissance de notre amour. J'avoue que je n'ai pas été tendre ni sympathique. J'ai exagéré, mais tu sais, au fond, je suis bon, j'ai un bon cœur, tout blanc comme la soie, j'ai juste ce problème avec les juifs. Je crois que j'aurais pu devenir un saint tellement je sens en moi de la bonté impatiente d'émerger et de toucher mon entourage. Mais c'est la vie. Je dois partir quelques jours en voyage. J'ai chargé Marco de veiller sur toi pour que tu ne manques de rien. A mon retour, mon amour, tu seras bien reposée, bien cicatrisée et nous referons l'amour… Ça me manque, l'amour ! L'amour, que c'est beau l'amour, surtout quand on s'aime comme nous nous aimons, n'est-ce pas chérie ?

Je lui fis un sourire et lui envoyai un baiser de loin en espérant qu'à New York quelqu'un lui ferait la peau. Le soir même, Marco était à la maison. « Ordre du patron ! » me dit-il.

Nous sortîmes sur la terrasse où nous prîmes le dîner. Ce fut le premier soir où je retrouvai de l'appétit depuis le début de la lutte. A la fin de la soirée, j'eus envie de me laisser aller vers une douce langueur. Marco était beau, jeune et intelligent. J'eus envie de toucher sa nuque et de mettre ma main dans ses cheveux, mais pas envie d'autre chose. Il me laissa faire, se leva et dit :

— Il se fait tard. Voici mon numéro de téléphone. Vous pouvez m'appeler à n'importe quelle heure du jour et de la nuit. Reposez-vous bien.

Le lendemain, il vint sans attendre mon appel. Il apporta une bouteille de champagne.

— On va faire la fête ! Piero m'a appelé de New York et m'a donné l'ordre de boire avec vous à sa santé ; il a même précisé la marque du champagne. En bon serviteur, j'obéis.

— Mais qui vous dit que j'ai envie de faire la fête ce soir et en plus avec le serviteur de mon époux ?

— Je crois, madame, que vous vous trompez. Je suis ici sur les ordres de mon boss. Je ne suis pas là pour plaisanter ou draguer la femme de celui à qui je dois la vie. Ici, madame, je travaille. Bon, nous devons nous mettre sur la terrasse et boire à la santé de Piero della Caza.

Le ton était ferme. J'aimais cette autorité soudaine chez ce jeune homme aux yeux clairs et à la peau brune. Aucune envie d'avoir une histoire, mais si je pouvais créer des problèmes à Piero, je n'allais pas hésiter.

Au troisième verre, Marco changea d'attitude, dénoua sa cravate, se mit à chanter une rengaine populaire et souriait. Il se pencha sur moi et baisa mes mains. Il était gai et content comme un enfant. Il se mit à genoux et posa sa tête sur mes cuisses. Je n'avais pas envie de le repousser. Il m'avoua son attirance et dit se sentir incapable de résister. Il devint très doux. je n'avais pas envie de sexe, juste d'un peu de tendresse. Il se tint bien sage à mes côtés et me raconta son enfance sicilienne :

le père abattu dans un règlement de comptes, la mère habillée en noir pour le restant de sa vie, l'argent qui manquait, les petites combines pour vivre, les mauvaises fréquentations, les bagarres, la vendetta, le sang, les larmes… Il était émouvant, peut-être un peu comédien. Il jouait bien. Cela ne me dérangeait pas. Les Siciliens sont souvent des cabotins. Marco souriait avec grâce et ses yeux brillaient de désir. La nuit, je repensai à lui. Je ne savais plus si j'avais envie de son corps pour le plaisir de toucher une belle peau ou si mon désir de vengeance me dirigeait vers le bras droit de l'homme qui m'avait tant humiliée. Qu'importe. Marco prenait le risque d'une aventure. Je n'étais pas en état de l'accepter, mais l'idée de faire quelque chose contre Piero m'obsédait. Le risque était grand. Je n'avais pas grand-chose à perdre. Piero était mon ennemi personnel et l'ennemi des Juifs et des Arabes. Il n'aimait personne. Peut-être s'aimait-il trop ? Il passait de longs moments dans la salle de bains à s'occuper de son corps. C'était un athlète de taille modeste. Il portait des chaussures avec des talonnettes pour paraître plus grand. Il devait se dire que, pour une race supérieure, il n'était pas un bon prototype. Il se teignait les cheveux pour paraître plus jeune. Avec le recul, je comprends mieux le genre d'homme qu'était Piero. C'était tout simplement un pauvre type, complexé et sans envergure, un fasciste, fils de fasciste, endoctriné par un mouvement raciste destiné à faire renaître le fascisme. C'était pour cette raison qu'il avait rejoint la Camorra. Il devait amasser le maximum d'argent pour financer ce parti clandestin.

Tôt le matin, Marco fit irruption dans ma chambre et me dit :

— Vite, nous n'avons pas de temps à perdre. Là où il est allé, il ne pourra pas téléphoner. J'ai su par la bande qu'il va subir des épreuves dans une villa en dehors de Manhattan. Cela dure une semaine. Huit jours de réclusion pour lui et de bonheur pour nous deux !

– Mais où allons-nous ?

– Loin d'ici. Je connais un ami à Tanger qui a une maison de rêve sur une colline, face à la baie. Ils nous invitent. Nous partons à Milan, de là à Casablanca et nous arriverons à Tanger vers 23 heures. J'ai tout arrangé. Vous n'avez qu'à dire oui et nous voilà dans le pays des *Mille et Une Nuits*, enfin pas tout à fait, mais il paraît que Tanger est une ville mythique où tout est possible, même qu'elle déclenche l'amour en cas de résistances...

Avais-je le choix ? Toi, l'écrivain, qu'en penses-tu ? Tu as l'air inquiet. Tu te demandes si j'ai bien fait d'utiliser Marco contre Piero ? Tu sais, petit, dans la guerre on n'a pas toujours le choix. Tu fonces ou tu crèves.

– Ce que je ne comprends pas, c'est comment vous vous êtes laissé piéger.

– Je crois t'avoir déjà dit que l'amour a plusieurs facettes. L'aveuglement est chose courante. C'est une forme d'hypnose. On est manipulé. On n'agit pas. J'ai manqué d'énergie et d'instinct.

– Mais vous aimiez Marco ?

– Ce n'est pas aussi simple. J'étais dans un état où je ne pouvais aimer personne. Je me dégoûtais. J'étais désespérée et prête à n'importe quoi pour me libérer et me débarrasser de Piero. En même temps, j'avais besoin de réconfort, d'une présence. Marco était tout indiqué pour atteindre Piero dans son orgueil. Au début, l'idée d'utiliser Marco n'était pas claire. C'est venu après. J'avais trente-quatre ans à l'époque et lui vingt-cinq. Il était beau, sauvage et tendre. Il aimait Piero comme un père. A un certain moment, je crus que le

178

voyage à Tanger était un piège, un enlèvement d'après un plan élaboré par Piero. J'eus des doutes. J'avais peur. Je risquai le tout pour le tout. Tanger avait la réputation d'être une ville de tous les trafics, repère de bandits et de contrebandiers. C'était un port connu pour l'espionnage et la traite des Blanches. Durant le voyage, Marco était tendu, nerveux. Je ne savais pas s'il avait peur de moi ou de son patron. Je n'étais pas rassurée mais je n'avais plus rien à perdre.

L'arrivée tard le soir à l'aéroport de Tanger avait quelque chose d'irréel. C'était comme dans un film en noir et blanc, un film avec des personnages grotesques, des caricatures. Une limousine nous attendait. Le chauffeur, aussi noir que Momo, portait un tarbouche rouge et ne disait pas un mot. Marco ne parlait pas non plus. J'eus un moment le fou rire car je me voyais ligotée et jetée dans une cave avec ce Noir comme gardien. Je pris la main de Marco. Elle était moite. Nous roulions dans la nuit et je riais toute seule, comme une folle. Non, j'étais déjà un peu folle. Quelque chose s'était détraqué en moi. Je ne voyais plus les gens tels qu'ils étaient. Ils me paraissaient étranges, avec des membres en moins, avec des yeux d'où sortait de la fumée. J'avais souvent des hallucinations. Mais j'y croyais. Je ne me disais pas : ce sont des images inventées par mes délires. Non, j'étais persuadée que le monde était ainsi, qu'il avait changé depuis mes traumatismes. Je riais toute seule. Je pleurais en public. Je ne mesurais plus les risques et les dangers.

De la maison on voyait toute la ville, la médina, le port, la plage, le cap Malabata. Il était plus de minuit. Ali, notre hôte, nous attendait, une coupe de champagne à la main. Un homme charmant, jovial, un peu gros. Il embrassa Marco sur les joues et le serra contre lui. Il se tourna vers moi et me fit le baisemain. J'éclatai de rire. À peine installés dans un immense salon – les gens qui étaient au fond m'apparurent tout petits –, un maître d'hôtel de blanc vêtu, même tarbouche rouge que le chauffeur, nous apporta à boire. Ali prit Marco par le bras et l'éloigna de moi ; ils parlèrent à voix basse sur la terrasse. Avec Piero j'avais pris l'habitude de ces apartés. Là, je crus vraiment qu'ils discutaient de mon cas, puisque de temps en temps Marco tournait le regard vers moi. Ali devait être un des correspondants des Italiens et en même temps un gros fournisseur de hachisch pour l'Europe. Il y avait trop de luxe dans cette maison meublée avec des objets importés de Chine et d'Amérique. Il n'y avait pas trace d'enfants ni d'épouse, mais de jolies femmes constituaient la cour d'Ali. Il aimait bien les avoir à portée de main. Il les caressait quand il parlait. Des gestes presque naturels. Ses mains se baladaient sur les corps qui l'entouraient. C'était un féodal qui aimait faire étalage de ses richesses.

Je tombais de sommeil. Ali était occupé avec Marco. Une des femmes, une Marocaine s'appelant Maria, me montra une chambre très vaste et belle en disant :

– C'est la chambre bleue, la couleur préférée de Marco.

– Mais je ne suis pas la fiancée de Marco. Je voudrais une petite chambre simple pour moi seule.

– Ah, bon ! On m'a mal informée. Je vous propose la chambre bleu ciel ; elle est plus petite et ne manque pas de charme. Vous y serez tranquille.

Maria parlait bien l'italien et le français. Elle me dit qu'elle ne faisait pas partie de la cour d'Ali.

– Je suis sa nièce. Il y a quelques années, j'ai fui la maison conjugale et il m'a accueillie. Je suis tantôt secrétaire, tantôt maîtresse de maison. Ali reçoit beaucoup.

Presque tous les soirs, ça défile. Mon mari était un officier dans l'armée ; il avait tous les pouvoirs, y compris celui de prendre une deuxième femme.

J'eus la naïveté de lui demander ce que faisait Ali.

– C'est un rentier. Il a des terres, des hôtels, des cafés, des bateaux et quelques champs de kif dans le Rif. Il est d'Al-Hoceima. C'est un vrai pacha, comme vous dites chez vous, qui fait du bien autour de lui.

– Un pacha généreux...

– Il claque un argent fou. Il ne fait de mal à personne. C'est quelqu'un de bon, vraiment. Bonne nuit !

Au matin, quand je me réveillai, j'aperçus Marco, qui, les traits tirés, se dirigeait vers la chambre bleue. Il me dit :

– C'est raté pour notre première nuit d'amour ! Ali est très bavard. Impossible de le laisser et s'en aller dormir. Il aurait été vexé. Il travaille surtout la nuit. Il est infatigable.

Maria me fit visiter la maison pendant que Marco dormait. Le bureau du pacha ressemblait à une cabine de pilotage d'un paquebot. Il y avait une dizaine de téléphones, des machines à écrire, un télex, des jumelles montées sur un trépied, des livres de comptes, deux immenses coffres gris, sur une étagère une photo d'un vieux couple, des paysans mal habillés, les parents d'Ali. Maria me dit qu'ils étaient morts dans la misère. Ali fut recueilli par un oncle qui le fit travailler durement dans les champs. Un jour, Ali débarqua à Tanger, les poches vides, mais avec la ferme volonté de s'en sortir. Il travailla comme portier à l'hôtel Continental, le plus vieil hôtel de la ville. Ce fut là qu'il fit des rencontres décisives. Il disparut pendant deux ans. Personne ne savait où il était. Puis il réapparut, transformé. Il s'installa au même hôtel, mais en tant que client, et de là il dirigeait les opérations.

– Il n'a quand même pas acheté l'hôtel ?

– Non, le propriétaire n'a pas voulu.

Marco me pria d'être patiente, car il devait régler des problèmes avec son ami marocain. Cela m'arrangeait de ne pas l'avoir tout de suite dans mon lit. Je n'étais pas prête. Le cœur n'y était pas. Je voulais seulement faire passer un message à l'ennemi : une double trahison, l'épouse et l'adjoint. Le troisième jour, Marco se glissa sous les draps alors que je dormais. J'avais toujours rêvé d'être prise dans mon sommeil. Une idée où l'abandon total devient source de plaisir intense avec l'impression que c'est un songe qui vacille entre deux états, deux sortes de fatigue, entre le sommeil et l'éveil. Je sentis une main passer plusieurs fois sur ma poitrine, entre mes cuisses ; je laissais faire. Mais Marco avait besoin de voir mes yeux ouverts, de mettre mes jambes sur ses épaules, la tête enfouie dans mon ventre. Alors il me réveilla en me mordant sous l'aisselle. Je poussai un cri, il mit sa main sur ma bouche et me pénétra avec douceur, puis violence. J'avais des bleus sur tout le corps. Il me dit :

– Avec toutes ces marques, tu ne montreras pas de sitôt ton corps à ce salaud de Piero !

– Mais il ne reverra plus mon corps nu. C'est fini. Je lui montrerai de quoi je suis capable. Eh, oui, je ne peux plus faire marche arrière, faire semblant d'encaisser et me taire.

Tu vois, petit, toi qui es marocain, j'ai aimé entamer ma vengeance dans ton pays. Je n'avais rien vu du Maroc, mais je compris que Marco faisait lui aussi ses calculs. Tu comprends ?

– Mais Ali pouvait tout raconter à Piero…

– Impossible. Marco trahissait Piero en faisant affaire avec le Marocain. J'appris plus tard qu'ils étaient ennemis et que Piero avait déjà essayé d'éliminer Ali à Barcelone. Mais quelqu'un avait prévenu ce dernier, lequel envoya un tueur au rendez-vous. En fait, ce qui est très drôle, au restaurant où Ali et Piero devaient se rencontrer, deux tueurs professionnels se trouvèrent nez à nez ; ils éclatèrent de rire. C'étaient deux amis. Ce genre de choses arrivent souvent dans le milieu.

– Mais Marco t'utilisait pour trahir son patron !

– On s'utilisait mutuellement, sauf qu'une femme, même quand elle est cynique, garde au fond d'elle-même un peu d'affection. Elle a besoin de sentiments pour se donner à un homme, même si elle sait pertinemment que c'est sans lendemain. Les hommes n'en ont pas besoin. Ils bandent et forniquent. Alors je me servais de Marco, mais j'avais un petit faible pour ses yeux clairs. Il m'attendrissait. Il était jeune et beau, un peu gauche, mais avec une belle puissance…

Je continue mon récit :

Nous passâmes des journées inoubliables dans cette maison extraordinaire. Ali et Marco étaient des travailleurs de nuit. Nous faisions l'amour l'après-midi. C'était devenu un rituel. Il appelait cela « la sieste ». Il faisait bien « la sieste » ! Je sentais que, petit à petit, mon corps reprenait vie. Je n'aimais pas penser à l'avenir. La perspective du retour à Naples me faisait frémir. Maria, qui avait dû être mise au courant par Ali, me demanda de rester à Tanger. Elle me dit que, là, je pourrais vivre en toute sécurité. Mais quelque chose en moi me poussait à partir pour en finir avec Piero et ma vengeance. Marco avait son plan. Moi, j'attendais les événements. Je faisais confiance à mon instinct, moi qui en avais tellement manqué !

Nous partîmes un matin. J'avais le cœur serré. Ali m'enlaça et me murmura à l'oreille une jolie phrase :

183

« Tu as rempli ma maison de ta lumière. A présent, elle est vide. Reviens quand tu veux. Je sais tout. Méfie-toi de tous les hommes. Tous. Piero est un mauvais. Il n'aime personne, ni les juifs, ni les Arabes, ni les Africains… Personne. » Il m'offrit un collier berbère et ajouta : « C'est pour te protéger. »

Le retour à Naples fut pénible. Marco était très inquiet. Quelque chose clochait dans ses plans. Moi, je sentais le malheur s'approcher de nous. La peur se lisait sur le visage de Marco, une peur étrange, intérieure, comme un mal qui ronge le foie. Il était pâle, ne parlait presque plus. Dès notre arrivée à l'aéroport, il se mit à téléphoner. Il était en sueur. J'aurais voulu le rassurer, lui dire des choses tendres, mais je savais qu'un drame se tramait autour de nous. Il me déposa à la maison, garda le même taxi et me dit : « Fais attention à toi, fais très attention ! »

Je dormais quand Piero entra dans ma chambre. C'était le milieu de la nuit. Il retira violemment les draps et se jeta sur moi. J'étais toute nue. Il frotta nerveusement son sexe contre mes fesses, mais son érection était faible. Plus il insistait, moins son pénis suivait. Il alluma la lampe de chevet et se mit à me lécher. C'était répugnant. Il bavait et sentait le vin et l'ail. Tout à coup, il s'arrêta. Sur mon sein gauche, il y avait un bleu, trace d'un suçon. Il ne dit rien. Il regarda sous le bras. Il y avait un autre bleu. Il se releva, son sexe était minuscule, on aurait dit qu'il avait été avalé. Il alluma une cigarette et se rhabilla. J'eus vraiment peur. Je me levai et m'enveloppai dans une robe de chambre. Il écrasa sa cigarette et partit en claquant la porte. Je courus dans la salle de bains où j'avais laissé la veille le collier berbère. Il avait disparu. A partir de cet instant, je sus que le message était bien reçu. J'étais soulagée. Il fallait bien que le drame eût lieu. J'étais prête comme un soldat le jour de l'attaque, mais j'étais inquiète et pas très sûre de moi. Je repensai à la phrase d'Ali. Cela me redonna confiance. Comment Piero allait-il réagir ? Tuer tout le monde, puis se donner la mort ? Tuer d'abord Marco, puis moi ensuite ? Engager des tueurs pour nous éliminer l'un et l'autre ? Tout était possible. Il devait préparer son plan.

Marco ne donna plus de ses nouvelles. Était-il en mission ? Se cachait-il ? Piero, calme et froid, m'invita à prendre le thé dans la véranda. J'étais sur mes gardes. Il ne dit mot de ses soupçons. Il me parla d'une mission délicate, c'est-à-dire dangereuse, qu'il devait confier à Marco :

– C'est mon bras droit. C'est le seul en qui j'ai entièrement confiance. Lui, je sais, il ne me trahira jamais. C'est rare de tomber sur un type comme lui. Il me doit la vie et je l'ai bien éduqué. Plutôt mourir que de me trahir. Ça m'ennuie de le mettre sur cette affaire. Ce sont les New-Yorkais qui me l'ont demandé. Enfin, je croise les doigts. Et toi, fais une prière, une bonne prière juive, une prière qui le protégera. Les juifs savent tout ça : ils savent envoyer des ondes négatives comme ils peuvent les arrêter et les changer en ondes positives. C'est un ami marocain qui m'a appris ça. Il les connaît bien, puisqu'il se sent très proche d'eux. Quand il parle des juifs, il dit « mes cousins » !

C'est ainsi que Marco mourut au port sous les balles des carabiniers. Il devait réceptionner de la marchandise. Dès qu'il arriva devant le hangar, les hommes commencèrent à décharger les caisses du camion. Mais la police était là, attendant derrière le véhicule. Elle fit les sommations d'usage pour que tous jettent leurs armes. Une balle partit du camion. Les carabiniers firent feu alors que Marco avançait les bras en l'air.

Oui, on a tué mon jeune et beau Marco. Toi, l'écrivain, t'as l'air incrédule. Quant à toi, Momo, je sais ce que tu vas me dire. J'ai raconté au début n'importe quoi, pour justifier mon arrivée à l'Auberge. L'histoire de Marco gigolo, escroc et mauvais joueur est de la fabulation. Ça aurait pu arriver, mais Marco n'eut pas le temps de me faire du mal.

Après la fusillade, Piero rentra à la maison, fébrile et fier. Il m'annonça la mort de Marco :

— Celui qui portera atteinte à mon honneur n'est pas encore né. Ton petit gigolo est déjà en enfer. Ce joli petit cul doit cramer en ce moment. Il était fidèle, correct, honnête, jusqu'au jour où la juiverie s'en mêla. C'est bien connu, les juifs sont des fouteurs de merde. Toi aussi, tu as suivi les tiens et tu as essayé de foutre ma vie en l'air. A présent, tu vas payer, heure par heure. Je ne te lâcherai plus. L'enfer sera quotidien ; jour et nuit, il sera là, dans cette chambre. Tu n'en sortiras plus jamais. Tu ne verras plus la lumière. J'ai mis au point un programme de réjouissances qui ira crescendo. T'as encore rien vu.

Je ne disais rien. Mes larmes restèrent à l'intérieur. Je sentais ma gorge et ma poitrine irriguées par ces larmes impuissantes à sortir. Tout mon corps les recevait et je me voyais me noyer dans l'eau salée de mon malheur. J'avais vieilli en quelques jours. Mes yeux étaient éteints, ma voix était prisonnière de mon corps. Comme les larmes, elle restait au fond de moi. Je me sentais accompagnée, consolée par tout ce que je retenais en moi. Je ne distinguais plus les choses. Piero avait fermé les fenêtres et tiré les rideaux. Il me semblait l'avoir vu enlever les peintures accrochées au mur, les lustres, retirer les ampoules des lampes. Il hurlait, je ne l'entendais plus. Il allait et venait, une arme à la main. Il parlait de Roberto, mon frère, disant qu'il allait lui donner l'ordre de s'occuper de mon cas : « Un juif tuant une juive, ce n'est pas un crime, c'est juste un petit rituel entre frère et sœur qui forniquent jusqu'à la mort. Ah, c'est bien vrai que vous forniquez entre vous ! » Je ne répondais pas à son délire et pensais que je lui échappais déjà. Cette idée me donna du courage : être hors d'atteinte. Pour la première fois depuis que je le connaissais, je sentis que j'étais juive, pas une juive par héritage, mais une juive qui devait résister pour venger les siens, tous ceux qui furent massacrés par des monstres de la trempe de Piero. Je me sentais aussi arabe, musulmane, exotique, africaine, tout ce que Piero haïssait. Je ne le voyais plus comme un mari trompé et jaloux. Je ne le considérais plus comme un ennemi personnel, intime, mais comme l'ennemi du genre humain. Ce monstre devenait sous mes yeux minuscule, physiquement tout petit, une punaise sombre, un poux ou au mieux un rat famélique, crevant de la peste qu'il portait en lui. Je me levai et lui crachai au visage. Il m'assomma avec son arme. Il vida ensuite les armoires et les tiroirs de tout ce que je possédais : robes, bijoux, livres, cahiers, photos. Il en fit un tas dans le jardin, l'arrosa d'essence et y mit le feu. J'appelai au secours, je me relevai en titubant, je parvins à quitter la chambre. Je vis la femme de ménage devant la porte de sortie. Piero la fouillait. Elle partit en courant. La fumée monta vite dans l'air. Il s'agitait, ajoutait des herbes mortes sur le tas qui brûlait. Au bout d'une heure environ, il n'y avait plus rien. Il était parti. J'étais seule. Le téléphone était coupé, les portes verrouillées. Un peu avant minuit, il revint accompagné de deux hommes, un Américain et un Sicilien. Il me dit :

— Chérie, nos amis voudraient te poser quelques questions sur la femme de ménage qui a brûlé tes habits. Elle est folle, n'est-ce pas?

— Volontiers, dis-je. Ce sont des gens de la police?

— Non, ma chérie, tu sais bien que jamais la police ne met les pieds ici. Non, ce sont des amis de travail.

Le Sicilien, très brun, se tourna vers Piero et lui signifia de les laisser seuls avec moi. Il recula. L'Américain le poussa dehors.

— Je m'appelle Bruno Cavalieri et lui Billy Stonaco, c'est un Américain de la côte est. Il ne parle pas l'italien mais le comprend. Dites-nous ce qui s'est passé. On s'en fout des fringues brûlées, ça arrive même chez des gens bien. Ce qui nous intéresse, madame, c'est la mort de Marco. Vous le connaissiez bien, n'est-ce pas? Ne dites pas non, parce que nous savons dans le détail votre escapade avec lui à Tanger dans la maison d'Ali. Nous savons ce que vous y avez mangé et bu, combien de fois vous avez couché ensemble, ce qu'il vous a fait et dit...

— Qu'est-ce que vous voulez savoir?

— Ce qui s'est passé à votre retour du Maroc. On s'en fout de savoir qui baise qui, mais pas qui fait foirer nos affaires...

Je compris que les gens du milieu ne plaisantaient pas. Je réalisai tout d'un coup que Piero leur avait raconté des mensonges. Sa vie dépendait de moi. Il était évident que, pour se débarrasser de Marco, il l'avait donné à la police. L'Organisation avait perdu des millions et des hommes et risquait de se voir démanteler parce qu'un blessé était entre les mains des policiers et risquait de parler, tout cela à cause d'une vengeance d'ordre strictement personnel.

— A mon retour de Tanger, Marco a disparu. Je ne l'ai

plus revu. Je pensais qu'il se cachait. En fait, tout s'est passé assez vite. Il y a eu cette affaire de livraison au port, Piero a piégé Marco. Pour moi, c'est clair. A présent, j'ai peur pour ma vie. Il a déjà essayé de me tuer. C'est un fou.

— Êtes-vous juive ? demanda l'Américain.

— Oui.

— Savez-vous que Piero della Caza est antisémite et qu'il est un agent d'un mouvement néo-nazi ou néo-fasciste, appelez ça comme vous voulez ?

— Non. Tout ce que j'ai découvert après notre mariage, c'est qu'il n'aime ni les juifs ni les Arabes, et il me torturait à cause de mes origines.

Le Sicilien ouvrit la porte. Je vis Piero, tête baissée, entouré par deux hommes armés.

— Voyez-vous, sa vie est entre vos mains. On se fout qu'il soit raciste ou fasciste. Mais on ne se fout pas du reste, et le reste c'est l'affaire du port, trois millions de dollars partis en fumée, comme ça, parce que cet imbécile est cocu. Il le mérite. Vous avez bien fait de lui foutre la honte.

— Je ne sais pas ce qui s'est passé exactement. C'est lui qui m'a annoncé la mort de Marco. Il est arrivé comme un fou, rouge de colère, et m'a dit : « Il m'a trahi, je l'ai éliminé. »

Ils emmenèrent Piero. Je ne le revis plus jamais.

Telle est mon histoire. Un vrai roman où il y a plus de haine que d'amour. Vous vous demandez comment j'ai atterri ici ? Ce fut simple. Quelques jours après la disparition de Piero, le Sicilien revint me voir :

— Il faut quitter la maison. Elle fait partie des biens récupérés par l'Organisation. On l'a déjà vendue. Vous : pas un mot. Sinon, vous connaissez la règle. Tenez, voici un peu d'argent. Disparaissez. Vous êtes encore jeune et assez belle, vous pouvez refaire votre vie. Heureusement que peu de gens savent que vous étiez la femme de Piero. Ne me demandez pas ce qu'il est devenu. Vous n'avez plus rien à craindre. Là où il est, il ne fait de mal à personne.

Il demanda un verre d'eau glacée. J'allai à la cuisine. Il n'y avait plus de réfrigérateur. Je revins un peu effarée avec un verre d'eau du robinet.

– Ah, j'avais oublié : on a eu besoin de votre frigo. On ne peut pas vous le rendre. Ni le remplacer, puisque vous partez.

J'aimais bien ce réfrigérateur. Il était grand. Je ne m'étais pas rendu compte de sa disparition. J'appris plus tard que des hommes étaient venus le prendre pendant que le Sicilien et l'Américain m'interrogeaient. Après l'avoir vidé, ils y installèrent Piero, pieds et poings ligotés, verrouillèrent la porte à l'aide de chaînes et de cadenas et jetèrent le tout dans la baie, au large de Naples. Ce genre d'exécution est fréquent à la Camorra. C'est ainsi qu'ils règlent les hautes trahisons.

Avant de partir, je fis le tour de cette grande maison de malheur où jamais je ne m'étais sentie à l'aise. Je n'y étais pas chez moi. La poussière s'était accumulée sur les rares meubles et objets encore là. Une fuite d'eau s'était déclenchée dans la salle de bains ; de l'eau partout. Le miroir était triste. Il me renvoyait une image étrange, tantôt rieuse, tantôt cafardeuse. La cuisine était sale : de la vaisselle était empilée ; du pain rassi, des fruits pourris, un cendrier plein de mégots, une assiette ébréchée, des bouteilles en plastique, des serpillières souillées, et à l'emplacement du frigo, de la suie et de la graisse. Sur les murs du couloir, plus aucune toile ; ils avaient tout emporté, vidé la maison pendant que je dormais sous somnifères. J'étais restée au lit plus de trois jours et trois nuits. Je me levais seulement pour aller aux toilettes. Je buvais de l'eau, ne mangeais rien. De toute façon, il n'y avait plus rien à manger. Cette maison, qui avait l'une des plus belles vues sur Naples, n'avait abrité que le malheur et le désarroi. Quelle folie ! Un fou furieux, raciste et pervers, avait amené une victime à domicile. Et moi, aveuglée, j'avais joué ce rôle. Ce n'était pas une maison mais un théâtre pour tragédie de mauvais goût. Marco avait traversé ce décor, une fleur à la boutonnière. Je le voyais comme un romantique, un homme beau, risquant sa vie par amour, pour l'amour d'une femme. Notre amour n'eut pas le temps de vivre. Une gravité baignait ses yeux clairs. Il me serrait fort dans ses bras comme si c'était la dernière étreinte avant la mort. Il m'avait dit un soir qu'il n'avait jamais tué, que son travail consistait à établir des liens entre des personnes. En revanche, il m'avait avoué que Piero était un tueur, quelqu'un qui prenait du plaisir à faire ça et même à torturer ses victimes avant de les achever.

Marco avait entrouvert une fenêtre sur le bonheur, puis il s'était envolé. Je l'avais vu partir, son corps aspiré par le ciel. Je m'en souviens bien. Il riait et flottait au-dessus de la baie. Son voyage vers l'au-delà fut spectaculaire. Je vous le dis parce que, là-dessus, je n'ai pas de doute. Marco s'en est allé, le cœur sur la main. Pas de sang sur le corps. Il a pris son essor avant même qu'on découvre son corps criblé de balles. Je l'ai vu arracher quelque chose, je ne savais pas quoi exactement. Il le jeta. C'était une boule de cristal, scintillant dans la lumière. Marco était magicien. Il se débrouillait mal avec les mots, mais il avait des gestes d'amour. La boule de cristal est dans ce coffre. Quand j'ai envie de revoir Marco, je la sors, l'essuie, me concentre et attends qu'apparaisse l'image de mon bien-aimé. Il est mort jeune, trop jeune. Alors, c'est normal que quelque chose de lui persiste, comme son odeur, son image, le son de sa voix et tous les souvenirs brefs de notre rencontre.

9

— Qu'as-tu Momo ? Pourquoi pleures-tu ? Ce n'est pas la fin du monde, dit la Vieille.

— J'ai de la peine parce qu'on a fait beaucoup de mal à maman…

— Mais c'est ancien tout ça, c'est du passé.

Se tournant vers moi, elle dit :

— C'est la première fois que je raconte mon histoire. Il a fallu que tu viennes à Naples et que tu t'égares dans ce sous-sol, trou à rats, pour que je raconte l'histoire de ma vie.

Momo se leva face à l'ampoule allumée et jura sur ses grands dieux de venger la Vieille :

— Au nom de la savane, du ciel plein d'âmes innocentes, au nom de la pierre noire, de l'arbre millénaire, je m'engage à redonner à maman la lumière dont elle a été si cruellement privée. Je retrouverai ses bijoux, ses robes et même Marco si c'est dans le ciel qu'il se cache !

— Merci, Momo, t'es brave.

Je lui demandai de nous dire comment elle était arrivée à l'Auberge.

— Ça, petit, c'est une autre histoire. Je me sens fatiguée. J'ai besoin de rester seule. Va avec Momo faire un tour. Il pourra peut-être t'aider à retrouver Iza.

Une pluie fine tombait sur Naples. Nous marchions sans dire un mot. Momo était bouleversé. Il marmonnait quelque chose comme des prières ou des promesses. J'avais l'impression que la Vieille m'avait attendu pour se débarrasser de ce fardeau, une histoire lourde et pas banale. Au bout de la via Bernardo Tanucci, une pizzeria était encore ouverte. Momo devait y avoir ses habitudes, car il fut reçu en familier de la maison. Il avala deux pizzas. J'eus du mal à terminer la mienne. Une fois rassasié, il se mit à parler :

— Tu sais, l'écrivain, je viens de découvrir que j'ai vécu des années avec une étrangère. Je ne pouvais pas deviner tout ce qui lui est arrivé. J'ai peut-être réussi à la convertir à l'islam. Elle sait dire « *la Ilaha illa Lah, Mohammed rassoul Allah* ». Répète toi aussi. Je sais que tu es musulman, mais tu causes comme un Européen. Notre pauvre Vieille, ma maman, a souffert. C'est terrible ce que l'homme est imprévisible. Comment repérer un malade, un fou qui tue ? Quand je pense à sa douleur, je pleure. Heureusement que nous sommes là. Nous allons lui faire une fête, une très belle fête comme seuls les Africains savent le faire. On va célébrer son anniversaire !

— Tu sais quand elle est née ?

— Non. Pas besoin de connaître une date de naissance pour fêter un anniversaire.

— Bon, pourquoi pas !

— On plantera au milieu du gâteau une bougie qui fait de la musique. C'est joli, de la musique, des étoiles, des étincelles.

— Oui, très joli, une bougie qui fait de la musique.

Momo jubilait comme un gamin. Il voulait acheter la

bougie tout de suite. J'eus du mal à calmer son impatience.

La Vieille dormait dans son fauteuil, la bouche ouverte. Elle ronflait. Nous la transportâmes dans son lit. Elle ouvrit un œil et nous dit : « Merci, les enfants. Si Marco rentre, réveillez-moi. »

J'avais lâché ma chambre d'hôtel et je proposai à la Vieille de me louer un lit de camp. Elle refusa mon argent. J'achetai des provisions, des cadeaux, des fleurs, du vin. Je faisais partie de la famille.

Quelques jours après, elle reprit le récit de son histoire :

Tout a une fin, même l'enfer.

Je regardai pour la dernière fois la maison où j'avais été malheureuse et me dis : « Je n'y reviendrai jamais. » Deux hommes m'attendaient devant la porte. Je leur remis les clés. Ils me proposèrent de me raccompagner chez Roberto. Je refusai. Je ne pouvais pas donner à mon frère l'occasion de s'apitoyer sur mon sort. Il ne l'aurait peut-être pas fait, mais je me suis souvenue qu'il était avare. Je n'avais pas d'argent à lui offrir pour rester quelques jours chez lui. Il est du genre à t'inviter au restaurant et à te demander de participer quand arrive la note. Une fois, je crois que c'était à Noël, après le dîner, il me présenta la note. Je payai en éclatant de rire. Je n'allais pas risquer de tenter de nouveau la mesquinerie et le malheur. De toute façon, il était malade, un nerf avait pété dans sa tête, il ne pouvait plus bouger les jambes. Non, j'avais besoin de solitude, besoin de me laver le corps et la tête, verser sur mes cheveux un produit spécial pour apaiser mon cerveau. Il faisait beau, l'air était doux. Malgré l'épreuve et le chagrin, je me sentais légère et surtout libre. Je n'arrivais pas à croire à la mort de Piero. Je me retournais pour voir s'il ne me suivait pas. Sa disparition pouvait très bien être une mise en scène. Non, pas de doute, il était bien au fond des mers dans ce frigo américain que j'aimais bien. J'aurais souhaité prévenir les requins de ne pas le dévorer, plus par pitié pour eux que pour lui. Mais pas de risque : le frigo était cadenassé ; jamais son corps ne s'en échapperait. De toute façon, dévoré ou pas, cela m'était égal. J'étais reconnaissante à la Camorra de m'avoir débarrassé de ce monstre.

J'avais une curieuse impression : je marchais dans la rue et je ne sentais plus mon corps. Une mue se réalisait en moi et j'avançais sans me poser trop de questions. Les gens me bousculaient ; je ne les voyais pas. J'avais les yeux rivés sur un horizon imaginaire. Mes pas me menaient vers un lieu que je ne connaissais pas, mais j'étais persuadée qu'ils ne me trompaient pas. J'aurais pu, si j'avais été dans mon état normal, appeler des amis, mais depuis ma rencontre avec Piero je ne les voyais plus. Je les avais tous perdus. Difficile de renouer après une longue absence. Certains avaient essayé de me dissuader de lier ma vie à ce truand. Je ne les avais pas écoutés. J'étais ensorcelée ; je m'entêtais à ne pas douter. Je devais être malade. D'ailleurs, je ne me souviens pas très bien de l'état dans lequel je me trouvais à l'époque. J'étais tombée amoureuse et je ne voyais rien d'autre que le visage souriant de Piero. Je pense que nous avons tous dans notre vie des moments d'absence, un état d'inconscience qui nous gouverne et nous fait faire des choses que nous regrettons ensuite. C'est ce que j'appelle le destin. On n'est pas maître de son destin. Je ne suis pas fataliste, mais il y a un moment où on subit la vie tout en croyant que c'est nous qui décidons. J'avais l'expérience des hommes : mes amants, je les choisissais avec mon cœur et aussi ma raison. Mais là, la raison m'avait désertée. Je pense même que la légèreté dans laquelle je vivais, cette insouciance de l'après-guerre où j'avais oublié que j'étais juive et que mes parents avaient été déportés, devait inévitablement déboucher sur du tragique. On ne peut pas vivre dans l'oubli de ses racines. Tôt ou tard elles vous rattrapent et là ça fait mal.

Je suis incapable de vous dire comment ça s'était passé, mais après deux heures de marche, je me trouvai à l'entrée principale de l'Auberge des Pauvres. Je devinai tout de suite deux choses : au premier étage, quelqu'un était en train de mourir ; ensuite je sus que c'était là que je finirais mes jours. Vous me direz : c'est facile, dans un hospice il y a toujours quelqu'un qui agonise. Oui, mais j'avais eu une vision, l'intuition juste et précise. Je voyais même le visage du mourant. Le gardien crut que j'étais le médecin qu'on attendait. Mais quand il s'approcha de moi, il comprit que j'étais la nouvelle pensionnaire. Il me dit : « Voici ta chambre. » J'ouvris la porte, j'eus un mouvement de recul. Il me poussa en disant : « Vas-y, il n'en a pas pour longtemps, il a plus que jamais besoin de compagnie ! » Ce fut ainsi que je m'installai dans la chambre du mourant. Je passai la nuit à le veiller sans penser que j'allais prendre sa place. C'était un vieil acteur de théâtre qui avait tout perdu au jeu. Il s'appelait Massimo Bene. Voir quelqu'un mourir fut pour moi une excellente introduction dans l'univers de la grande solitude. Je ne protestai pas, acceptai de m'occuper de cet homme agonisant calmement. Pour moi, c'était naturel de me trouver là et de tenir compagnie à quelqu'un qui s'en allait. La mort arrive lentement. Elle commence par les orteils et monte sans se presser jusqu'au cœur. Là, c'est la tête, ou plus exactement la nuque qui se raidit et tout le corps qui s'abandonne. Le vieil acteur eut l'élégance de mourir au lever du soleil. Je lui fermai les yeux et appelai le concierge, qui prit tout son temps pour son petit déjeuner. Le corps fut emmené à la morgue. Deux femmes fortes changèrent les draps, lavèrent par terre, éparpillèrent un désinfectant dans la minuscule salle de bains, me souhaitèrent bon voyage et s'en allèrent. Elles avaient raison de parler de voyage. Je me sentais partir vers un pays étrange et lointain, comme si j'étais en bateau. D'ailleurs, j'eus le mal de mer. Les premiers jours, je vomissais. Je marchais en me tenant aux murs et je disais à tout le monde que la tempête était dure. Personne ne me contrariait. Les gens étaient indifférents. Pourquoi s'arrêteraient-ils devant une femme souffrante, qui n'était même pas de leur âge ? J'étais la plus jeune ou, si vous voulez, la moins vieille de l'Auberge.

La première nuit, je me lovai dans le creux laissé par le mort. Les lits étaient en piteux état. Tout se déglinguait. Je me persuadai que ce lit était une tombe, un trou mal dessiné, avec la promesse que la terre se refermerait sur moi au milieu de la nuit. La mort devait être semblable à ce sentiment où plus rien n'a d'importance. Je n'avais plus peur de rien, ni de personne. La mort était apprivoisée par ce goût défait de la solitude. Je dormais sans me soucier de ce qui pourrait m'arriver. J'étais délivrée. Aucun problème de sommeil, moi qui, avant d'arriver dans ce paquebot rouillé, me bourrais de somnifères et de calmants. Je ne faisais pas de rêves, puisque les morts ne rêvent pas. Je savais que, de l'autre côté de cette avenue, la mer était calme, sans vagues, scintillante et belle, prête à m'emporter loin, très loin des fonds où Piero pourrissait enfermé dans le frigo…

Depuis cette nuit-là, j'ai vieilli, je n'ai pas cessé de vieillir, j'ai grossi et j'ai oublié de me laver. Je suis devenue une terre sèche et aride, un cœur blessé, une eau saumâtre, un figuier sauvage sans fruits, une colline de détritus, une plante brûlée, un buis abandonné tout jauni à l'intérieur, une feuille de papier gras, un livre illisible, une voix tapie au fond d'un puits dans un pays sans nom, une écorce amère, un miroir éteint, une vieille pierre infiltrée d'eau et de sel, une algue accrochée à des souvenirs pleins de mouches, des souvenirs fatigués d'être là, ancrés chez une vieille femme qui n'a plus sa tête...

– Si toi t'as plus de tête, moi suis foutu ! dit Momo.

– Non, Momo, nous avons de beaux jours devant nous...

– Alors, maman, bénis-moi. J'ai besoin de sentir ta main sur ma tête, j'ai chaud, j'ai peur, toi seule peux m'apaiser.

Momo mit sa tête sur les genoux de la Vieille et pleura longtemps pendant qu'elle lui chantait une berceuse africaine. Ils étaient émouvants. La Vieille portait le peignoir rouge tout déchiré ; ses gros seins étaient à moitié découverts. De temps en temps, Momo, sans relever la tête, les caressait. A un certain moment, il téta comme un enfant qui a faim. La Vieille avait les jambes écartées et essuyait les larmes du colosse qui avait besoin d'affection. Le silence était pesant. Je me levai à la recherche d'un verre d'eau. Je n'étais pas gêné mais je ne savais pas quoi faire. Cela me rappela un tableau vu en reproduction dans un livre d'histoire : une belle jeune fille, les cheveux attachés, les joues roses, le regard dirigé vers les grilles d'une fenêtre de prison, donne le sein à un vieillard, un homme famélique aux cheveux gris et aux yeux exorbités. C'est l'illustration de la charité romaine : le vieux était condamné par les

Romains à mourir de faim en prison. Sa fille lui rendait visite chaque jour et lui donnait le sein pour le nourrir.

Dans ce hangar, une vieille donnait le sein à un homme en bonne santé. Ni lui ni elle ne connaissaient ce tableau. J'appris plus tard qu'il est au Louvre, qu'il a été peint vers 1630 par Charles Mellin, dit le Lorrain. La copie de cette toile faisait partie de la collection de Louis XIV.

Un chat pénétra dans le hangar. On entendit les bruits des souris et des rats pris de panique. Momo sursauta. La Vieille s'était assoupie. J'en profitai pour glisser dans l'oreille de Momo le mot « anniversaire ». Il fit deux ou trois mouvements de danse, s'essuya les yeux, prit une feuille de papier et un crayon. Je lui fis signe de sortir. On s'attabla dans un café via Foria. Très appliqué, Momo notait avec beaucoup de fautes d'orthographe ce qu'il fallait acheter. Il écrivait les mots comme il les prononçait. Il s'arrêta :

— Et si on invitait Princesse Malika ?

— Pourquoi pas ? Et Gino, le pianiste, et Marcello le forgeron, et aussi Iza, ma correspondante d'amour disparue…

— On le dira à tout le monde, la Vieille mérite une grande fête.

— Auparavant, il faut ranger le hangar.

— Elle ne voudra pas. J'ai déjà essayé. Elle aime son désordre et croit que la poussière est bénéfique pour les objets.

— On demandera à Gino de jouer un morceau de musique.

— Sur notre piano ? Ça fera plaisir aux rats ! Gino vit chez le forgeron. Il a écrit son histoire et te cherche pour te la donner à lire. Tu es écrivain, tu vas corriger ses fautes…

Pour la fête, Momo s'était déguisé en Blanc. On aurait dit qu'il était tombé dans un sac de farine. Il portait une perruque de cheveux raides et parlait presque sans accent. Princesse Malika arriva avec sa cour. Que des jolies femmes. L'une d'elles, portant sur l'épaule un grand transistor, avançait selon le rythme de la musique. Gino mit un costume fripé plus grand que lui. Il était ému. Dès qu'il m'aperçut, il me fit signe de m'approcher et me tendit un cahier. Il avait composé quelque chose. Je ne sais pas lire les notes. Il me dit qu'après la sonate il y avait un texte : « Ce sont les souvenirs qui se racontent, se souviennent et bercent le présent. » La Vieille ne fut pas étonnée de voir ce monde débarquer chez elle. Elle crut que Momo avait reçu ses papiers de séjour et qu'il fêtait l'événement. Princesse Malika avait apporté une caisse de vin, Gino une bouteille de champagne, Momo s'était occupé du gâteau et de la bougie qui fait de la musique, et moi j'avais commandé des pizzas et des plats de pâtes.

La Vieille était en fait abasourdie par cette fête impromptue. Momo la serrait souvent dans ses bras. Il avait bu ; il chantait et dansait. Quand il entra en transe, il évoqua l'histoire de la Vieille :

– Ma maman juive que j'ai convertie à l'islam a perdu son amour, mais m'a trouvé. Elle m'a adopté et je l'aime. Je l'aime et ne vis que pour elle. Elle m'aime parce que je suis idiot. La famille s'est agrandie : après le pianiste, nous avons parmi nous un écrivain. Il ne manque plus qu'un banquier, mais les gens de l'argent n'ont pas de cœur et ne viendront jamais se joindre à nous. Il nous manque un saltimbanque. Je suis un clown, un clown tout noir passé par la farine d'America. Ô ma maman, ô mon trésor, ma vie, mon souffle, ma montre, mon chapelet, ma grand-mère, ma sœur, mon amour, ma musique, mon auberge, mon Afrique, ô ma vieille, je te ferai revenir, ô ma vie, mon hangar, ma drogue, mon rêve… Viens, lève-toi, viens danser, plus fort la musique. Ô filles, ô vous, les filles, venez vous agenouiller devant une sainte, venez, vos péchés seront effacés…

Gino tapait des mains. Le forgeron aussi qui regardait ce mélange de couleurs et de chants. Avec le départ de Princesse Malika et sa cour, la fête prit fin. Gino se mit à fumer du hachisch que lui préparait Momo. Moi aussi, je fumai. La Vieille dormait, un sourire aux lèvres. Elle sentait mauvais. Nous nous regardâmes et comprîmes qu'elle avait fait sous elle. Momo nous repoussa et se chargea de faire sa toilette. Je n'avais pas sommeil, Gino non plus. J'avais rarement vu un homme aussi maigre. Nous fîmes quelques pas autour de l'Auberge. Il me marmonnait sa sonate. J'imaginais ce que cela donnerait joué sur un piano bien accordé. Il avait sans doute envie de parler de son amour pour Idé, il me dit avoir constaté que le temps ne tuait pas l'amour.

10

Gino :

Plus le temps passe, plus je pense à Idé. Elle m'accompagne partout. Mon cœur est brisé et retient prisonniers l'image, le corps, l'âme de cet amour. C'est ridicule un homme qui parle comme ça. Un homme amoureux est souvent ridicule, surtout quand il a été quitté, quand il a tout perdu. Moi, l'artiste, je déguste ma décadence heure par heure. Pas le droit de chialer. Rien à foutre d'être présentable. J'aime bien l'Auberge parce que plus personne veut être présentable. Idé est là, dans ma tête. Je marche dans la rue et j'arrive à mettre son image sur d'autres femmes. C'est bien comme ça. Je sens revenir l'envie de composer. Le boulot chez le forgeron me fait du bien. Mes mains travaillent. Ça me libère. J'aurais préféré un menuisier. Mais j'ai pas eu le choix ; ça se trouve pas à l'Auberge. Et quoi encore ? Moi, j'aimerais être boulanger à l'Auberge. J'adore l'odeur du pain chaud. Tu sais, ma famille est persuadée que je suis fou. Elle ne me parle plus. On parle pas aux fous, ça m'arrange, j'aime bien être seul, surtout qu'Idé n'aime pas qu'on nous dérange. Le soir, après ma toilette, je me mets au lit dans la petite chambre que me prête le forgeron ; quand je sens que la solitude est proche, je convoque Idé. Convoquer, ça fait administratif, disons que je lui demande avec insistance et fermeté de me rejoindre. Faut dire que c'est pas facile. Faut penser fort, fort, fermer les yeux, tendre les bras, elle vient une fois sur deux, mais elle vient, je te jure, tu me crois pas, t'es comme ma famille, pas crédule, tu verras quand tu seras amoureux à vie, comme moi, incurable, tu verras que les choses ne sont pas faciles faciles, si tu penses pas fort fort à elle, elle vient pas, normal, une si belle femme a des exigences, elle se déplace pas comme ça avec juste ton envie, ta grande envie, elle s'en fout de ton envie, ce qu'elle veut, c'est arriver pour te surprendre, comme un rêve, oui, Idé arrive comme un rêve, au début tu vois flou, après ça se précise, ça devient très clair, net net, elle arrive après avoir traversé les océans, la ville, les tunnels, tout, puis elle se glisse dans mon lit, oui, dans le tout petit lit qui grince, elle arrive soit trempée, soit glacée, parfois les deux, moi, mon plaisir c'est de la réchauffer, ah, lui donner de la chaleur, c'est formidable, je suis une source de chaleur inépuisable, c'est ça l'amour, je la réchauffe méthodiquement, elle aime ça, je commence par les mains, je les frotte contre les miennes, ensuite je prends ses pieds et je les frotte énergiquement, le lit est étroit, c'est bien et pas bien, un lit étroit ça arrange le réchauffement, on se colle l'un contre l'autre, nus, tout nus, après les pieds je m'occupe des jambes, je les remonte et je m'arrête aux fesses, elles sont fraîches, toujours fraîches les fesses d'Idé, c'est comme ça, pour moi c'est une source d'eau claire et froide, elle se met à plat ventre, je mets ma tête entre ses fesses et je souffle, je lui envoie toute la chaleur que je porte en moi, y en a pas mal, plus le temps passe, plus la chaleur se condense, elle adore que je souffle dans ses fesses, ça la fait rire, alors je prolonge le réchauffement par des caresses, ma langue, tu vois cette langue si rouge, si fine, elle est devenue experte en caresses intimes, je m'occupe ensuite du dos et surtout des reins, là je l'embrasse millimètre par millimètre, je n'oublie rien, c'est long, c'est lent, c'est bon, elle aime que ma bouche se promène lentement le long de son dos, mes mains accompagnent cette promenade, une fois réchauffée, elle se met sur le dos, là je tombe par terre, normal, il n'y a de place que pour un, elle est sur le dos et elle m'accueille avec ferveur, avec tendresse, avec amour, j'aime être sur elle et regarder le vert de ses yeux, ah, mon ami, une femme amoureuse ça se voit dans les yeux, les siens sont graves, plus graves que toi et moi, une nuit elle a pleuré, oui tu me diras les femmes pleurent souvent, oui elle a chialé, je sais pas pourquoi, elle m'a demandé de la serrer très fort et me faisait jurer de la protéger, moi j'ai juré, toi aussi tu aurais juré, normal, une belle femme qui pleure et te demande de la protéger c'est grandiose, j'ai juré et je continue de la protéger même quand je sais pas où elle est, c'est ça l'amour, je pense qu'une blessure lui fait mal, faut être doux, ne pas brusquer, ne pas faire de gestes violents, quand nous faisons l'amour j'aime lui parler en portugais, j'avais appris il y a longtemps des phrases érotiques au Brésil, je les lui récite et elle aime, ça l'excite, ça doit lui rappeler un amour brésilien ou portugais, je crois qu'elle est un peu de là-bas, elle connaît plusieurs langues, moi je répète des mots et elle les reçoit comme un message érotique puisque ça lui donne du plaisir, c'est devenu un rituel, dès que je prononce le mot *foda*, elle réagit, se cambre, m'attire vers elle et me prend en entier, l'autre jour, c'était dimanche, j'étais triste et sans énergie, je me suis dit : ah si Idé était là, je revivrais, je me suis mis au lit, j'ai fermé les yeux et chantonné une de mes sonates, mes pauvres sonates s'ennuient sans moi, sans être jouées elles périssent, j'ai peur de ça, j'étais parti dans ce voyage, je pensais pas qu'Idé allait surgir en ce soir terne et sans espoir, et pourtant elle vint, oui elle, en personne, tu me crois pas, t'as raison, c'est trop beau pour être vrai, c'est incroyable tout ce que je te raconte, mais fais comme tu veux, tu me crois ou tu me crois pas, mais sache que moi j'y crois, la preuve, j'ai encore les traces de ce que j'ai vécu cette nuit-là, tiens, regarde, là sur mon cou, il y a la trace d'une morsure, une morsure d'amour, tu vas pas me dire que c'est une taupe qui m'a mordu pendant mon sommeil, non je dis ça parce que ma famille et mes amis croient que je suis fou et ne m'écoutent pas quand je parle, ils disent qu'ils me plaignent, suis pas à plaindre à partir du moment où Idé me rend souvent visite, elle vient et nous vivons des heures merveilleuses, c'est pour ça que je suis à l'Auberge, elle aime ça, ça l'excite de faire l'amour dans un tout petit lit, dans une chambre minuscule avec un homme maigre mais très amoureux, pas de mystère, les femmes aiment l'amour, donc Idé est arrivée, habillée d'une robe en lin transparent. Elle entra dans la chambre et fit un grand sourire, je me levai en me frottant les yeux, c'était bien elle, elle ne portait rien sous la robe, pas de culotte, pas de soutien-gorge, rien, ça se voyait, elle me demanda de lui retirer sa robe, je me mis à genoux et mis ma tête contre son pubis, il sentait le parfum de l'amour, quelle merveille, quelle senteur paradisiaque, tu sais, ce parfum unique au monde et qui n'est jamais le même d'une femme à l'autre, non, tu sais pas lequel ou tu fais semblant de ne pas savoir, bref elle sentait le musc, la beauté, la bonté, la vie, voilà c'est le parfum de la vie, le parfum du bonheur, c'est naturel, c'est pas un truc avec lequel on s'asperge, non le parfum de l'amour c'est une fleur écrasée entre les lèvres du vagin et qui donne la vie à la vie, la vie à l'amour, si tu veux t'enivrer avec ce parfum, tu t'approches lentement du sexe de l'aimée – faut que tu sois amoureux –, tu le salues respectueusement en posant un baiser simple, doux, sur le clitoris, puis tu te places bien en face des lèvres, tu sors ta langue et tu touches à peine le clitoris, là, petit à petit tu t'abreuves du musc de la vie, faut pas forcer ou être violent, tout est dans la subtilité, la douceur dans les caresses, de la tendresse et de l'amour, voilà comment Idé m'a appris à boire lentement dans son ventre, c'est pour ça que je me réfugie dans un trou à rats, là personne me dérange, avec Idé nous passons des heures longues et belles… Ah, tu veux que je continue à raconter ! Petit curieux, que veux-tu, l'amour a ceci de formidable, quand on est heureux, on voudrait que les autres le soient aussi, j'y peux rien, c'est ainsi, tu sais qu'à mon âge j'ai retrouvé une énergie sexuelle que je n'avais plus, c'est ça l'amour, il te donne des ailes, de la force, de la puissance et bien sûr du plaisir de plus en plus fort. Nos corps s'aiment, ils ont été conçus pour se rencontrer, pour se frotter l'un contre l'autre, pour s'interpénétrer, nos peaux sont amies, complices, complémentaires, elles se plaisent côte à côte, elles communiquent des désirs et des plaisirs étonnants, si t'as pas connu ça, t'as rien connu, mon vieux, tu sais c'est comme la création, quand je composais, mon corps exultait, il était irrigué par une semence qui lui donnait de la vie, de l'audace, de l'imagination, il était libre, faire l'amour est une façon de créer, d'écrire, de composer, j'ai mis du temps avant de me rendre compte que l'amour d'Idé n'existe que si je continue à faire de la musique, pas de musique, pas d'amour, enfin c'est pas systématique, ce que je veux te dire, c'est l'amour d'Idé qui nourrit ma création, bien sûr, après chacune de ses visites, je me mets au travail, c'est pas ma muse, elle est plus qu'une muse, elle est création… tu m'écoutes ou pas ? T'as l'air absent… à quoi penses-tu ?

– Je pense à Iza. C'est curieux. Nos deux histoires ont quelque chose de commun. La nostalgie. La différence entre nous, c'est que toi, tu as vécu avec Idé, quand tu la convoques dans ton trou à rats, tu sais à quoi elle ressemble, moi, Iza, je ne la connais que par l'imagination, nous nous sommes écrit, nous nous sommes parlé au téléphone, puis plus rien. Je la cherche. Je suis à Naples pour elle et grâce à elle. Mais je ne sais pas où elle est. A force de la chercher, j'ai fini par en faire une image, je sais comment elle est, elle est aussi élégante qu'Idé, a les yeux verts, c'est une gazelle un peu plus grande que moi, a une chevelure épaisse toute bouclée, a des seins de la taille de la paume de mes mains, un ventre plat et un pubis au parfum du paradis… Je n'en peux plus de rêver, d'accumuler des images sur d'autres images comme si Iza n'était qu'un être en papier, comme si elle n'avait jamais existé. Mais son image se précise de plus en plus. Elle a la passion de l'absolu, elle est exigeante, belle et souveraine. Je l'ai voulue ainsi. Je l'invente, mais au fond c'est elle qui me dicte les traits de son image. Elle m'habite, c'est normal qu'elle intervienne dans la manière de me la représenter. Je ne sais pas si tu as un jour vécu un amour imaginaire. C'est fou. On finit par tout confondre. Mais en t'entendant parler, je voyais Iza, je sentais que je pouvais la mêler à ton histoire, toi tu évoques Idé et je vois Iza. La différence entre toi et moi, c'est que jamais je n'aurais osé amener Iza dans ce hangar. Elle n'aimerait pas. Moi, je l'emmène dans des endroits de rêve, forcément, puisque je la rêve. Quand on arrive dans un de ces lieux magiques où la nature communie avec nous, je sens son corps brûler de désir. Sa beauté, assez insolente, me met dans tous mes états. Elle arrive toujours avec l'amour et le désir dans le corps. Sa façon de marcher, de parler, de me toucher : tout invite à l'amour. Elle s'habille de manière que le corps soit une fête, elle porte des robes moulantes, parfois transparentes.

– Mais t'es sûr que tu rêves ? C'est fou ce que tu confonds la réalité avec ce que tu inventes. C'est peut-être une manie des écrivains…

– Ah, mon ami, heureusement qu'il nous arrive d'abolir les frontières entre le jour et la nuit, entre la vérité et le mensonge.

– Excuse-moi, mais je ne suis pas un menteur !

– Bien sûr, tu ne mens pas, moi non plus, mais de nos rêves nous faisons des maisons ouvertes et hospitalières, nous nous invitons dans ces demeures où tout est possible.

– Tu dis ça à cause de l'amour ?

– Oui, c'est ça, je sais, nous sommes fous, tu as raison, mais nous aimons notre folie. Grâce à toi, je parle, je dis ce que je garde secret dans mon esprit, je n'oserais pas le dire à la Vieille et encore moins à Momo, toi, tu me comprendras mieux que les autres. Ah, mon ami, mon complice, nous les aimons les femmes, nous les adorons, nous les mettons au-dessus de nos mères et de nos principes. Elles veulent toutes notre perte, mais nous leur pardonnons parce qu'elles nous aiment mieux que nous ne les aimons. Ce que tu m'as raconté est beau. C'est Idé qui invente et alimente ton désir. C'est elle qui l'habille, en joue et le fait vivre jusqu'à l'orgasme. Je suis certain que chez moi aussi, c'est Iza qui me mettra sur le chemin de la plus grande jouissance.

Je l'ai désignée comme maîtresse de l'amour aimant sans entraves et du plaisir célébré au sommet de nos désirs. Il faut que je te raconte une de nos dernières rencontres.

– Donc ce n'est plus du rêve !

– Il faut cesser de se demander si c'est du rêve ou de la réalité. Il faut me croire comme moi j'ai cru tout ce que tu m'as dit. Ça reste entre nous. Alors, t'es prêt ? Prêt pour le voyage ?

– Je suis toujours prêt pour écouter une belle histoire. J'ai besoin de quelque chose qui m'enchante et qui m'éloigne de la tristesse où je vis. Allez, raconte, je t'écoute.

– C'était l'été, le début de l'été, Iza me donna rendez-vous dans un petit village en Sicile, dans une toute petite maison sur un rocher donnant sur la mer. On l'appelait « la maison du jardinier », car elle était pleine d'outils de jardinage, c'était un débarras oublié par les propriétaires. On aurait dit une maison faite pour l'amour. Il y avait un matelas par terre, une bougie de chaque côté du lit, une petite table, des bacs de fleurs, des corbeilles pleines de citrons et surtout des fenêtres d'où on pouvait voir la mer. Iza aimait se mettre toute nue et regarder la mer, loin de la ville. Elle détestait Naples à cause du bruit. Je suis arrivé en fin d'après-midi. J'avais marché longtemps. Je vis Iza, allongée sur une chaise, toute nue, lisant un livre, je crois que c'était *Ada* de Nabokov. Sur la route, je m'étais arrêté et j'avais acheté une petite corbeille de figues fraîches que vendait un paysan du coin. Ah ! les figues ! C'est mon fruit préféré. Je perds la tête quand j'en mange. Dis-moi, Gino, aimes-tu ce fruit du paradis ? Si oui, que t'inspire-t-il ?

– Évidemment que je l'aime. Quand on était gosses,

on appelait « figue » le sexe de la femme. On le mangeait goulûment en pensant qu'on mangeait le fruit défendu de la femme. A l'université, on nous a fait étudier *Les Nourritures terrestres* d'André Gide. J'avais appris par cœur le poème des figues, écoute :

> *Je chante la figue, dit-elle,*
> *Dont les belles amours sont cachées*
> *Sa floraison est repliée.*
> *Chambre close où se célèbrent des noces ;*
> *Aucun parfum ne les conte en dehors.*
> *Comme rien ne s'en évapore,*
> *Tout le parfum devient succulence et saveur.*
> *Fleur sans beauté ; fruit de délices ;*
> *Fruit qui n'est que sa fleur mûrie.*

> *J'ai chanté la figue, dit-elle,*
> *Chante à présent toutes les figues.*

– Quelle mémoire ! C'est bon, je continue. Lorsque Iza vit la corbeille de figues, elle déposa le livre qu'elle lisait, vint vers moi, m'embrassa dans le cou et m'entraîna sur le lit. Ce fut elle qui me retira mes vêtements. Elle a un de ces culs, un cul souverain, harmonieux, grandiose et aimant ! Je le prenais avec gourmandise. Je le dévorais. Ce jour-là, je n'ai pas pu résister à la tentation d'écraser une bonne figue, bien mûre, entre ses fesses et de la manger comme un enfant affamé. Ce n'était qu'un début. D'autres figues furent écrasées entre ses seins, entre ses cuisses, entre ses lèvres. Du miel coulait sur son corps. Nos sexes étaient lubrifiés par ce miel granuleux. Ce fut un festin. Elle aussi écrasa quelques figues sur moi et les avala avec la même impatience, le même appétit. Je la bourrais de fruits. Notre jouissance atteignit des sommets. Nous étions sur une autre planète, plus rien ne comptait, plus rien n'existait que nous deux dans cette petite maison suspendue au-dessus de la Méditerranée. Depuis ce jour-là, je ne peux plus voir une figue, qu'elle soit verte ou brune, petite ou grosse, ferme ou mûre, sans bander. Mais je n'en mange plus, car manger seul des figues n'a pas de sens, c'est comme si je me masturbais. Ce fruit a été créé pour les amants, pas pour un quelconque dessert en fin de repas.

– T'as vécu tout ça ? Tu imagines, c'est ça, t'inventes, mais c'est comme si tu l'avais vécu, j'ai toujours envié les écrivains, ils imaginent ce qu'ils veulent et font croire que c'est vrai. Qu'importe, c'est crédible, ton histoire, je vois tout à fait la petite maison sur le rocher, je vois aussi le corps sublime d'Idé ou d'Iza, ce sont des sœurs jumelles, dans ce lit en train de s'envoyer au paradis… A la prochaine visite d'Idé j'essaierai les figues. Malheureusement, ce n'est pas la saison. Je me fierai à l'imagination d'Idé. Les femmes ont plus d'imagination et d'audace que nous. Écoute ça : une fois, Idé est arrivée dans ma chambre un bandeau de tissu noir sur les yeux. Elle me dit : « Prends-moi aveuglément, prends-moi de toutes tes forces, fais-moi l'amour, ne dis rien, laisse-moi la surprise, ordonne et j'obéirai, je suis tienne, je suis à toi, dans le noir je ne vois que toi, déshabille-moi et ne me dis surtout pas ce que tu fais, laisse-moi deviner ce que tu vas me faire, surprends-moi, mon amour, t'es mon amour, n'est-ce pas ? Toi, Gino, l'amour, Gino le pianiste, t'es mon bandit, mon brigand, celui qui me dévore, m'écrase et me libère, ô mon amour, j'aime ton souffle quand il s'approche de ma nuque, j'aime ton sexe quand il se dresse et frôle mes lèvres, Gino, viens, et prends-moi à ta guise, je suis ta chienne. »

J'étais troublé. Ces mots chuchotés m'avaient mis dans un état d'excitation brûlante. Son corps était chaud. Je n'eus pas besoin de réchauffer ses mains, ses pieds, ses fesses. Elle tremblait de désir. Quand je lui ai retiré son bandeau, j'ai découvert des yeux pleins de larmes. Elle était heureuse, émue par l'amour que je lui porte, en même temps elle était contrariée parce qu'elle savait que jamais nous ne vivrions comme un couple normal. Ah, mon ami, je me moque pas mal de former un couple dit normal. J'ai connu ça. J'ai été marié. Ma femme, brave et sensible, m'aimait beaucoup. Je ne lui appartenais plus. Elle était malheureuse parce que je partais souvent, je voyageais pour mon métier. J'avais des aventures brèves et sans importance. J'en avais assez de cette vie dite normale. Quelque chose me manquait. Cela se ressentait dans ma musique. J'avais fini par renoncer à la vie, à l'amour, j'étais devenu un homme convenable et un artiste respectable. Ma vie allait sans secousses, sans vagues. Je ne pouvais même pas en vouloir à ma femme ; elle était irréprochable. Et vint Idé. Elle fut envoyée par le destin. Elle m'a barré la route. Je tombai pieds et mains liés dans cet amour que je n'espérais plus. Je tombai dans l'amour en m'élevant vers des cimes, j'étais aspiré vers le haut, vers la vie, aspiré par Idé. Je rajeunissais, je me sentais meilleur, inventif, disponible, prêt à aller loin, c'est-à-dire à vivre enfin. J'ai rencontré à cette époque le grand pianiste Arturo Benedetti Michel-Angeli. Il jouait comme un dieu. Il s'ennuyait. Il n'y avait pas d'émotion, pas de surprise dans sa façon de jouer. Nous avons parlé musique, mais j'avais la tête ailleurs, je me disais que si j'avais continué à travailler sans relâche, peut-être que je serais devenu un Michel-Angeli, mais l'amour était plus important. Il me dit : « Vous êtes amoureux ? Si c'est oui, alors n'hésitez pas, vivez cet amour, votre musique s'en ressentira, elle sera meilleure si cet amour est vrai et beau ; si vous perdez cette occasion, vous passerez le restant de votre vie à le regretter. Les regrets, c'est négatif, ça n'apporte rien de bon. » Aujourd'hui, je ne suis plus rien ou presque plus rien. Je dis ça parce que, malgré tout, j'ai réussi à composer une sonate. Je ne sais pas ce qu'elle vaut, mais je l'ai composée avec mon âme, avec mes tripes, avec les fibres meurtries de mes souvenirs. Je ne sais pas où se trouve Idé au moment où je te parle. Elle est partie et m'a laissé. Ma souffrance est devenue plus supportable grâce à mon pouvoir d'imagination. Ce qui me fait encore mal, c'est qu'Idé m'a tant donné en si peu de temps et je n'ai pas réussi à lui offrir tout ce qu'elle mérite. Je comprends qu'elle soit partie, me laissant vivre avec mes chimères. Je vis avec des choses abstraites. Démuni. Abandonné. Foutu, quoi ! Oui, je suis foutu. Je fais semblant de vivre. Je perds les choses. J'ai peur de perdre la mémoire. Si ça m'arrive, je me flingue. Oui, plus de raison de vivre, mais est-ce que je me souviendrai au moins de cette promesse : me flinguer si mes souvenirs m'abandonnent ? Faut que je l'écrive, là, sur ma chemise. Ou alors, tu me le rappelles, tu me promets ? Dis-moi que tu me promets de me le rappeler... A l'Auberge, j'ai pris conscience de tout ce que j'ai perdu par ma faute. J'ai été précautionneux, je voulais ménager les uns et les autres, or l'amour est une tornade, une superbe bourrasque qui n'a que faire des petits arrangements, c'est parce qu'Idé ne voulait pas que notre amour tombe dans une mare de médiocrité qu'elle a disparu. Je la comprends. Elle a eu raison. C'est ça mon malheur. A présent, je suis prêt, j'ai tout abandonné, j'ai tout laissé dans l'état, je me sens neuf. Idé peut revenir,

revenir vraiment. Je sens que la musique me récupère. J'ai enfin compris que vivre n'a rien à voir avec ces misérables petites ou grandes concessions, ces compromis minables qui instaurent l'hypocrisie entre les gens, et le pire c'est qu'ils s'en contentent. Ça ne les gêne pas d'avoir une vie étroite, petite, sans envergure, sans folie, sans poésie. L'Auberge est une bonne école. Je suis devenu un autre. J'ai mis du temps pour traverser ce désert ou ce tunnel. Je dirai « tunnel » parce que le sous-sol de l'Auberge est dans les ténèbres. Les enfants ont cassé les ampoules. Le problème, c'est que le temps a fait son travail. Pour moi, Idé est toujours la même, immuable, éternelle, une statue du temps arrêté qui n'attend qu'un chant, une belle sonate pour se réveiller, pour ouvrir les yeux et avancer vers mes bras tendus. J'ose croire qu'Idé est là, toujours aussi éblouissante. Cet amour est une grâce ; j'ai vécu dans son souvenir, dans son espérance. Qu'il vienne, qu'il revienne, qu'il se manifeste, qu'il me couvre de son manteau comme si j'avais froid, qu'il me donne à boire, je me mettrai à genoux et attendrai que mon embellie vienne m'offrir la fontaine, la source d'un amour qui me dira que je suis vivant, enfin vivant avec ma musique, mes passions, mes rêves descendus dans la rue et jouant à se dissimuler derrière une procession de fausses bonnes sœurs enivrées par le désir de faire l'amour dans la cathédrale silencieuse, avec toute la folie qui accompagne une si longue attente.

Plus Gino parlait de son amour pour Idé, plus je me reconnaissais dans son délire et ses hallucinations. Peut-être que tous les amoureux du monde parlent la même langue, exaltent les mêmes beautés, célèbrent les mêmes rites dans le même corps. Gino était possédé comme je le fus, sauf que moi je n'avais rien vécu physiquement. Depuis qu'il s'est confié à moi, je repense avec une belle intensité à Iza. Le visage de l'amour est partout une embellie, une prairie ouverte sur le ciel, une mer scintillante et lisse qui donne à l'aimée le bleu ou le vert de ses yeux.

Je sais que je passerai la nuit à attendre Iza comme le pauvre Gino attend Idé. Lui est persuadé qu'elle vient lui rendre visite à force de penser à elle. Moi, je reste lucide, enfin je crois être lucide. Je l'attendrai sans illusions. Gino a peut-être de la chance de croire à ses rêves. Il a raison. Ainsi, il est moins malheureux. J'ai compris en le regardant que la passion est une destruction exquise, une volupté de mourir, de chuter dans le néant après avoir été compagnon des cimes.

Je lui pris le bras, très maigre, et nous fîmes quelques pas en direction de l'entrée de l'Auberge. Tout à coup, il s'arrêta, me regarda droit dans les yeux et me dit :

— C'est l'histoire d'un pauvre homme qui a les épaules affaissées, le dos courbé et la tête pleine à craquer de rêves et de débris de rêves. Je suis cet homme comme je serai un jour tous les hommes.

Je le raccompagnai jusqu'à sa chambre. Il me raconta l'histoire de sa mère morte de tristesse après avoir été envoûtée par un marabout d'Éthiopie. Encore une fabulation ? Sans doute. Gino était lui-même une fable, un conte à verser dans un autre conte et ainsi de suite à l'infini.

Dans le hangar, je trouvai Momo dormant par terre aux pieds de la Vieille qui ronflait comme d'habitude. Il y avait aussi un chat, un chien et un lapin. Sans faire de bruit, je m'étendis sur le lit de camp et me mis à penser à Iza. Des images défilèrent lentement devant moi. Elle était nue. Elle adorait rester nue. Je lui demandai de se couvrir. Elle refusa et se fâcha :

— Mon corps est bien fait, je le trouve beau, pourquoi le cacher, surtout quand tu es là ?

— Mais, mon amour, un peu de mystère ne fera pas de mal à notre amour.

Elle acquiesça de la tête et enfila une gandoura maro-caine. Je devinais ses formes et cela m'excitait beau-coup.

Ma nuit fut pleine d'elle.

Le matin, les cris de Momo me ramenèrent à la bien triste réalité.

Je repensais à Gino et à l'étrange coïncidence entre Idé et Iza. Quand il parlait d'Idé, j'imaginais Iza, je la voyais presque. Il décrivait Idé avec les mêmes traits que ceux que j'utilisais pour dessiner l'image d'Iza. Gino avait trouvé une sorte d'apaisement ou même d'équilibre dans son univers fantasmatique. Il se conten-tait du souvenir et ne souffrait plus. Peut-être même que si Idé réapparaissait réellement dans cette chambre minuscule sans confort, il prendrait peur et s'enfuirait. Certains se satisfont de l'enveloppe des choses, s'arran-gent pour ne plus affronter la vie.

J'eus peur de devenir comme Gino. Je me sentais déjà sur le chemin. Venu à Naples pour écrire un livre et sur-tout pour rencontrer Iza, j'avais pris goût à cette vie dans le hangar, m'impliquant de plus en plus dans les histoires de Momo, de la Vieille et de ses objets. Il fal-lait réagir, se secouer, se réveiller. Peut-être que ce serait mieux si je reprenais une chambre dans un petit hôtel, puisque j'avais encore de l'argent. Je me rendis compte que je ne m'étais pas lavé depuis plusieurs jours, j'avais oublié de me raser et de changer de chemise. Pente dangereuse. Je sentais mauvais et je croyais ou faisais croire que c'était la Vieille qui puait. En fait, nous sentions tous mauvais.

Première résolution : Prendre un bain ; remonter la pente.

Deuxième résolution : Se remettre au livre. La mairie n'a plus de mes nouvelles. On m'a peut-être oublié. Faudra s'isoler, quitter l'Auberge, prendre un peu de champ.

Troisième résolution : Aller à la recherche d'Iza de manière plus efficace. Faudra se renseigner sérieusement.

Dernière résolution : Parler avec ma mère qui vit seule à Marrakech, la rassurer sur ma santé, sur mon travail, lui dire ce que je fais ici et lui réclamer sa bénédiction. Quand je reste longtemps sans prendre de ses nouvelles, je me sens livré à moi-même, sans protection. Je ne vois plus sa main au-dessus de ma tête. Je ne sens plus ses paroles monter au ciel. Quand je vais la voir, j'aime m'asseoir à côté d'elle et l'écouter me donner les dernières nouvelles de la famille et du voisinage. Elle a une bonne mémoire, une excellente présence d'esprit malgré ses quatre-vingts ans. Elle commence toujours par prier Dieu au cas où une mauvaise pensée lui échapperait. Elle ne sait ni lire ni écrire, mais elle sait beaucoup de choses. Elle me donne les nouvelles en vrac : « Notre épicier Bourejla, qui boite, vient d'épouser la bonne qui travaille chez les voisins, celle qui était tout le temps fourrée dans son magasin, tu sais la fille qui a un défaut dans l'œil droit, celui qui regarde à côté quand elle te parle. Notre femme de ménage, celle qui travaille ici depuis vingt-deux ans, a perdu son dentier en mangeant des fèves grillées, ça lui apprendra à se prendre pour une jeune. Ton cousin Aziz a marié sa fille aînée, celle très gâtée, à un étudiant sans argent, il lui a fait un gosse et ils ont été obligés de les marier pour éviter la honte et le déshonneur. Ton frère Mohammed travaille beaucoup, il est trop sérieux et rit moins qu'avant, il a changé de voiture, tout son argent part dans les études de ses enfants qui préfèrent les universités étrangères à celles du pays, il paraît que c'est mieux, sa femme veut aller passer les vacances en Espagne et n'aime pas Marrakech l'été, elle dit qu'il y fait trop chaud, elle exagère. Le voisin qui habite au fond de l'impasse est allé en pèlerinage à La Mecque, il y a rencontré une Sénégalaise qu'il a épousée sur-le-champ, sa femme marocaine a organisé des funérailles disant qu'il a été victime de l'incendie qui a eu lieu à Minan. La vie est de plus en plus chère. Et toi, que fais-tu de bien ? Raconte-moi. Tes enfants sont à l'étranger, paraît-il. Et ta femme, est-ce qu'elle t'aide, est-ce qu'elle travaille ? Pourquoi ne vient-elle pas me voir ? Rester auprès de moi un peu, ce serait bien. Mais je n'insiste pas. Je sais que la vie est difficile. Toutes les femmes font la même chose, dès qu'elles prennent le mari, elles le gardent pour elles, elles oublient qu'il a une mère. C'est la vie moderne qui veut ça. Je ne suis pas jalouse. Que Dieu me préserve de cette mesquinerie ! Je veux juste un peu de compagnie, un peu plus de considération. Tous mes fils, j'en ai six, ont été avalés par leurs femmes. Trouves-tu ça normal ? Bon, j'ai trop parlé. Je prie Dieu de te protéger des yeux malveillants, d'éloigner de ta route les malfaisants, les hypocrites, les mauvais, les ennemis dont tu ne connais pas le visage, va, pense à moi et pense aussi à prendre soin de toi… »

Oui, je dois prendre soin de moi. C'est aussi une résolution qui doit être permanente. Dormir seul. Oui, j'aime ma solitude. Iza ne comprendrait pas cela. Je ne le lui ai pas écrit. En même temps, j'aime, au milieu de la nuit, tendre le bras et poser ma main sur les hanches brûlantes de ma femme.

Quand je verrai Iza, je ferai une exception. Nous dormirons ensemble. Je poserai ma main sur sa peau couleur miel l'hiver, couleur cannelle l'été. La regarder, puis la caresser.

C'est décidé : mettre de l'ordre dans ma vie et commencer par retrouver Iza, sinon je deviendrai aussi vieux et timbré que Gino.

11

Alors que j'étais dans mes rêveries, Momo me secoua énergiquement. Je faillis tomber du lit de camp. Il haletait et me pressait de me lever :

— Viens vite, la Vieille, ma maman n'est pas bien, du mal, elle a du mal à respirer, faut faire quelque chose, vite, vite…

La Vieille avait une sorte de crise d'asthme. Avec sa canne, elle nous montrait la sortie. Nous l'installâmes dans son fauteuil roulant et la sortîmes au soleil. Elle ne parlait plus. Ses yeux mouillés de larmes à cause des efforts qu'elle faisait pour respirer ne nous voyaient plus. Momo poussait le fauteuil et moi je les suivais. Nous arrivâmes au petit square, en face de l'entrée de l'Auberge. Il y avait toujours l'écrivain clochard entouré de ses chiens. Elle respirait difficilement. Le clochard se leva, l'observa comme s'il était médecin, fouilla dans un de ses sacs et en sortit un tube de Ventoline où elle aspira. Elle poussa un grand soupir de soulagement et nous dit :

— Ça va mieux, ramenez-moi chez moi.

En partant, elle dit au clochard :

— André, pourquoi tu viens plus me voir ?

— Garde le tube en souvenir du bon vieux temps.

André était un poète français qu'elle avait connu lors

d'une des soirées qu'elle organisait dans sa villa de Posillipo, bien avant de rencontrer Piero. Il était tombé amoureux d'un bel Italien, un gigolo qui lui avait préféré une comtesse d'Autriche, riche et célèbre. Depuis, il vivait dans ce square avec ses chiens. En tout cas, c'est ce qu'il racontait aux gens qui s'intéressaient à lui. « Mais, nous dit la Vieille, on ne devient pas clochard à cause d'un amour contrarié. Il doit y avoir autre chose. » Elle n'avait pas envie de nous raconter toute son histoire. Elle nous dit seulement qu'André était un bon poète, un homme bien et qu'il méritait de vivre heureux.

Son état de santé nous donnait des inquiétudes. Elle avait de plus en plus de moments d'absence, s'endormait en plein jour ou restait les yeux ouverts fixant un point dans le hangar. Momo avait peur. Un jour, il fit venir un guérisseur africain, un grand vieillard aux gestes amples et à l'allure impressionnante. Dès qu'elle le vit, elle sourit. Cela n'était pas arrivé depuis longtemps. Le marabout – ce fut ainsi que Momo le présenta – s'agenouilla, posa ses deux mains jointes sur la tête de la Vieille et écouta ce qui se disait à l'intérieur. On aurait dit qu'il examinait une pastèque. Au bout d'un long moment pendant lequel nous étions tous restés silencieux, il se leva et dit son pronostic :

– Elle est habitée.

– Par qui ? demanda Momo.

– Par des esprits assez mauvais pour l'empêcher de respirer.

– Lesquels ?

– Je ne sais pas. Ce que j'ai entendu est clair, je suis formel : elle a reçu des signes très négatifs, c'est comme des ondes. Ils sont à l'œuvre. Si on fait rien, ils vont passer dans le sang et l'empoisonner.

– Que faire ?

– Momo, laisse-moi réfléchir. Je vais l'observer encore.

Il se leva, sa tête frôla la lampe. Il fit quelques pas et me regarda fixement, puis se tournant vers Momo :

– Lui aussi.

– Lui aussi quoi ?

– Habité. Regarde ses yeux. Ce ne sont pas les siens.

Il colla son oreille contre ma tempe.

– C'est évident. Ce ne sont pas les mêmes esprits. Lui, c'est différent. Il est habité par quelque chose de joli. Je ne sais pas quoi. Mais il ne s'appartient pas. Bon, revenons à la dame. Il faut extirper le mal qui s'est incrusté en elle. Momo, il faut que je la saigne. Tu penses qu'elle acceptera ? Une femme blanche n'aimera pas avoir des cicatrices sur le front. Demande-lui.

La Vieille prit la parole :

– Au point où j'en suis… une cicatrice de plus, qu'est-ce que j'en ai à faire ? M'en fous. N'est-ce pas, Momo, toi aussi tu t'en fous d'avoir une maman avec plein de cicatrices ?

Le marabout précisa :

– Oui, madame, mais là ce sera des cicatrices physiques, visibles. C'est pas joli, surtout pour une femme qui a de si beaux yeux.

Se tournant vers moi, il ajouta :

– Quant à toi, au premier saignement, le quelque chose de joli apparaîtra. Il ne supportera pas de voir ce sang couler. Peut-être que c'est une aubaine, ça le ou la fera venir, où qu'il ou qu'elle soit, il ou elle sentira le besoin de venir ou revenir auprès de toi. Je ne sais pas ce que c'est, si c'est un animal ou un être humain ou une musique, une prière, un souvenir ou simplement un vœu qui attend pour se réaliser. C'est quelqu'un je crois qui t'a brisé le cœur et le foie.

Momo le mit en garde :

— Fais attention, maman est une princesse, une reine, c'est un bijou, elle est pleine de lumière et de douleur, c'est fragile tout ça, si tu la saignes, elle risque de te donner tout son sang et de mourir. Je ne suis pas assez grand pour vivre sans elle.

— Mais, imbécile, tu as oublié ta culture et tes origines. C'est pour que ta maman vive qu'on lui retire le sang mauvais. Regarde mon front, il est tout strié, c'est ce qui m'a rendu bon et meilleur. Si j'avais gardé en moi toutes les noirceurs de la vie, toutes les mauvaises choses que j'ai faites par inconscience et par appétit, je serais aujourd'hui un vagabond, un clochard, un déchet ou bien un homme rongé par la maladie.

— Qu'ai-je fait de mal ? cria la Vieille excédée par la prétention du marabout.

Silence. Nous nous regardâmes. Momo ouvrit le réfrigérateur et le referma. Il était vide.

— Madame, le mal ce n'est pas vous. Ce sont les autres. Ils vous ont fait du mal. Je le sens, je l'entends et je dois intervenir. Vous avez gardé en vous leur haine, vous ne l'avez pas jetée dehors. Si vous ne voulez pas que j'intervienne, je m'en vais.

Il se pencha pour ramasser sa vieille petite mallette en faux cuir, me fixa, puis me dit :

— Toi, c'est pas grave. Si tu veux faire sortir celui ou celle que tu héberges, il suffira d'une petite césure. A la première goutte de sang, tu verras quel chemin prendre pour retrouver cet être.

— Je n'ai jamais pris au sérieux les guérisseurs, les voyantes, les diseuses de bonne aventure, les marchands de rêves, les classiques et les modernes, les charlatans en blouse blanche ou en gandoura bleue, je n'ai jamais cru les histoires de marabouts, de saints et de saintes, de fous et de clochards, les mendiants et les guides, les joueurs de cartes et les charmeurs de serpent, les vendeurs d'herbes exotiques et les saltimbanques qui se jouent de notre naïveté ! A présent, dites-moi votre nom et votre origine :

— C'est simple. Je m'appelle Mamadou Diallo Tami Ould Hadj Karaciclouantalgika, dit le marabout Mamadoudia, et, pour faire plus vite, Madia. Né juste après la guerre un vendredi vers dix heures dans le village le plus pauvre de la région qui est face à l'île de Gorée quand tu la regardes du côté gauche en te penchant un peu à droite sans tomber parce que tu ne seras pas le premier à te casser la figure à force de vouloir fixer le point minuscule où je vis le jour grâce à Dieu, Allah, le seul Dieu qui existe et grâce à Mohammed notre prophète, le dernier des prophètes, que le salut d'Allah soit sur lui et sur toute la communauté de l'islam à travers la planète. Es-tu satisfait ?

— Non. Que faites-vous à Naples ?

— Quand un village se déplace, le marabout le suit. Normal. Un village sans marabout n'est pas un village, et un marabout sans village n'existe pas. Mes frères sont là. Tout naturellement, je les accompagne pour soulager leurs souffrances. Qu'as-tu à dire à ça ?

— Vous n'êtes qu'un charlatan. Tant que je suis ici, je ne vous laisserai pas toucher la dame. Cette histoire de sang noir, de saignement, tout ça c'est du folklore. Nous sommes tous habités, évidemment.

Le marabout se tourna vers Momo, prit ses affaires et partit sans un mot. Momo était gêné. La Vieille riait en douce. Elle ne voulait pas lui faire de peine.

12

Le marabout avait oublié *Il Mattino*, le journal de Naples. Il était posé sur un carton. La Vieille arriva à lire un titre : « Rencontre autour de l'islam et l'Occident ». Elle répéta la phrase, l'air songeur, et me désigna du bout de sa canne :

— Ça te concerne ou devrait te concerner. L'islam, l'Occident, le choc des cultures, l'âge d'or des Arabes, leur décadence, le pétrole, la guerre, tout ça c'est un peu ton domaine, non ?

— Pas forcément. Ce genre de colloques n'intéresse que ceux qui les organisent, ce sont des généralités assez vagues pour donner l'occasion à des intellectuels prétentieux d'enfoncer des portes ouvertes. L'islam, on lui fait dire et faire ce qu'on veut. La religion, c'est souvent le tout et le contraire de tout. Il faut que chacun puisse y puiser son miel. C'est pour ça qu'elle dure des millénaires. L'Occident, c'est quoi, c'est qui, c'est le Nord, c'est l'Est, c'est une partie du Sud ? Et puis je ne supporte plus les jérémiades de ceux qui, pour se consoler, rappellent tout le temps que les Arabes connurent un âge d'or en Andalousie, qu'ils ont introduit en Occident chrétien la philosophie grecque, l'algèbre, la médecine… Assez ! Y en a assez de pleurer sur le sort des Arabes et des musulmans. Ils ont connu un âge d'or et, aujourd'hui, ils connaissent la décadence. Qui veut être arabe aujourd'hui ? T'as qu'à voir ces milliers de jeunes qui risquent leur vie pour entrer clandestinement en Europe à la recherche de n'importe quel travail. On est suspects dès qu'on se présente à vos frontières. Pour venir ici, j'ai attendu deux mois avant d'avoir un visa, et je l'ai eu parce que j'avais une invitation du maire de Naples. Et même à l'aéroport de Naples, on m'a fait attendre avec des Sri-Lankais, des Éthiopiens, des gens humiliés. On m'a dit : « Un visa n'est pas un droit ! » Non, je n'aime pas qu'on pleure sur le passé. Notre image n'est plus recevable, nos États sont souvent des dictatures, nous ne sommes pas sérieux, voilà, je suis en colère parce que je sais qu'il n'y a rien à faire, le pétrole des émirs ne profite qu'aux émirs et aux banques américaines, enfin, pas envie d'évoquer tous ces malheurs. En plus, ces rencontres, ça sert à rien, c'est souvent du bavardage…

– Du bavardage qui est souvent bien traduit !

– Quel rapport ?

– Le rapport est le suivant : j'ai l'intuition très forte que ton amour, ton embellie, celle qui t'a fait venir ici, celle que tu cherches sans connaître son visage mais dont tu connais la voix, je veux parler d'Iza, sera demain au Château de l'Œuf pour traduire les communications. C'est une intuition, je peux me tromper, mais vas-y, t'as rien à perdre et t'as rien à faire.

– Et alors ?

– Je te propose d'aller flâner par là. La mer est belle vue de la terrasse du Château !

– Comment reconnaître Iza et que dois-je faire si effectivement elle est là ?

– Mon petit, je ne suis pas maraboute, je ne m'appelle pas Mamadou Dialo etc., mais j'ai une intuition, c'est

228

tout. Comment la reconnaître ? Mais ce sera évident : sa voix, oui, sa voix te mènera jusqu'à elle.

– Oui, la voix… Mais…

– Écoute-moi bien : va au congrès, ouvre grands les yeux, choisis la plus belle femme parmi les femmes présentes. Ce sera elle, la femme que tu portes en toi depuis si longtemps. Dis-toi que c'est elle et ce sera elle !

Comme par le hasard d'une mise en scène, Gino fit son entrée, un citron énorme dans la main.

– Excusez-moi, je n'arrive pas à dormir. J'ai entendu parler d'un marabout, je l'ai même vu passer, immense et effrayant. Aurait-il laissé pour moi une herbe douce pour faire fuir l'insomnie ? Puis j'ai entendu que vous parliez d'Iza. Elle serait dans les parages. Dis, l'écrivain, tu vas aller à sa rencontre ?

– Je ne sais pas encore.

– Je t'accompagne. Ce sera un grand jour pour toi et moi. Tu verras comme elle est belle. C'est simple ; pour la reconnaître, pas de problème, tu te diriges vers la plus belle, la plus intelligente, la plus élégante, puis c'est tout. Tu risques pas de te tromper. S'il y a une hésitation, je serai là pour t'aider, puisque moi, je la connais !

– Comment ça, tu la connais ?

– Je veux dire qu'elle ressemble à Idé. Si c'est la plus belle femme du colloque, pas de doute, elle ne pourra être qu'Idé ou Iza, t'es d'accord ? Je suis certain que toi aussi tu es amoureux d'Idé que tu confonds avec Iza. Cela ne me dérange pas.

– Disons que tu as décidé qu'Iza ressemblait à Idé. C'est une maison de fous. Mais c'est bien, au moins il n'y a rien de raisonnable ici.

– Écoute, toi tu aimes Iza, moi j'aime Idé. Quand je te parle d'Idé, tu imagines Iza. C'est simple, non ?

229

Momo avait belle allure dans son habit traditionnel. On aurait dit un professeur d'université. Il marchait avec assurance et élégance. Gino et moi le suivions. Lui eut droit à un badge : Mohammed Sane, université de Dakar. Les organisateurs n'avaient pas trace de ce nom, mais furent impressionnés par la personnalité de ce professeur en boubou. Nous nous installâmes parmi le public et nous mîmes les écouteurs à nos oreilles. Gino, son citron à la main – il le sentait de temps en temps –, était fatigué. Le manque de sommeil se voyait sur son visage. J'étais inquiet et mon cœur battait assez fort. Gino me dit qu'il était ému et qu'il se sentait rajeunir à l'idée de se trouver face à quelqu'un qui lui rappellerait Idé. Quant à Momo, il jouait son rôle de professeur. Sérieux, il nous regardait avec un petit sourire complice, persuadé que c'était le grand jour, sûr qu'Iza et Idé étaient la même personne. Il l'appelait Izaïdé. On le laissait dire et penser ce qu'il voulait.

Les discours d'ouverture furent interminables. Du bavardage et des lieux communs. Des généralités insignifiantes, des mots, encore des mots... Peu nous importait ce qui se disait. Nous tournions les boutons de l'appareil de traduction à la recherche de la voix d'Iza. Gino pensait qu'Idé faisait le même travail qu'Iza. Je lui rappelais qu'il nous avait dit qu'elle travaillait dans une maison d'édition de musique, mais il s'entêtait à croire qu'elle était interprète. Dans l'assistance, il y avait beaucoup d'hommes et peu de femmes, en tout cas pas de femmes dont l'élégance et la grâce rappelleraient Iza.

– Si Iza est là, Idé aussi. C'est mon intuition. J'ai de l'intuition, moi aussi.

Tout à coup, je ne me souvenais plus de la voix d'Iza, une voix si particulière, une voix qui me suivait depuis des mois et des mois. Était-elle grave, chaude ou bien douce, fluette et caressante ? J'eus un doute. Je fus pris de panique. Son image vocale disparut. Un blanc. Un vide. Un trou dans la mémoire et dans le cœur. Une telle disparition était incompréhensible. Cette amnésie soudaine serait-elle passagère ? Frappé en plein colloque, je regardai Gino, qui me fixait avec la même inquiétude. Il me dit :

— Sortons, c'est grave.

J'étais en sueur. Dehors, je me mis à me remémorer les faits et gestes de la veille, mettant à l'épreuve ma mémoire :

— Qu'ai-je mangé au dîner ? Et au déjeuner ? Étais-je seul ? Ai-je écrit quelque chose ? Ai-je téléphoné à quelqu'un ou ai-je répondu à un appel ? Quand est-ce que j'ai été aux toilettes pour la dernière fois ? Étais-je constipé ? La confusion. Mais où était passée l'image d'Iza, celle que je m'étais forgée à force de penser à elle en écoutant et réécoutant sa voix ? Il faut que je la retrouve, que je redessine son visage, que je plonge dans ses yeux, que je la tienne par la main. Il faut qu'elle revienne et que je revienne à elle. J'ai besoin d'elle. Impossible de retourner au hangar sans elle.

Gino me fit part d'un autre trouble :

— Je me souviens de mes sonates, elles défilent dans ma mémoire à une allure folle. C'est pas beau. C'est insupportable. C'est comme si quelqu'un s'amusait à les passer à un rythme supérieur à la normale, juste pour m'énerver. Et puis je vois une femme, elle a la chevelure frisée, lionne sauvage, Idé, c'est elle qui fait tourner le disque à toute vitesse.

— Décris-la-moi, ça va m'aider.

– Elle est grande, une superbe chevelure toute bouclée ou frisée, je ne vois pas la différence. Les yeux sont clairs. Bleus ou verts, je ne sais pas, la taille est fine et la poitrine bien dessinée, faites pour les paumes de mes mains, le cul, je ne vois pas son cul, je la vois de face, elle sourit, elle se fout de moi, les jambes sont grandes et belles. Ah, c'est Idé, elle me fait non de la tête. Elle a un grain de beauté sur le cou, côté gauche. Elle me fait signe d'approcher…

– Mais tu l'imagines ou tu la vois ?

– Non, elle est là-bas, à côté de la cafétéria.

Iza. Iza, lumière et beauté. Comment avoir oublié son visage ? Comment oublier un visage qu'on n'a jamais vu ? Comment composer un visage à partir du souvenir d'une voix ? Iza était là. Pas de doute. La Vieille avait raison. Son intuition était juste. La présence proche d'Iza avait dû troubler ma perception. Je la regardais sans dire un mot. Elle ne faisait pas attention à moi. Quelle image avait-elle dessinée à partir de ma propre voix ? Peut-être n'avait-elle rien dessiné du tout. Peut-être que ce n'était pas Iza, ou bien c'était une Iza qui ne se souvenait plus de cet écrivain marocain de Marrakech… Gino était collé à moi et la fixait, incrédule. Son œil plutôt morne s'illumina. Il fit un pas vers elle, puis revint.

– C'est elle, l'amour de ma vie, elle n'a pas changé. Mais pourquoi fait-elle semblant de ne pas me reconnaître ?

– Ce n'est peut-être ni Idé ni Iza, mais une femme qui ressemble à l'amour, à la passion, celle qui nous ronge, qui nous fait du bien et qui nous mine. Voilà, c'est tout.

– C'est votre ami ? me dit-elle.

– Oui, c'est Gino, mon ami. Vous l'avez reconnu ? C'est un grand pianiste, un élève d'Arturo Benedetti Michel-Angeli, il est un peu défait en ce moment, une histoire d'amour qui s'est terminée plus tôt que prévu. C'est un grand blessé. Enfin, je pensais que vous l'aviez reconnu. C'est dommage. Il est déjà déçu et forcément malheureux.

– J'ai connu un pianiste de jazz, mais il est mort d'une overdose.

– Non, Gino n'a jamais touché à la drogue. Comment vous appelez-vous ? Vous traduisez dans ce colloque ?

– Oui, je traduis, c'est assez énervant. Je m'appelle Ava Maria Vargas. Je traduis de l'italien au français et à l'anglais, j'apprends l'arabe, on me dit que c'est la langue de l'avenir. Je crois plutôt que la langue de l'avenir, c'est le chinois, mais il me faudra une autre vie pour apprendre le chinois.

Pendant qu'elle parlait, je fermai les yeux pour vérifier sa voix. Elle ressemblait à celle d'Iza, mais je n'avais aucune certitude. Gino, désespéré, me tirait par la manche de ma veste. Il me dit à l'oreille : « Non, ce n'est pas elle, laissons tomber, c'est une belle femme, mais ce n'est pas la nôtre ! »

– Vous avez un joli nom.

– C'est un pseudo. J'aime brouiller les pistes. Qu'importe. En ce moment, j'aime me faire appeler Ava Maria ; quant à Vargas, c'est un nom espagnol. Mes parents ont un autre nom, un nom très italien.

Momo arriva dans son boubou et s'adressa à Ava comme s'il la connaissait depuis toujours :

– Enfin, te voilà ! Madame Izaïdé ! La femme de l'amour. Ces deux hommes sont amoureux de toi. Ils ont raison. Si j'avais du temps je me serais volontiers joint à eux. Quelle belle compagnie ! De toute façon, être amoureux, c'est facile, je pense à toi, c'est agréable, tu me donnes un rendez-vous, tu ne viens pas, je reste à attendre, tu me redonnes un autre rendez-vous, tu viens en retard et tu disparais pour réapparaître et ainsi de suite, c'est ça l'amour...

— Oui, c'est à peu près ça et autre chose. Que faites-vous à Naples ?

Gino était mélancolique. Momo le prit dans ses bras et le consola en lui disant que la Vieille allait faire quelque chose pour lui.

— J'essaie d'écrire un livre sur cette ville. Mais il y a trop de confusion dans ma tête.

— Je vois, je connais ça, des histoires qui se mélangent. On est tous à la recherche d'une frontière, une ligne claire entre le rêve et la réalité. Je ne dors presque plus à cause de cette confusion, c'est comme une maladie, une infirmité. C'est drôle, on se connaît à peine et on se fait déjà des confidences !

— Je pense que nous nous connaissons depuis long-temps, mais pour l'instant, il y a comme une rupture dans la chaîne des souvenirs, dis-je.

— Vous voulez parler des souvenirs que nous enregistrons ou ceux que nous inventons ?

— Allez savoir où est le vrai !

— Quand j'avais six ans, je m'asseyais sur les genoux de mon père et je regardais passer les gens : chaque personne est une armoire pleine d'histoires, il suffit d'ouvrir les tiroirs, c'est comme un chapelet qu'on égrène. Ma vie est pleine de tiroirs. Si c'est moi qui les ouvre, ils sont vides. Si c'est quelqu'un d'autre, quelqu'un fou d'amour, de passion et de colère, ils sont pleins. Encore faut-il avoir la main heureuse !

— Là, madame, tu es servie ! dit Momo. Il y a l'amour, la colère et même la main heureuse. Ces deux hommes ne parlent que d'amour, on dirait des femmes. Gino est un grand compositeur ; quant à l'écrivain, il écrit des poèmes qui calment même les chats…

Momo invita Ava Maria à visiter notre hangar :

– Tu verras, c'est la caverne où se reposent toutes les histoires, c'est aussi la cour des miracles, surtout quand on fait la fête. Mais je suis sûr que ton histoire est dans la caverne. Cette rencontre a quelque chose de magique, elle n'est pas le seul fait du hasard, il y a un truc là-dessous.

Ava Maria sembla intriguée par notre caverne pleine d'histoires.

– C'est quoi cette affaire de caverne ?

– Momo, qui est un grand enfant, croit que les histoires ont un refuge, une espèce de case où elles reposent, un peu comme un cimetière, mais avec la possibilité de revivre dès qu'on commence à les raconter.

A la fin du colloque qui durait juste une journée, Ava Maria nous rejoignit. Entre-temps, j'avais acheté des roses à un Gitan. Gino disparut un moment, puis revint avec un buis dans les bras, lui cachant le visage.

En offrant le buis à Ava Maria, Gino l'appela Idé. Moi, je l'appelai Iza en lui donnant le bouquet de roses. Elle ne rectifia pas.

– Appelez-moi comme ça vous chante. De toute façon, Ava n'est pas mon vrai prénom. Alors, allez-y, tant que vous m'aimerez j'accepterai. Je plaisante.

– Mais nous vous aimons.

Elle éclata de rire ; je remarquai ses yeux mouillés par l'émotion. Nous eûmes un instant de bonheur. Envie de rire et d'être légers. Nous dissimulions notre trouble. Les gens du colloque, sérieux comme des gens de colloque, nous regardaient en se demandant si nous faisions partie du paysage ou si nous étions des comédiens venus les divertir en jouant quelques scènes comiques. Plus ils nous observaient, plus nous exagérions nos gestes. Nous formions tous les quatre un groupe sorti d'une comédie musicale des années cinquante, surtout que Momo avait l'air d'un vrai marabout avec sa superbe tenue et ses couleurs vives, Gino portant le buis dans ses bras, Ava, son bouquet de roses jaunes à la main et moi gesticulant en leur racontant l'histoire de la maison des sourds où chacun n'entend que ce qu'il veut bien entendre.

Ava Maria dit :

— Nous sommes tous sourds quand cela arrange notre bonheur. Cela repose un peu de ne pas tout entendre.

— Le plus sourd d'entre nous, dis-je, ce n'est pas Momo-le-simple, mais Gino-le-torturé. Et il n'est même pas heureux.

Gino intervint avec assurance :

— Depuis que j'ai retrouvé Idé, la femme de ma vie, je suis très heureux. Je peux retourner à mon piano, je me sens libre.

Ava se pencha vers moi et me demanda à l'oreille qui était Idé.

— Le grand amour de notre pianiste. C'était un homme tranquille, vivant une petite vie sans heurts, avec une conjugalité routinière, quelque chose d'inexistant, il s'était entièrement investi dans son art, jusqu'au jour où il rencontra Idé, l'amour, la passion ravageuse qui a tout emporté sur son passage. Après, ce fut la chute, terrible chute, alors le pauvre Gino n'a pas supporté ; voilà comment il s'est retrouvé dans le hangar, au sous-sol de l'Auberge des Pauvres. Il voit en vous Idé parce que vous êtes belle, élégante, enfin vous ressemblez à

236

l'amour, je crois... Donc, allons au hangar rendre visite à la Vieille, notre source de vie et de rêve.

– Cette histoire ne m'est pas étrangère. Cela fait drôle d'être prise pour quelqu'un d'autre. Après tout, pourquoi pas ? Je voulais être comédienne.

– Nous le sommes tous un peu. Momo est un cabotin, il exagère. La Vieille n'a plus envie de jouer. Elle est elle-même dans ce trou, cave ou hangar où on se débarrasse des objets inutiles.

– Nous nous retrouvons tous un jour ou l'autre dans un sous-sol, un tunnel ou un puits. Parfois, c'est le prix à payer pour ce qu'on a volé au temps, aux autres, à ceux qui attendent tout de nous. Ce que demande une femme, c'est d'être aimée, tout le temps, avec fidélité, avec sincérité, délicatesse, parfois avec folie et passion. On ne peut aimer que si on est ivre de vie. La vie et l'amour, c'est la même chose. Quand l'amour s'absente, comme la vie, la femme s'éteint, elle devient une autre. Une femme fanée, c'est pas beau. Les femmes ont davantage besoin de sentiments, de poésie et de magie pour rester vivantes. J'ai l'impression que votre ami le pianiste aime de manière féminine.

– Alors quand on aime vraiment, on est féminin, dis-je.

– Oh ! n'exagérons pas ! Les femmes donnent, prennent des risques, vont jusqu'au bout de leur folie. Les hommes, c'est différent. Ils aiment la conquête, ensuite ils s'ennuient. Ils ne sont pas très courageux.

– La Vieille était comme ça avant d'être vieille. Sa beauté le lui permettait. Les hommes étaient à ses pieds, jusqu'au jour où elle fut piétinée par un destin mal apprivoisé.

– C'est quoi un destin mal apprivoisé ?

– Une catastrophe !

– J'espère éviter ce genre de mauvaise rencontre, car ma peau a gardé quelques traces pas belles à voir. On a beau être prévenu, quand la tornade arrive, elle perd la mesure et la raison. C'est bien de ne pas être tout le temps gouverné par la raison, mais faut savoir que rien n'est gratuit, tu vis une heure de bonheur, attends-toi à en payer le prix, ce n'est pas systématique, mais le temps nous apprend à ne pas croire à l'éternité. C'est comme l'immortalité, c'est une histoire où tout est bâti sur l'illusion. Je comprends qu'un artiste vise ce genre de statut, mais ça le concerne si peu, tout dépend de la qualité de ce qu'il aura laissé. Enfin, contentons-nous de vivre pleinement le présent, et laissons les grandes espérances à ceux qui se projettent dans le temps lointain.

Elle me parlait et je me rappelais certaines lettres d'Iza. Elle aussi me disait que les femmes sont plus audacieuses que les hommes. Mais ai-je connu l'amour, celui évoqué par Ava ? Je crois que j'ai aimé Iza qui représentait pour moi l'idée de l'amour, l'image parfaite de la relation amoureuse, je l'ai aimée sans calcul, sans retenue, je l'imaginais au point de tout ou presque tout inventer. J'avais des attentes incertaines, de jour et de nuit, attentes de je ne sais quel amour. Je n'avais jamais connu cet état-là. Une disponibilité radieuse, un espoir sans objet précis, juste l'espoir d'avoir un jour à espérer que l'être aimé existe vraiment. Je me souviens de l'époque où je la suivais par la pensée dans les rues de Naples. Il fallait être complètement démuni pour en arriver à suivre une image. J'avais décidé qu'elle aimait le soleil. Je restais à l'ombre. Elle portait de grands chapeaux de paille qu'elle avait peints en bleu, sa couleur préférée, je devrais dire : notre couleur préférée. Le soleil la précédait pour lui montrer le chemin. Sa peau recevait la belle lumière du jour, la faisant passer du miel à la cannelle.

J'avais du plaisir à regarder Ava Maria tout en pensant à Iza. Ce n'était pas une infidélité. Pour moi, Ava aurait pu être Iza. C'était aussi simple que ça. Iza ne pouvait pas être moins belle, moins intelligente, moins lumineuse qu'Ava. Je refusai de lui parler de l'épisode épistolier. Il y avait bien sûr un doute, un doute aussi fin qu'un fil de soie. Pourquoi brusquer les choses ? Tout était à faire. Ava me parlait. Elle était là, en face de moi, vivante, rayonnante, peut-être libre. Mais une femme de cette beauté ne pouvait pas être disponible, vivre sans homme, vivre sans une grande histoire. Je décidai alors d'oublier les chimères, de ne plus parler d'Iza et de regarder Ava non plus comme une héroïne d'un mélodrame en technicolor, ni un personnage de roman inventé pour les besoins de l'intrigue ou plus simplement par les affres de la solitude, mais en tant que femme libre, c'est-à-dire vivante. Nous n'avions pas besoin de parler, mais de sentir les choses, de se laisser aller dans le bruit magique d'une fête qui se déroulait sous nos yeux. Momo et Gino fêtaient cette rencontre dans le désordre merveilleux de l'improvisation, de la joie et du rire. Je proclamai :

– Nous n'irons pas tout de suite chez la Vieille, à cette heure-ci son médicament commence à faire de l'effet et elle doit somnoler. Vaut mieux y aller un autre jour, en la prévenant et en se préparant. Car elle aussi, je suppose, attend Ava.

– Je suis très curieuse de rencontrer cette dame. Alors, allons chez mon oncle, à Posillipo. Il est en voyage et m'a laissé les clés de la maison, proposa Ava.

Gino demanda s'il y avait un piano dans cette maison.

– Bien sûr, c'est une grande maison. Je crois même que mon oncle a installé le piano dans la véranda.

Momo voulait savoir s'il y avait quelque chose à fumer là-bas.

– Je ne sais pas, mais moi j'ai ce qu'il faut.

Je ne savais pas que Momo fumait du cannabis. Il me regarda comme s'il était pris en faute, puis me dit :

– Je ne fume que du marocain, c'est le meilleur, et puis depuis que t'es là, je fume en cachette.

La maison était sur une colline, une maison bourgeoise des années trente. Tout était si bien rangé que nous eûmes envie de repartir. Il nous manquait le désordre et la poussière du hangar. Quand c'est trop bien rangé, ça manque de vie. Mais la vie, ce fut Ava qui allait l'insuffler dans ce lieu d'où on avait une vue extraordinaire. Le personnel était en congé. Ava prépara des pâtes au basilic, ouvrit quelques bouteilles de vin blanc. Gino se mit au piano, qui était effectivement dans la véranda. Nous l'entourâmes et attendîmes. Le piano était accordé. Gino passa à la salle de bains, se lava, se rasa et revint habillé d'un smoking plus grand que lui. Il était émouvant, marchait en hésitant, bougeait ses doigts pour les préparer et nous regardait avec des yeux d'enfant qui va passer son premier examen. Nous fîmes silence. Momo arrêta de manger, mais pas de boire. Ava, décontractée, s'était changée. Elle portait une robe légère qui lui moulait le corps. En la regardant, je repensai aux visites qu'Idé faisait à Gino, quand elle arrivait toute trempée dans des robes moulantes, je revoyais Iza, telle que je l'imaginais, marcher devant moi, les gestes harmonieux, le corps souple et le regard amoureux. Je me disais qu'il fallait en finir avec ces amours fantômes, avec ces images et admirer la présence réelle, charnelle d'Ava, admirer la simplicité d'Ava.

Gino eut du mal à démarrer. Il flottait dans son smoking, mais il y tenait. Tout d'un coup, il se mit à jouer, avec assurance. Il n'hésitait plus, oubliait où il était et peut-être même pour qui il jouait. Nous étions saisis d'émotion. C'était merveilleux. Tout lui revenait comme si sa mémoire l'envahissait dans un grand élan de bonté. Durant une heure, nous l'écoutâmes, le cœur serré. Je pensais que Gino était sauvé et je regrettais que la Vieille ne fût pas là pour assister à cette renaissance. Ava était impressionnée, elle se leva et l'embrassa. Gino faillit s'évanouir. Il nous dit qu'Idé l'enlaçait avec la même force, la même tendresse. Il se remit au piano et joua des choses plus légères, un peu de jazz et même du rock, lui, le pianiste classique. Nous dansâmes tous les trois sur ces musiques. Ava me dit à l'oreille : « Je suis heureuse et dire qu'on ne se connaissait pas encore ce matin ! – Pas si sûr », répondis-je. Elle sourit et m'embrassa dans le cou.

Gino enleva le smoking, remit ses vieux habits, tout heureux, grimpa sur le dos de Momo qui mesurait presque deux mètres et lui dit :

– En avant, on va laisser les amoureux et on va réveiller la Vieille en musique. Elle va aimer…

Ils s'en allèrent en chantant. Drôles et heureux. C'était beau à voir.

13

Nous étions seuls dans la grande maison. Il y régnait un calme apaisant. Nous restâmes un bon moment sans bouger, sans parler. Nos yeux se rencontraient, puis se baissaient en même temps. Nous aimions ce silence et ces regards. Nous n'avions pas besoin de faire des commentaires sur la soirée. Nous étions assis, un peu las, quand Ava se pencha sur moi et me murmura :

– Les miracles, ça existe !

– Le seul miracle que je reconnaisse depuis toujours est celui de l'amour, de la rencontre réelle et spontanée, lui dis-je.

De la véranda on voyait la baie de Naples. Une légère brume rendait incertaines les lumières de la ville. Ava s'étendit à plat ventre sur le sofa et me demanda de lui masser le dos. Elle dormait presque, confiante, un peu serrée dans sa robe. Doucement, je la déboutonnai et la fis glisser par le bas. Ava était nue. Elle avait les yeux fermés et attendait le massage. J'étais troublé d'autant plus que je n'avais pas vu de corps aussi beau depuis très longtemps ni fait l'amour récemment. En fait, cela faisait des mois que je n'avais pas de vie sexuelle. J'avais peur, je transpirais comme un adolescent se trouvant pour la première fois face à une femme nue. Je décidai de faire sérieusement le massage. Je m'appliquai en évitant de toucher ses fesses. Après un moment, elle me dit :

– Mes pieds et mes fesses ont froid. Veux-tu les réchauffer, s'il te plaît ?

– Comment ?

– Comme tu fais d'habitude.

Je souris, pris ses pieds et les frottai entre mes mains tout en les massant. Elle aimait bien ce contact. Avec les fesses, je savais que les caresses ne suffiraient pas. Alors je me souvins de ce que faisait Gino, de ce que moi aussi je faisais en imagination. Je soufflais, j'envoyais ma chaleur entre ses fesses qui bougeaient à peine, se soulevaient un peu puis retombaient avec une belle lenteur. Ma bouche entrouverte remontait son dos, appuyant bien fort mes lèvres sur sa peau comme si le massage se poursuivait. Quand je fus sur elle, couvrant entièrement son corps avec le mien, je remarquai qu'il y avait un grand miroir posé de biais où elle voyait tout ce que je lui faisais. Je me vis moi aussi et j'eus l'impression que je n'étais que cette image dans le miroir. Je fus submergé par un flot d'autres images, certaines anciennes, d'autres appartenant au présent, se mélangeant jusqu'à me donner le tournis. Je ne regardais plus dans le miroir. Mes yeux étaient fixés sur le dos, la nuque, le bas des reins, les fesses et les jambes d'Ava. Je me dis : c'est avec Ava que tu es en ce moment, une femme, un corps sublime, une peau magnifique, tu fais l'amour avec une femme qui n'est pas une image, ne ferme pas les yeux, regarde ce que le ciel t'a envoyé, caresse, souffle, lèche, dévore, avale, donne de la salive à cette peau, étale-la avec ta langue, verse ce qui te reste de salive dans la bouche d'Ava, sens son parfum naturel, ne te détourne pas, ouvre ses cuisses, mets ta tête là et aspire le parfum du paradis, baise, donne et reçois, laisse tes sens en éveil, ils ont besoin de revivre, n'oublie pas que cela fait tellement longtemps que ton corps n'a pas touché un autre corps, que tu t'es si souvent contenté de caresser ta verge sous les draps en pensant à une femme qui n'existait peut-être même pas, là tu n'es pas dans un rêve et tu ne dors pas, c'est du réel, du vivant, ne laisse pas ton sexe hésiter, donne-le à la bouche d'Ava, elle le réclame avec les yeux, elle le regarde et attend de le couvrir de baisers et de cette salive si bonne, donne-le et ne te retiens pas, tu es avec une femme qui saura le faire lever de nouveau, n'aie pas peur, va, pénètre son ventre avec douceur, bouge avec lenteur, ne force pas, sois subtil, embrasse le bout de ses seins, ne mords pas, pas de violence, sauf si elle arrive naturellement, sois bien, Ava est une femme bonne, elle est à toi, elle se donne à toi, toute, sans réserve, sans calcul, serre-la très fort dans tes bras et, si elle pleure, sache que ce seront des larmes heureuses.

Au bout de la nuit, j'avais encore envie de faire l'amour avec Ava, qui était un peu lasse mais ne voulait pas dormir. Elle me dit :

– Je t'attendais depuis longtemps. Je n'ai pas été baisée comme tu m'as baisée, et ça depuis des années, depuis mon premier grand amour. Quelque chose en toi, en moi, attendait cette nuit d'amour. J'ai l'impression que nos corps se cherchaient un peu à notre insu. C'est animal ce que je dis, mais il y a du vrai. Quand je t'ai vu pour la première fois, j'ai tout de suite su que nos corps allaient s'aimer. J'ai imaginé le pire, je me suis vue tienne dans une euphorie venue de loin, là où je ne m'appartiens plus, le pire c'est l'extrême, la cime et puis ce qui vient après, j'ai imaginé ce qui s'ensuit et j'ai frémi, tremblé et puis j'ai fermé les yeux et me suis donnée au courant du fleuve. Je n'ai rien fait pour ça, enfin si peu, je te voyais un peu coincé, mal réveillé, et je n'imaginais pas que tu pouvais me faire l'amour tant de fois en une seule nuit et que le matin je me trouverais là devant toi en train de me demander : qu'est-ce qui m'arrive ? qu'est-ce qui nous arrive ? Et j'ai envie de nouveau que tu me réchauffes le cul, les pieds, le cœur et que tu calmes ce désir fou en moi de toi, viens, viens vite, donne-moi ce sexe, boire ce sexe, et que tu me prennes dans toutes les positions, que tu me frappes le visage avec ce sexe si raide, si dur, que tu me gifles autant que tu veux, que tu cognes, m'écrases et me possèdes, que je sente que je t'appartiens et que je n'ai aucun moyen d'échapper, voilà, ça me donne du plaisir de te savoir prêt à tout avec moi, prêt à forniquer, à caresser, à être tendre, à être violent, que tu me bouffes avec impatience et gourmandise, que nos corps s'oublient dans la jouissance qui hurle dans cette véranda qui a été conçue pour l'amour, le plaisir et le rire. Si les objets pouvaient témoigner, ils raconteraient l'amour à l'infini, les cris et les larmes, les disputes et les retrouvailles, le vin et l'ivresse, le soleil couchant et Naples noyée dans une brume romantique... C'est ce qu'on m'a dit, la maison appartenait à une famille d'aristocrates ruinés, c'est comme dans les romans, les aristocrates sont toujours ruinés et décadents, mais là on m'a dit qu'une très belle femme recevait ses amants au moment où le soleil descendait dans la baie, elle était scandaleuse, provoquait les bonnes âmes, jusqu'au jour où elle fut emportée par un ouragan de mauvais augure, quelqu'un de pas bien, la femme a disparu, folle ou vagabonde, perdue dans les bas-fonds, dans les ruelles du chagrin, l'ouragan mauvais est mort dans un accident de bateau... On dit tant de choses, va savoir si c'est vrai, mais les gens aiment se raconter des histoires, ils s'en racontent tellement qu'un jour ça leur arrive, ils se trouvent nez à nez avec ce qu'ils ont imaginé et dont ils ont tant rêvé. C'est ce qui m'arrive. Je ne sais pas pour toi, mais moi, je suis bouleversée et je ne veux pas attendre la suite, je ne veux pas vivre la fin, le départ, les larmes et le deuil.

Nous restâmes sur ce sofa, dans cette véranda de l'amour plusieurs jours, renonçant aux notions quotidiennes du temps et de la convenance. Ce fut comme un grand voyage. Nous traversâmes des océans et des déserts, là, dans cette langueur où nous ne nous soucions de rien. Vers la fin du voyage, quand nos membres étaient lourds, nos têtes étourdies et nos regards chargés de sensations vives, elle me dit : « Je serai la statue vivante de ton désir. » J'ai pensé alors à son corps aveugle qui tremble, se dressant dans l'ombre à la recherche de l'étreinte fatale, celle qui remue les cendres et appelle les larmes de l'enfance. Son corps dit et redit « apaise-moi » pendant que ses yeux se vident de tout reflet, cherchant à prendre la main de la petite fille apeurée, à l'éloigner de la peur, ce trou noir où l'on tombe telle une pierre lourde dans un puits. Mais la peur suinte sur les jambes, étouffe la voix, baigne les yeux de larmes blanches, secoue les objets avant de devenir un cri profond et lointain, un sanglot entre le rire et le spasme. Quelqu'un en moi grogne comme un animal affamé, ne dit mot, mais racle la voix par ce désir de violence, désir plus fort que la peur.

En femme prise d'amour, couvrant ses faiblesses avec de la soie et de l'orgueil, elle devait se préserver. Après un long baiser, elle eut un vertige et faillit perdre connaissance. Ce n'était pas à cause du baiser mais de ce qu'elle appela « l'émotion du souvenir futur ». Elle me dit encore une fois : « Apaise-moi, dis-moi les mots qui me feront fondre, prouve-moi que j'ai tort, donne-moi l'impression que tu es fort, plus fort que moi, que c'est toi qui décides que je suis tienne, parce que tu le veux fortement, ne me laisse pas partir, sache me retenir, n'aie pas peur, je ne fais que passer, prends ma main, mais je ne te sens pas, je ne te sens plus, où es-tu, où sommes-nous mon amour, mon amour, ton amour... »

Après cette séquence qui ressemblait à une séparation, je sus que ce que je venais de vivre était de l'ordre de la mort imminente et que plus jamais je ne le revivrais. Je sus de façon forte qu'il ne fallait surtout pas l'inscrire dans le temps ou dans une mémoire ordinaire, qu'il fallait tout faire pour s'en éloigner, sans remords ni regrets, et sans cultiver la nostalgie. Nos deux regards s'arrêtèrent un long moment, se fixèrent comme pour se dire « adieu », nous partîmes dans un grand éclat de rire. La vie reprenait son cours comme si rien ne s'était passé. Curieusement, plus rien ne bougeait dans ma mémoire. Blanche, vide, avec le sentiment que tout allait bien, tout était paisible, même Momo, même Gino et la Vieille, tout le monde était serein et apaisé.

Nous arrivâmes au hangar un après-midi. Gino répétait sur un vieux piano. Momo épluchait des pommes de terre et la Vieille mettait de l'ordre dans des cahiers. Ava eut un choc :

– Mais c'est extraordinaire, ce lieu ne m'est pas inconnu. Je l'ai déjà vu, je l'ai vu et même visité en rêve. Il a cent dix-huit fenêtres, vingt-trois portes, quatre entrées, un sous-sol qui fait le tour du bâtiment, il a été construit par un roi qui voulait se faire pardonner l'immense palais qu'il s'était offert à Caserte avec l'argent du peuple. Auberge des Pauvres ! C'est plutôt l'Auberge des Naufragés de la vie. Je pense qu'un jour j'y échouerai comme un bateau sans voyageurs.

— Mais, mademoiselle, une belle femme comme vous ne peut être une naufragée, c'est pas possible, dit Gino.

— Ava Maria, Idé, Iza, la Vierge Marie, l'Amour, l'Aimée, viens par là que je te présente ma maman juive-musulmane, une antiquité qui a encore le cœur plein d'amour, il lui arrive d'étouffer un peu, mais elle est bien ma maman, italo-africaine, un mélange de plusieurs épices, viens Ava...

La Vieille était fardée.

Elle dit à Ava :

— Ne te farde jamais, ma fille, car, comme tu le sais · « Le maquillage est le linceul de la beauté. »

Momo avait aspergé l'air d'un mauvais déodorant. Ava n'hésita pas une seconde et se jeta dans les bras que lui tendait la Vieille. Elles s'embrassèrent longuement. Nous étions tous stupéfaits. Momo déboucha une bouteille de mousseux et nous pria de boire à la santé de... sa sœur retrouvée. Nous nous regardâmes interloqués. Momo nous avait habitués à ses fantaisies, mais celle-ci était un peu étrange.

— Ava serait ta sœur ? lui dis-je.

— Ma demi-sœur, ça se voit quand même. La ressemblance est frappante. Mais, pour vous, la ressemblance c'est une sorte de double. Non, c'est un mystère. Nous sommes assez différents pour nous ressembler. Vous comprenez ?

Gino se pencha vers moi et dit à voix basse :

— Il délire. Idé ne peut pas être sa sœur ni sa demi-sœur, c'est impossible !

— Toi aussi, tu délires. Ce n'est pas Idé qui est là. C'est Ava Maria. Enfin, si ça te fait plaisir de croire que c'est Idé, l'amour de ta vie, je n'y vois pas d'inconvénient.

— Mais c'est fou ce qu'elles se ressemblent ! Je n'ai pas rêvé. J'ai bien vécu une passion torride avec une femme qui dit s'appeler Idé, qui mesure un mètre soixante-seize, soit six centimètres de plus que moi, qui a les yeux verts, la peau miel ou cannelle, belle comme la vie, celle qui me rend visite la nuit quand j'ai froid. C'est bien elle, je deviens fou. Non, fou, je le suis depuis que je l'ai rencontrée.

— Nous sommes tous fous, cria la Vieille. Cependant, la folie ce n'est pas la confusion, c'est un palmier qui donne des dattes sans noyau, c'est une brûlure qui ne fait pas mal, c'est le baiser de l'absent, la voix enrouée d'une chanteuse noire, c'est un oiseau borgne saisi au vol. Approche, chère Ava Maria, ouvre ce coffre, il est plein de crânes polis par des mains d'enfants. Chaque crâne est une histoire. Tu en choisis un et tu me le donnes. Je ne sais pas si on t'a mise au courant, mais ce hangar est un lieu où les gens déprimés ou simplement malheureux viennent confier leurs histoires. C'est une sorte de vieille bibliothèque, un musée d'histoires, les gens d'aujourd'hui diront : c'est une banque ; mais dans une banque il y a des sous ou de l'or, ici il n'y a que des rats, des cartons et quelques imbéciles dont je suis l'illustre représentante. Donc, toi tu n'as pas de malheurs à me confier. Ton histoire, tu la trouveras là, dans ce coffre. Alors, plonge ta main dedans et sors-moi un crâne.

Ava obéit en souriant. Elle ouvrit le coffre, ferma les yeux. Sa main en sortit un crâne mal poli. Il y avait des restes de cheveux crépus par endroits. Elle le tendit à la Vieille.

– C'est curieux, tu es tombée sur l'unique crâne africain.

– Que dois-je faire ?

– Le caresser assez doucement et longuement jusqu'à ce que sa mémoire t'envahisse et te livre des images qui viennent du fond de l'Afrique. Prends le temps de les attendre, elles doivent traverser des océans et des continents.

– Et après ?

– Après, tu verras. C'est toi et ton destin. Ta main a choisi l'Afrique. Elle aurait pu tomber sur un crâne simple, le crâne de quelqu'un de la région, des Pouilles par exemple, un crâne qui t'aurait raconté l'histoire de Castel del Monte, ce château plein de mystère. Là, l'attente aurait été courte. Ta main aurait pu tomber plus mal : sur le crâne de Tan, l'unique Chinois de Naples qui prétendait être juif ; là tu aurais eu des difficultés.

Pendant ce temps-là, Ava cherchait appui pour s'asseoir. Les yeux mi-clos, elle s'affala sur le fauteuil bancal en face de la Vieille. Momo s'empressa d'apporter un oignon, le coupa en deux et le mit sous les narines d'Ava, qui se réveilla, un léger sourire sur les lèvres.

– Où suis-je ?

– Dans une forêt humide, dit Momo. Suis-moi, je t'emmène vers le puits sacré, là où repose la Vérité, là où se cache la lumière des yeux de ma maman juive et musulmane, là où Naples n'est plus une ville, là où, un jour, j'irai me réfugier pour mourir…

– Momo ! cria la Vieille. Ne parle pas du puits sacré, laisse-la le trouver toute seule.

– Mais, maman, c'est toi qui m'as dit que i'irai un jour au fond de ce puits chercher la Vérité…

– Oui, mais ce n'est pas le moment, et ton tour n'arrivera pas de sitôt.

Comme si elle était sous hypnose, Ava se mit à parler, les yeux fermés :

« Dense, dense la forêt des souvenirs, hauts, hauts les cèdres, cyprès, chênes de notre enfance, je marche et me suivent des enfants au ventre gonflé et aux yeux exorbités, je marche, je cours, la peur, des mains se tendent vers moi, des cris d'enfants, des pleurs, ma peau a mal, elle change de couleur, durcit, couleur café, mes cheveux se hérissent, frisés puis crépus, ma main dans mes cheveux rencontre des clous, je vois des ombres, des images sombres, un homme me poursuit, il court mais n'arrive pas à m'attraper, des gens tapent des mains, je suis accueillie, ce sont des ancêtres qui se souviennent de moi, fille rebelle, impatiente, je suis la fille de la forêt, mon père, je crois que c'est mon père qui court toujours derrière moi, je ne le vois plus mais je l'entends hurler comme il hurlait quand j'étais enfant et que je m'enfermais de peur, il hurle « reviens, ils vont te faire mal », c'est lui qui m'a fait le plus de mal, un père indigne, cruel, ma mère absente, ma mère renvoyée chez les fous, et cette ombre du mal est retenue par les ancêtres, qui suis-je ? qui suis-je ? l'arbre le plus ancien se penche, je marche et me sens libre, le père est loin à présent, plus de menace, plus besoin de me cacher, mon ombre me suit, me précède, recule et revient, mon ombre me protège, une voix en moi me dit que dans cette forêt mes racines sont mêlées aux racines d'un cèdre, c'est là où je suis en ce moment, un cèdre africain, ma voix me dit Kenza, Kenza, trésor, trésor, je suis Kenza, fille de Khadija, femme de ménage à Naples, ma mère n'est pas folle, ma mère est morte, elle est en moi, revit en moi, j'entends sa voix me rassurer, sa voix éloigne de moi l'ombre du père, père brutal à fusiller sur-le-champ, oui, mon père est un monstre, on me donne une machette à la lame bien aiguisée, une machette pour en finir avec ce cauchemar, mais je ne peux pas voir couler le sang, je plante la machette dans le tronc de l'arbre, une sève rouge en coule, tout le monde scande Kenza Kenza, j'ai la tête qui tourne, je suis affranchie, je suis Kenza fille de Khadija, cette tête que je caresse est celle d'un enfant, je suis libre, je me sens étrange, je me sens une autre, je me sens bien… »

Kenza, Ava, Idé, Iza… Tous ces prénoms désignaient le même arbre, femme des extrêmes, apparition fugace avec des traces d'images et des ombres dans le souvenir, Kenza, énigme du temps et de l'amour, fille libre dans une forêt d'hommes cruels…

Momo se leva, tendit la main à Gino, qui la prit, la pressa de toutes ses forces, Kenza s'approcha du pianiste et lui prit l'autre main, Momo s'empara de la mienne, je saisis celle de la Vieille, qui se leva. Nous étions tous unis. Le colosse africain se dandinait comme s'il cherchait un équilibre, psalmodiait des mots d'une langue inconnue, nous tournâmes en rond comme si nous avions le devoir d'exorciser le mal en nous, le mal fait à Kenza, le mal fait à la Vieille, nous étions convaincus que le même destin nous reliait, mieux qu'une famille, une toute petite tribu qui ne vit que pour la liberté, contre l'indignité.

Kenza que je continuais à appeler Ava Maria venait d'intégrer la tribu. En la regardant dans ce hangar insolite, je repensai aux nuits passées à faire l'amour. Une phrase, la première d'un conte de Carlos Drummond De Andrade, m'obsédait, lancinante : « Il était une fois un homme qui mangeait les doigts des dames ; pas ceux des demoiselles. » J'eus une envie irrésistible de prendre la main gauche de la Vieille et de manger son petit doigt. La main pendant par-dessus le bras du fauteuil tremblait un peu, épaisse, lourde. Je regardai fixement ses doigts. Tous bagués, sauf le petit ; même le pouce portait une ficelle rouge porte-bonheur. Je n'étais ni un vampire ni un cannibale. J'observai la main d'Ava. Des doigts longs et fins. Ses mains étaient plus grandes que les miennes. Ses yeux m'avaient bouleversé, ses mains m'avaient donné des frissons. Allais-je croquer un de ses doigts ? C'était encore une demoiselle. Mais je n'étais pas obligé d'épargner les demoiselles comme le personnage du conte brésilien. Peut-être que si je mangeais un doigt d'Ava, Gino serait guéri. Manger, dévorer, avaler, s'abreuver, sucer, lécher, s'empiffrer... Le langage amoureux est truffé de ces métaphores anthropophages ! Après l'amour, il m'arrivait de prendre la main d'Ava et de lécher ses doigts un par un. Ava n'était plus amoureuse, comme Idé, comme Iza. Je pris conscience de cela au moment où elle rejoignit la ronde. Le hangar de la Vieille était une scène de théâtre où se nouaient et se dénouaient les histoires d'amour. Ce lieu magique était aussi un lieu de vérité. Avec l'arrivée inespérée d'Ava – qu'il continuait à prendre pour Idé, mais avait-il tort ? – Gino reprit vie. Il se tenait mieux, avait le regard plus vif, le geste précis et l'âme en voie d'être comblée. Cela se voyait sur son visage. Il avait rajeuni. La vie était revenue. Ava avait le pouvoir de transformer l'être qu'elle aimait. Elle irradiait. La Vieille ne la quittait pas des yeux. On aurait dit qu'elle lui dictait ses gestes, l'incitant en silence à aller vers Gino, ne serait-ce qu'un bref instant, juste pour l'illuminer et le sauver. La Vieille avait plus que des intuitions, elle avait aussi des informations. Entre Ava et elle, il y avait plus qu'une complicité de circonstance, quelque chose de plus profond, qui nous échappait, qui était de l'ordre de la transmission de pensée et de l'identification.

Gino était sur la voie de la guérison. Momo, en simple d'esprit, était de plus en plus celui par qui les choses devaient arriver. J'avais débarqué dans cette tanière un peu par hasard et voilà que j'étais incapable de quitter la Vieille, Momo, Gino et cette femme qui ne me reconnaissait plus, qui m'avait tant donné et avait tout oublié. La Vieille me regardait de temps en temps comme si elle voulait me dire d'être patient et d'accepter ce qui arrivait sans réagir. C'était cela la leçon des ténèbres, la leçon de la longue marche à travers les ruelles étroites et sombres de l'enfance. Chacun de nous sent un jour le besoin d'exorciser ses démons, ceux qu'il connaît et surtout ceux qu'il ignore et qui le poussent vers des ravins qu'il ne voit pas.

Les lumières s'éteignirent. De sa voix rauque Momo entama un chant douloureux. La Vieille alluma une bougie. Gino était ému, il tenait la main d'Ava. J'étais assis sur le coffre des crânes polis. Je me sentais mal à l'aise. Je devais écrire le dernier chapitre de l'amour défunt, amour perdu, saison interrompue. Il fallait le faire pour comprendre. Écrire pour comprendre ! C'était chez moi une manie, même si je ne comprenais pas grand-chose. Les femmes ont besoin de sentiments, d'émotions, pas des mots, ou plutôt pas que des mots. A force d'écrire cette histoire, j'avais oublié de la vivre. Je l'avais installée dans une maison pleine de mots, de phrases, d'images et de chants. Je croyais que les mots pouvaient être plus forts, plus persuasifs que les actes. Je sentais qu'il était trop tard pour agir. Toute ma vie j'ai plus réagi qu'agi. Je subissais, laissant le hasard décider pour moi. Le hasard, c'était souvent les autres. En rencontrant Ava, je venais juste de sortir d'une forêt de mots et d'images où je me barricadais. Ava me donna de la vie avec intensité, puis disparut ; même si elle était là devant moi, son âme était ailleurs, loin de moi. Je vivais sur une illusion magique. Ces choses-là n'arrivent pas souvent. Elles vous bousculent, vous laissent pantois, stupide et sans défense. On les raconte et les gens s'en émeuvent. Les vivre est autre chose, une épreuve, une plongée dans le mystère.

Mon histoire avec Ava, même si elle a bien existé, fut du roman. Fulgurante et intense, brève et forte, elle a éclaboussé ma vie comme si je vivais dans un livre, un manuscrit où l'encre avait la couleur de l'ambre, marron foncé.

Depuis que j'ai lu *Le Manuscrit trouvé à Saragosse*, je rêve d'être à l'origine d'un ouvrage que tout le monde rechercherait et qui n'existerait que dans mon imagination. Je serais ce livre et, pour le lire, pour palper ses pages et les tourner dans une espèce de fièvre, il faudrait venir vers moi, savoir lire dans mes yeux, sur ma peau. Me toucher, caresser le dos de mes mains pour que les phrases coulent l'une après l'autre et viennent se ranger dans d'autres yeux, dans d'autres regards, comme si j'étais la mémoire initiale, celle qui raconte à l'infini l'histoire de cette illusion magique.

14

Ce corps plus vieux que la mémoire, plus usé que le regard, ce visage fardé, blanchi avec de la farine, et ces mains tremblantes avaient abandonné toute résistance. La Vieille allait mourir comme si elle entrait dans un rêve par une porte dérobée, comme par effraction, comme si la partie était finie et qu'il fallait s'en aller sur la pointe des pieds, sans déranger la vie qui continuait.

Lasse, elle voulait s'abstraire du temps, fermer les paupières et dormir pour toujours.

Un grand silence se fit. Nous attendions les derniers signes de celle qui était pour nous plus qu'une mère, plus qu'une complice ou confidente, mais une lumière qui guidait nos pas.

Le calme. Rien ne bougeait. Même les rats se tenaient immobiles dans leur coin. Momo se cachait le visage avec les mains. Il pleurait. Le vide s'installait lentement dans le hangar. Tout était en ordre. Kenza se tenait debout à côté de Gino, qui n'osait regarder du côté de la Vieille. On entendait sa respiration de plus en plus difficile. On ne se regardait pas. On regardait fixement le sol. Comme la branche d'un arbre fatigué, la Vieille penchait vers le bas. Elle nous tenait à distance au moyen de sa canne. Elle n'avait pas pris ses médicaments et ne voulait plus les prendre. Des pilules rouges et d'autres blanches étaient éparpillées par terre. Un mince filet d'urine tombait du fauteuil. Elle dirigea sa canne vers moi. Je me précipitai ; elle marmonna des bribes de phrases. Je compris qu'il fallait chercher des photos dans le coffre aux crânes polis. Je l'ouvris, dégageai quelques crânes et sortis un dossier enveloppé dans de la cellophane. C'était un vieil album de photographies. Je le posai sur ses genoux. Avec un mouvement des yeux, elle m'ordonna de le feuilleter. Des photos tombèrent. Ce fut Gino qui vit le portrait en noir et blanc d'une très belle femme aux yeux clairs, à la chevelure bouclée, au sourire énigmatique. Il s'en empara et me le montra. Moi aussi, j'eus un choc. Momo ramassa d'autres photos et cria : « Maman ! Maman ! » On crut qu'elle avait rendu l'âme. Il avait hurlé parce qu'il avait reconnu la Vieille, lorsqu'elle était jeune, puis il se tourna vers Ava-Kenza et cria encore plus fort. Le portrait était celui d'Ava. La ressemblance était troublante. Plus que jamais c'était un mystère, une coïncidence, ou pire, on n'osait l'imaginer, la même personne avec deux visages et un même destin. Ava-Kenza refusa de regarder les photos.

Un léger sourire s'inscrivit sur le visage de la Vieille, apparemment soulagée. Elle pouvait partir à présent. Ava-Kenza-Idé-Iza était revenue. Kenza et Gino s'agenouillèrent à ses pieds, je me joignis à eux. Dans un dernier effort, la Vieille posa successivement la main droite sur chacun de nous. Momo voulut aussi recevoir une dernière bénédiction. Elle expira un bon coup, sa nuque se raidit, puis lâcha prise. Momo hurla, se donna des gifles, se roula par terre en baisant les pieds de la Vieille, mouillés par l'urine. Puis le silence se fit. Il s'imposa dans le hangar et dans toute l'Auberge. Les rats sortirent et vinrent lécher les doigts de pieds de la morte, puis quittèrent le hangar par la porte.

Momo essuya ses larmes et alla chercher un rabbin et un mufti. La Vieille avait droit aux deux rites : après tout, c'était une juive convertie à l'islam pour faire plaisir à Momo. En fait, elle ne croyait ni en Dieu ni en ses prophètes. Elle ne voulait pas contrarier ce colosse habité par l'enfance. Elle croyait en l'amour et parlait souvent du destin. Gino et Kenza mirent un peu d'ordre dans le hangar, puis disparurent. Je restai seul avec la Vieille. J'observai tous ces objets accumulés, ce désordre dans un décor plus chaotique que jamais. J'eus la conviction que tout cela était à moi, et que j'allais aussi hériter de Momo. Un grand enfant perdu qui n'avait jamais quitté définitivement sa brousse. Qu'allait-il devenir sans la Vieille ? Un clandestin parmi tant d'immigrés à la dérive, l'épave d'un bateau qui ne cesse de couler avec toujours cette petite lumière s'allumant au bout d'un couloir, un espoir d'émerger et d'être un citoyen parmi d'autres citoyens. Momo attendait des papiers, mais il n'avait pas de travail, pas de raison d'être sur le sol de ce pays. Il faisait partie de cette cohorte d'ombres non invitées au festin. Il n'avait pas de métier, ne savait rien faire de ses immenses bras, mais il souriait aux gens, optimiste et insouciant. Il pourrait planter un arbre au milieu d'une grande place et communiquer l'optimisme aux passants qui ont tout pour être heureux mais sont tristes, angoissés et peu confiants dans l'avenir.

J'observais les objets. Ils m'étaient familiers. J'eus l'impression d'avoir toujours vécu dans cet endroit. Je pris un chiffon pour essuyer la poussière. Il y en avait beaucoup. Je renonçai au nettoyage. J'enlevai mes chaussures qui me faisaient mal et mis une vieille gandoura qui servait de pyjama ou de robe de chambre à la Vieille. Elle était courte et sentait mauvais. Cela ne me gênait pas. Elle sentait la Vieille. Je me mis en face de la morte et profitai de l'absence des autres pour lui dire ce que j'avais envie de lui dire depuis le début de cette histoire :

« Merci de m'avoir accueilli et guidé dans cette cité trouble et compliquée. Venu pour découvrir Naples et écrire, j'ai fait une rencontre forte, et cela c'est grâce à vous, à votre intelligence du cœur, à votre présence pleine de grâce, vous m'avez montré le chemin pour me connaître moi-même. J'ai découvert un être passif, imaginant la vie au lieu de la vivre et d'affronter les autres. Quand j'ai décidé de sortir de mon ancienne peau, j'ai rencontré l'amour, une passion brève et très intense qui m'a mis en face de moi-même avec cruauté. Je vais persévérer dans mon être en pensant à vous, à tout ce que vous m'avez appris, en revoyant le film de votre histoire, espérant comprendre le lien mystérieux, le lien magique existant entre vous et Kenza, celle que nous avons tous aimée à un moment de notre vie. Kenza, c'est la lumière de l'étoile filante qui est passée à l'instant même où nous ne savions plus où nous en étions, ni ce que nous faisions, un éclair qui nous a mis face à nous-mêmes, avec en plus une fenêtre ouverte sur le grand amour, celui qui marque une vie et la rend meilleure. Je sais que Kenza continuera sa route tracée dans la Voie lactée et qu'elle ne reviendra plus consoler les larmes amères de Gino, ni me prendre la main et s'enfermer avec moi dans une véranda où le temps faisait un détour pour ne pas nous déranger. Je vous promets de m'occuper de Momo, je ferai tout pour qu'il ne reste pas à traîner dans les rues de Naples comme un mendiant ou un clochard. Je vous promets que je le ramènerai vers sa terre, je le rendrai à son village, à sa famille, là où il sera enfin lui-même, apaisé et réconcilié avec l'Afrique, qu'il porte en lui comme une évidence mais qu'il ne sait pas aimer. Quant à moi, je ne sais pas ce que je vais faire. Pour le moment, je vais écouter ce que murmure Naples »

Je me mis à genoux et posai ma tête sur le ventre de la Vieille. Mon oreille bourdonnait. Tout n'était pas mort en elle, ça grouillait, ça bouillonnait, ça bougeait. J'entendais des cris, des clameurs, des musiques, des sifflements amplifiés par le grand silence. Mes yeux étaient secs : aucune envie de pleurer. Le ventre était encore tiède. Tous les bruits de la ville passaient par ce ventre si grand, si large et infini. Ça résonnait. C'était le ventre de Naples, Naples au temps de la peste et du choléra, Naples envahie et résistante, secrète et clandestine, Naples transfigurée par la folie des enfants tueurs, par la lassitude des veuves en noir, Naples en sueur, le corps gras, les yeux mi-clos, les jambes écartées offertes au vent du soir. J'entendais le cœur de Naples battre à un rythme lent, ponctué de temps en temps par une brusque rupture comme si tout s'arrêtait puis tout recommençait. Les bruits étaient lointains et de plus en plus confus. Et moi, j'étais en sueur, la tête lourde posée sur le ventre d'une légende.

Les funérailles furent grandioses. Presque toute la communauté africaine était arrivée tôt le matin dans la grande cour de l'Auberge. Princesse Malika dansa autour du cercueil, suivie par une vingtaine de filles belles et élégantes qui chantèrent *L'Hymne à l'éternité joyeuse*. Après ce chant, Gino, vêtu d'un smoking à sa taille, rasé et propre, fit venir un camion sur lequel était posé un piano. Le chauffeur était un déménageur qui passait par là et s'était arrêté pour écouter les chants. Gino monta à l'arrière du camion, s'assit sur une commode et joua une sonate superbe, triste et gaie à la fois, la sonate de la libération. On sentait qu'il était devenu un autre, un homme libre, un artiste qui a renoué avec son art, un homme apaisé et serein. Il joua sans hésiter ni trembler. Nous étions tous stupéfaits par le talent de cet ancien naufragé. Momo pleurait. Il me tenait la main, comme s'il me retenait de peur de se retrouver seul et abandonné. Kenza, toute de blanc vêtue, était immobile. Elle portait des lunettes de soleil. Elle ne pleurait pas. Le cercueil de la Vieille fut porté par Momo et trois autres Africains. Nous quittâmes l'Auberge avant midi et traversâmes la ville à pied. Les voitures s'arrêtaient pour laisser passer le cortège. La police croyait que c'était une princesse africaine qui était décédée. Kenza leur dit que c'était une reine qu'on enterrait. L'entrée dans le cimetière fut retardée parce que le gardien croyait que c'était un carnaval qui se serait trompé de lieu de rendez-vous. Les Africains portaient des couleurs vives et chantaient, et certains avançaient en dansant. Il fallait présenter les certificats de décès et d'enterrement. Personne n'avait pensé à réclamer ce genre de documents. Heureusement, le concierge était là et montra se carte. De toute façon, le gardien n'aurait pas pu empêcher cette foule d'entrer. De mémoire de fossoyeurs, c'était du jamais vu. La Vieille continuait d'étonner au-delà de sa vie. Le rabbin marchait à côté du mufti, un Malien de deux mètres ; Roberto, le frère, nous suivait dans un fauteuil roulant. L'enterrement fut très bref. Le rabbin dit la prière juive. Le mufti récita la première sourate du Coran, nous fit lever les mains jointes et prononça quelques prières. A ce moment-là, de la foule surgit un prêtre. Il se présenta en s'excusant de s'immiscer dans ces funérailles un peu particulières et demanda qu'une prière de l'Église catholique soit dite sur cette femme qui, en réunissant en elle deux religions monothéistes, ne pouvait exclure la troisième. Il prononça quelques phrases chargées de beaux symboles et dit regretter de ne pas avoir mieux connu cette grande dame.

Je ne sais pas qui donna l'ordre de la dispersion. Je vis Gino sortir du cimetière sans se retourner. Il était seul. Je restais là, ma main dans la main de Momo. Nous cherchâmes Kenza des yeux. Elle avait disparu. Un effluve de parfum du paradis nous submergea. Le soir tombait doucement sur Naples. Je levai les yeux vers le ciel. Momo aussi. Il poussa un cri : « Une étoile filante ! J'ai pas eu le temps de faire un vœu ! »

15

Cinq années plus tard, je quittai l'Auberge et Naples. Le hangar fut fermé sur ordre de la préfecture pour des raisons de sécurité. Je l'avais assez bien arrangé, dératisé, repeint, et surtout j'en avais fait quelque chose d'autre qu'un débarras ou un dépôt d'histoires. La Vieille avait emporté avec elle tous ses secrets. Le coffre était vide. Les crânes avaient disparu. Je soupçonne Momo de les avoir vendus ou donnés à Princesse Malika pour ses séances de transe et de sorcellerie. J'avais transformé ce lieu chargé de souvenirs en trattoria exotique. On pouvait y manger aussi bien des plats italiens que des tajines marocains. J'aimais faire la cuisine. Cela me détendait et me reposait du travail d'écriture. Le hangar connut son heure de gloire à l'occasion du tournage d'un film d'Ettore Scola. Marcello Mastroianni aimait beaucoup la cuisine marocaine. Il me parla d'un dîner qu'il fit à Marrakech alors qu'il tournait un film de Liliana Cavani. Ce souvenir le poursuivait. Il fréquenta le hangar quelques semaines, puis il disparut. La fermeture intervint au moment où je me lassais de tout ça. J'avais un peu d'argent de côté et, sans trop réfléchir, je pris un billet de train pour rentrer au Maroc. Pourquoi le train ? Parce que le retour devait se préparer. Il fallait me faire à l'idée de rentrer et d'abandonner cette ville à laquelle je m'étais attaché. J'avais besoin de prendre mon temps pour arriver jusqu'à Marrakech. Au lieu de deux jours, je décidai que ce retour durerait deux semaines. Un voyage lent et long. C'était une idée. Ne pas tricher avec le temps, c'était comme si je rentrais à pied. J'aurais pu trouver un autre métier et m'installer en Italie, mais le Maroc me manquait, j'avais besoin de sa lumière et de ses poussières, d'entendre ses bruits matinaux, les voix des enfants qui crient en jouant avec un ballon en chiffon, le cri des vendeurs de poisson, besoin de sentir monter dans l'air le parfum des orangers et les odeurs de la vie. J'avais besoin d'entendre cette clameur indistincte qui monte de la médina et qui nous ramène à l'enfance. Parfois, il me suffisait de faire un tour entre la gare et le port de Naples pour évacuer cette nostalgie et recevoir en pleine figure tout le pays natal. Je me disais : « L'Italie, c'est le Maroc plus l'angoisse ! » J'avais envie de retrouver mon pays partout où j'allais. Plus il me manquait, plus je l'embellissais. J'étais arrivé, après ces quelques années passées à Naples, à ne plus me préoccuper de Fattouma. Je n'avais pas envie de savoir ce qu'elle était devenue. Ma mère m'en parlait en des termes sévères. Je la rassurais et lui disais que ce n'était pas grave. Elle me disait : « Tu te rends compte, mon fils, elle ne vient plus me voir, même pour me souhaiter bonne fête ! Quel manque d'éducation ! Ses parents sont malheureux, ils ne savent plus que faire pour la ramener à la raison. Enfin, c'est ce qu'on appelle une ingrate, elle a tout oublié, oublié le bien qu'on lui a fait, oublié tout, ses pieds ont glissé, elle est tombée avec un étranger ! » Quant à mes enfants, ils réussissaient leurs études, nous nous téléphonions de temps en temps. Ils vinrent un jour me rendre visite. Ils m'étonnèrent en m'apprenant qu'ils avaient décidé de faire leur vie au Canada. Le Maroc ne leur manquait pas ou presque pas. Nous eûmes une longue discussion sur l'importance des racines et de la culture. Ils me citèrent le cas de plusieurs de leurs camarades diplômés qui étaient rentrés au pays et qui ne trouvaient pas de travail. J'étais mal placé pour les contrarier, mais je faisais confiance à la terre marocaine, aux racines que nous portons en nous et qui nous ramènent toujours sur le sol natal. Je tenais beaucoup à ne pas intervenir dans les décisions que prenaient mes enfants, exactement comme mes parents avaient fait avec mes frères et moi. Je me souviendrai toujours d'un matin d'hiver où il faisait très froid ; mon père nous avait réunis parce qu'il avait remarqué que nous n'avions pas fait notre prière. Je devais avoir sept ans. Il nous a dit : « Mes enfants, je sais, vous n'avez pas fait la prière du matin. Je sais que l'eau est gelée et que ce n'est pas facile pour faire les ablutions. Je ne suis pas fier de vous, mais à présent vous êtes grands, si vous devez recevoir un blâme, seul Dieu vous le donnera. Moi, j'ai fait mon devoir de père, je vous ai montré le chemin de la piété, je vous ai indiqué comment faire la différence entre le Bien et le Mal. Notre religion est fondée sur la peur, comme chez les juifs et les chrétiens. Je dirais que l'Islam est basé sur la responsabilité. Apprenez et respectez les valeurs de la vie qui sont simples : ne pas mentir, ne pas voler, ne pas humilier un être humain, apporter aide et secours à celui qui en a besoin. Vous serez seuls responsables devant Dieu le jour du Jugement Dernier. La prière, le jeûne du Ramadan sont de votre responsabilité. Comme dit le dicton : "Chaque brebis est pendue par sa propre patte." A vous de voir. » Il ne nous réprimanda plus jamais. Nous étions libres de faire ou ne pas faire la prière. Cette notion de liberté nous fit du bien. C'est ce que j'ai tenté d'inculquer à mes enfants. Je sais qu'ils sont libres.

J'étais en train de préparer mes affaires quand j'eus une étrange visite. Une jeune femme brune, avec une belle tignasse de cheveux noirs bouclés aux reflets rouges laissés par le henné, les yeux clairs, le regard droit, entra dans le restaurant. Elle était dans un fauteuil roulant que poussait un vieil homme. Pendant une fraction de seconde, je crus reconnaître mon père. La même allure, le même regard, celui d'une bonté qui se voudrait ferme mais qui ne l'est pas. Je me frottai les yeux. Je remarquai que le vieil homme avait toutes ses dents. Mon père n'avait jamais supporté de mettre un dentier. La jeune femme jeta un coup d'œil sur les cartons entassés, fit le tour du lieu, puis dit :

— Bonjour, je suis Iza, la nièce du professeur Dorna. Lui, c'est mon père. J'ai su que vous étiez à Naples, mais je n'osais pas vous déranger. Je vous ai apporté vos lettres et quelques biscuits que j'ai faits moi-même. J'espère que vous les aimerez. J'y ai mis du gingembre, des graines de sésame et très peu de sucre.

Je ne savais pas quoi dire. Elle me tendit le paquet de lettres. Je n'avais pas envie de les ouvrir. Le paquet était assez épais. Je ne me souvenais pas avoir tant écrit. Elle remarqua mon étonnement et dit :

— Il y a aussi certaines de mes lettres que je vous ai écrites et que je n'ai pas envoyées. Vous les lirez plus tard.

Son père avait une barbe de plusieurs jours. Il portait un vieux manteau. Il n'était pas à l'aise. Quand je le regardais, il baissait les yeux.

— Iza, c'est vous !

268

– Oui, c'est moi. Vous reconnaissez au moins ma voix ?

– Pourquoi avez-vous disparu ? Je vous ai cherchée longtemps.

– Je n'étais pas en bonne santé. Je devais rester allongée jour et nuit. Ce n'est que depuis quelques mois que je peux me déplacer en fauteuil. Et puis j'aimais bien rester dans les nuages. Je vous imaginais plus grand. C'est curieux comme notre imagination nous fait planer. Et vous, comment m'imaginiez-vous ? Je sais, c'est la question qu'il ne faut pas poser, mais il y a longtemps que je n'ai plus d'illusion, autant tout dire comme on le pense.

J'eus un moment d'hésitation.

– Je ne vous imaginais pas dans un fauteuil roulant.

– Vous êtes déçu ?

– Je suis ému. C'est étrange ! Vous apparaissez juste au moment où je m'apprête à quitter ce pays. On dirait que vous l'avez fait exprès ; enfin, disons que c'est une coïncidence. J'ai envie de vous revoir et de parler avec vous comme nous le faisions quand nous nous écrivions.

– Je ne pense pas que ce soit une bonne idée. J'ai tenu à me présenter à vous après bien des hésitations. C'est le garçon marocain du Vesuvio qui m'a donné votre adresse, vous vous souvenez de Tony ? Vous m'aviez laissé une lettre à l'adresse où nous nous écrivions. Il y avait le nom de l'hôtel. Je ne pensais pas vous trouver. A présent que nous nous sommes vus, nous pouvons nous dire adieu.

– Pas si vite. Je peux vous offrir quelque chose à boire ? Un thé à la menthe, par exemple…

Le vieil homme toussa et me dit sur un ton désolé :

– Elle doit refaire un séjour à l'hôpital. Aujourd'hui,

elle a fait un gros effort pour venir vous voir. Il faut qu'on parte.

— Dites-moi où vous serez, j'aimerais venir vous rendre visite.

— Non, surtout pas. Lisez ma dernière lettre, je crois qu'elle porte une petite étoile filante en haut à gauche. Vous comprendrez mieux pourquoi je ne souhaite pas qu'on vienne me voir. Adieu, mon ami.

Ils quittèrent l'Auberge sans se retourner. Je ne savais ni quoi penser ni que faire. J'étais bouleversé. Toutes les images d'avant se mélangeaient dans ma tête, puis disparaissaient dans un gouffre. Je n'avais plus que de la poussière d'images. Je regardai le paquet de lettres. J'eus la tentation de les brûler. Elles étaient classées par date. J'ouvris au hasard une des siennes. C'était un dessin au fusain : une ogresse ressemblant à la Vieille mangeait des enfants. C'était noir. C'était triste. J'ouvris celle qu'elle m'avait demandé de lire. Une écriture grosse, mal assurée. Je la lis :

Cher ami,
Je m'en veux de ne pas vous avoir dit la vérité, d'avoir par faiblesse entretenu l'illusion d'une relation amicale et sans problèmes. Je tiens à vous remercier de m'avoir tant écrit et de m'avoir parlé au téléphone. Vous ne pouvez pas imaginer combien j'attendais vos lettres, puis vos appels. Je me faisais une joie quand je sentais qu'un signe de vous allait arriver. Je détestais les jours fériés et les week-ends, parce qu'il n'y avait pas de courrier. J'aimais vos phrases, vos émotions, même si je savais que nous nous construisions une histoire comme des adolescents encore naïfs. Mais j'avais besoin de cet air frais qui me venait de Marrakech, une ville que je connais à présent sans jamais y avoir mis

les pieds. Je sais tout sur cette ville, j'ai lu pas moins de dix ouvrages et vu plusieurs films. Celui que je préfère n'est pas un documentaire, mais un film superbe d'Alfred Hitchcock, L'homme qui en savait trop, *dont le début se passe à la place Jamaa el Fna.* On y voit la place grouillant de monde et surtout on voit une femme marocaine voilée, en djellaba, passer à bicyclette (je crois qu'elle a une machine à coudre Singer sur la tête). Cette image m'a longtemps obsédée. Il m'arrive souvent de croire que cette femme, c'est moi. Évidemment, je me raconte des histoires et je me dis au moins qu'elles soient extraordinaires.

C'est mon oncle qui eut l'idée de nous mettre en contact. Je ne savais pas ce qu'il vous avait dit. Je n'osais pas le lui demander. A l'époque, j'étais très déprimée. Les médecins étaient pessimistes et moi je n'avais plus envie de vivre. Et pourtant, mon appétit de vie était immense. Lorsque je reçus vos premières lettres, je fus tentée de vous parler de mon mal et de vous mettre au courant de ce que j'endurais. Mais le fait de vivre par procuration quelque chose qui ressemble à une histoire d'amour me donna de l'énergie et de la volonté. Vous avez été plus fort que les médecins. Mais vous n'en saviez rien.

Quand je vous ai parlé de ce concours, j'étais persuadée que vous ne le gagneriez pas. Je n'avais pas envie de briser ce lien heureux, cette histoire qui ne ressemblait à rien d'autre. Je vous ai menti par omission. Voilà mon péché, ma faute. Il m'arrive de relire vos lettres. Elles me bouleversent souvent. Vous êtes un poète. J'ai deviné que vous ne deviez pas être très heureux dans votre vie conjugale. J'ai repéré ici et là quelques réflexions amères sur la vie de couple. Je suis de votre côté. Je n'ai jamais désiré avoir un lien contraignant *comme le mariage, même s'il est construit sur un grand amour ; je dirais : surtout s'il y a derrière un grand amour. J'ai fini par considérer que nous étions tous les deux amenés à échapper à la contrainte par l'imagination ; moi je me réfugiais dans les images pour oublier la maladie, vous pour échapper à une conjugalité malheureuse. Ce fut là notre point de rencontre, notre destin. La fuite dans un monde intérieur, dans un univers de liberté et de création. Moi, je dessine. Vous, vous écrivez. Mais quand les mots et les dessins ne suffisent plus, on prend la fuite dans le délire, dans le tunnel du macabre, dans les hallucinations.*

Je viendrai un jour vous voir. Je serai accompagnée de mon père, le seul homme de ma vie.

Je voudrais vous dire merci et adieu. C'est mieux ainsi.

Je m'assis dans le vieux fauteuil rouge de la Vieille et sentis que mon corps se refroidissait. J'eus une première vision : la Vieille me souriait en me parlant, mais je n'entendais rien de ce qu'elle disait. Elle faisait des gestes de la main pour que je la rejoigne ou que je m'approche. J'étais incapable de bouger.

La deuxième vision se situait ailleurs, à Marrakech : Fattouma tournait à bicyclette autour de moi, portant sur la tête ma machine à écrire d'où sortaient des feuilles qui se perdaient dans la place Jamaa el Fna. Il tombait ensuite des mots dans des bulles de savon, des lettres qui bougeaient sans former de mots cohérents. Elles s'écrasaient, laissant des taches sur le sol. Fattouma me narguait. Elle était forte physiquement. Elle tournait sans arrêt, riait aux éclats, la machine à écrire fixée sur la tête. Je n'arrivais pas à réagir, à sortir un mot. Je fermai les yeux, et le manège s'arrêta.

L'image d'Iza dans le fauteuil roulant m'obsédait. Je m'en voulais de ne pas avoir su la retenir.

Je compris définitivement que je n'avais plus rien à faire ici et qu'il fallait partir, non pas en train ou à pied, mais très vite, par avion.

Je mis le paquet de lettres dans un sac en plastique et le glissai dans le cartable où j'avais rangé mes cahiers.

Momo repartit au Sénégal. Il était devenu le garde du corps de Princesse Malika. Le jour où elle sentit que son heure allait arriver, elle prit seulement une petite mallette pleine d'or et d'argent, et partit en s'appuyant sur le bras de Momo. J'appris plus tard que Momo fit un bel héritage. Devenu riche, il revint à Naples et essaya d'acheter non pas toute l'Auberge mais au moins le fameux hangar de la Vieille. La municipalité l'avait mis sous scellés et s'apprêtait à voter des travaux de restauration de l'Auberge. Des rumeurs laissaient entendre qu'elle deviendrait un musée d'art moderne, d'autres disaient que la Camorra l'aurait achetée à la ville pour en faire un hôtel de luxe destiné à ses correspondants mondiaux. Durant quelques jours la presse s'intéressa beaucoup à cet établissement à cause d'un drame de la jalousie : le gardien du parking perdit ses organes génitaux dans son sommeil ; il aurait été attaqué par une meute de chiens affamés ; d'autres disaient que sa femme, malade de jalousie, aurait réglé ainsi le problème de l'infidélité ; André, le clochard, soutint que c'étaient les taupes de l'Auberge qui avaient attaqué le méchant bougre. La police arrêta l'épouse, qui nia énergiquement toute participation au drame. Du coup, l'Auberge des Pauvres ne fut plus ignorée des touristes, et la municipalité promit d'en faire un lieu dédié à la culture.

Momo s'ennuyait. Il pleurait souvent la mort de la Vieille. Il portait des costumes à la mode, fumait des cigarettes américaines et buvait du mauvais vin. Il n'avait plus de repères, ne savait quoi faire, et traînait dans les rues. J'avais essayé de le raisonner et de le persuader qu'il serait plus heureux dans son pays, mais il voulait que je l'accompagne. J'avais pensé un moment lui proposer de venir avec moi à Marrakech passer quelques jours, puis de là partir pour Dakar. Je me rendis compte qu'il était entré en Italie sans visa et qu'il lui était difficile de repartir sans se faire arrêter. Il fut repéré par des voyous qui le dépouillèrent en lui faisant acheter n'importe quoi, notamment des objets volés qu'il essaya de revendre sur les trottoirs. Arrêté par la police pour vol et recel, il fit trois mois de prison, avant d'être expulsé vers Dakar. Ce fut lui qui me raconta cette mésaventure dans une lettre :

Mon frère et néanmoins ami,
Je te souhaite le bonjour, la santé, la fierté et le bonheur. Tu manques, mon frère, tu manques à moi et moi j'espère que je te manque. Il fait chaud comme dans un four à pizzas, mais l'arbre donne de l'ombre à celui qui sait s'adosser contre lui. Moi je n'arrive pas à croiser mes jambes comme font les autres. Je regarde et eux me regardent en riant. Moi, je ne ris pas, mon frère, parce que je pense tous les jours à toi et à ma maman, que Dieu le Miséricordieux et le Clément recueille son âme. Je rêve de toi. Je rêve d'elle. Ah, mon frère, les Italiens ne sont pas gentils avec Momo ! Ils m'ont donné à boire de la bière pleine de poison. Quand j'étais mort, quand je ne bougeais plus, ils m'ont tout pris. Après, la police a terminé le travail. Je me suis réveillé dans un avion où l'hôtesse était noire comme moi et m'a dit que je

*rentrais au pays en passant par la police nationale.
Oh! mon frère! j'avais mal à la tête, tu sais, la tête
tournait en rond, tombait, je la ramassais, je la posais
devant moi, puis elle retombait. Enfin, je ne sais pas si
je t'explique bien, mais j'avais mal et je ne savais pas
où j'étais. Mon ventre aussi montait et descendait, tout
tournait.*

*L'hôtesse noire m'apparaissait comme une vache un
jour de marché, elle criait et ne voulait pas avancer. En
arrivant au pays, je suis sorti le dernier de l'avion. On
m'a dit « bouge pas ». J'ai pas bougé. La police est
arrivée. Ah! mon frère! je sais pas comment est la
police chez toi, mais chez moi elle est pas bien habillée.
Un type me pousse, un autre me bouscule. Ils parlaient
dans leur takiwaki, tu sais le téléphone de la brousse.
Ils disaient que j'étais là, avec des yeux gros et rouges.
Je suis resté trente-trois jours en prison. Je te dis pas ce
que c'est. Je sais que tu vomis facilement. Alors je te dis
pas les rats, les scorpions, les araignées, les fourmis,
l'urine et même l'autre chose. Enfin, je suis sorti et je
suis allé à pied à mon village. Deux jours et une nuit de
marche. Mais les gens sont bons. On me donnait à
boire et à manger. J'ai même rencontré une femme qui
voulait me suivre. Mais elle avait la gale. Faut faire
attention. Je lui ai donné ma montre Royalex, elle était
contente. Au village, mon vieil oncle était fâché. Il m'a
dit que je suis le non-honneur de la tribu, que j'étais
la honte qui monte sur le visage de la famille, que je
devrais aller cacher mon visage dans le puits, l'ancien,
pas le nouveau où il y a de l'eau. J'avais soif et je
n'osais pas demander à boire. Ah! mon frère et néanmoins ami! la Vieille m'a tout appris et je crois qu'elle
n'est pas contente de moi, je l'ai vue dans le rêve, elle
faisait des grimaces, me menaçait avec sa canne, j'ai*

peur, je suis pas fier, depuis sa mort je n'ai connu que du malheur, je ne sais pas comment toi tu vis mainte-nant, mais moi j'ai pas trouvé l'ombre sous l'arbre, j'attends le coucher du soleil pour aller sous l'arbre, je me sens protégé, comme si les feuilles et les branches étaient les mains ouvertes de ma maman.

Je peux plus sortir du pays. Plus de passeport. Plus d'argent. Que du soleil et du silence. Mon oncle m'a dit que son cheval est mort et que je pourrai le remplacer. Je vais tirer la charrette. Il m'a donné un grand cha-peau. Il me donne de l'ombre. Un jour, je vais me marier, je ne sais pas avec qui, mais promets-moi, mon frère, de venir à la fête. C'est important. Tu arrives à Dakar, tu prends la route de la ville, tu tournes à la pre-mière route à gauche, tu continues pendant une demi-heure et puis tu verras un panneau que j'ai ramené de Naples « Pizzas Alberto », tu peux pas te tromper, le panneau est cloué sur l'arbre le plus grand avant l'en-trée du village. Là, tu demandes Momo et tu me trouves. Je te souhaite la santé, la paix et l'amour sans histoires.

Momo, ton frère et néanmoins ami.

En arrivant à Marrakech, je reçus en plein visage une poignée de sable rouge qu'un vent violent promenait à travers la ville. Ce fut comme une claque de bienve-nue, un peu de terre du pays dans les narines et les yeux. Pas de doute, j'étais chez moi, dans mon pays. Je marchais et je sentais que mes pieds étaient lourds. Le sol les retenait. Je regardai les montagnes au loin. Il y avait encore de la neige sur leurs sommets. Le ciel était d'un bleu pur. Quelqu'un disait que Marrakech n'a pas la mer mais a le ciel de la mer. J'avançais lentement dans l'aéroport. Deux porteurs se disputaient pour prendre mes valises. Devant le douanier, je ne dis rien, le regardant faire. Il fouilla et ne trouva rien. Il n'y avait que de vieux habits, des livres et des disques. Il y avait aussi trois chemises neuves encore sous cellophane. Il les mit de côté et me dit : « Faut payer la douane. » Calmement, je lui répondis que je ne paierais pas. « C'est ce qu'on verra ! » cria-t-il. Il me fit entrer dans une cabine et me mit tout nu. Je le laissais faire. En me rhabillant, il me dit à voix basse : « T'es têtu, tu m'as fait perdre mon temps alors qu'avec un petit café tu serais déjà chez toi ! » Je feignis de ne pas comprendre. Je pris les chemises, les ouvris et lui montrai une étiquette bien cachée « made in Morocco ». L'incident était clos. Il me laissa et se précipita sur un autre voyageur apparemment plus riche que moi et probablement plus conciliant pour ce qui est du billet à glisser dans la main. Je pris un taxi, une Fiat Uno assez déglinguée. Le chauffeur avait une drôle d'allure, il pestait contre tout. Ce n'était peut-être pas un vrai chauffeur de taxi. On aurait dit qu'il avait été envoyé là pour me cueillir à la sortie de l'aéroport. Il était en colère et on aurait dit qu'il m'attendait là, dans cette vieille petite voiture depuis des années. Sans même me demander mon avis, il me prit à témoin : « Tu comprends, ici, quand ça va mal, tout le monde se tourne vers le Sayed. T'as vu le ciel comme il est bleu, pas un nuage, pas une trace de nuage, rien, tu sais ce que ça veut dire ? Ça veut dire que le nombre des mendiants va doubler cette année, parce que la sécheresse est là, elle est dans le ciel et dans les poches, alors à la télé ils disent qu'il faut prier pour faire tomber la pluie, c'est facile, trop facile, moi je prie pas mais je fais le Ramadan, je te jure que la prière ne fait pas tomber une seule goutte de pluie. Si c'était vrai, l'Amérique l'aurait déjà commercialisée ; oui, elle vendrait des petites boîtes à prières dans toutes les langues et toutes les religions, oui, mon cher, ici on croit n'importe quoi, franchement, toi qui as l'air d'un type sérieux, toi qui rentres de l'étranger, est-ce que tu crois ces bobards ? Remarque le Sayed, celui de la montagne, il aime les bobards, c'est même lui et son entourage qui les divulguent, enfin, mon cher, la vie dans ce pays est magnifique à condition d'avoir de l'argent, de connaître des gens-haut-très-haut-placés, et de ne dire du mal ni du gouvernement, ni de la police, ni de l'armée, ni des douaniers... que tu te la boucles, moi j'arrive pas, quand je vois ces gosses courir derrière les touristes au lieu d'être à l'école, quand je vois ces policiers et gendarmes qui rançonnent les taxis et les camions, quand j'entends ce que j'entends et qu'il faut se la boucler, moi je parle, d'ailleurs je parle tellement que les gens se méfient, ils croient que je suis de la police, je critique pour les faire parler, non, mon cher, je hais la police, et si tu ne dis rien, je vois dans mon rétroviseur que ton visage est d'accord avec moi, tu dois être un honnête homme, je sais ce que je dis, enfin nous sommes arrivés, ça fait quarante-deux dirhams... »

Ces phrases stéréotypées sur l'état du pays font partie du paysage. J'avais tant de fois entendu ce genre de discours que je ne faisais plus attention à ce qu'ils pouvaient signifier. En tout cas, ce chauffeur de taxi devait avoir une autre fonction. Pas même un flic, mais un de ces milliers de citoyens qui ont besoin de vous prendre à témoin pour dire ce qu'ils ont sur le cœur. Ils se soulagent. Cette manie de critiquer en s'attachant aux anecdotes n'avait pas changé.

Cinq ans d'absence, et rien n'avait changé. C'est ce qu'on se dit, mais il y avait de plus en plus d'inégalités. Certains habitants virent leur taille s'allonger ; ils avaient du mal à se tenir en équilibre en marchant ; ils craignaient les coups de vent. D'autres avaient anormalement pris du poids. Il y avait sur certains visages une sorte de hargne et de résignation, quelque chose comme une attente pleine de violence. D'autres visages étaient enflés, les corps étaient gonflés par l'accumulation de l'argent facile, les combines et le cynisme bien digéré. Ces visages étaient rouge ocre comme la terre. Sur la peau, on voyait des verrues de plus en plus grosses, des bourgeons et même des trous.

Fallait-il partir pour voir au retour ce que je ne voyais plus ? J'avais été moi aussi fasciné par le Sayed, le grand, celui dont on ne connaissait pas le visage mais qui se manifestait de temps en temps par des discours qu'on lisait dans les mosquées. Les sept saints de Marrakech étaient sous le contrôle symbolique du grand Sayed, celui qui descendait en ville voilé comme à l'époque de Haroun al-Rachid. Je l'avais complètement oublié. Naples m'avait guéri de ces superstitions. Mais les Marrakchis étaient toujours sous l'influence de ce saint des saints. Personne ne mettait son existence en doute. Bien sûr qu'il existait et qu'il était toujours du côté des puissants. Mais les pauvres idolâtrent ce genre de personnage.

J'étais devant ma maison. Personne ne m'ouvrit. Un de mes anciens étudiants, que j'avais nommé assistant, vint à ma rencontre. Dans ce pays, les nouvelles vont vite. Il était intelligent et brave. Il était devenu conteur et écrivain public et vivait assez confortablement. Ce fut lui qui me donna les principales nouvelles me concernant. Il résuma la situation en une phrase : « D'abord vous avez été rayé des cadres de l'université par le ministère, et ensuite par votre femme, qui du fait n'est plus votre femme parce que de votre si longue absence elle en a déduit que vous étiez mort et elle a épousé Brahim l'épicier qui vous faisait crédit et dont la première épouse, restée dans le bled, ne lui plaisait plus, il avait envie d'avoir de nouveaux enfants, ce que Fattouma ne réussit pas à lui donner vu son âge, mais elle continue de fréquenter les saints de la fertilité à travers le pays aux frais de Brahim l'épicier connu pour son avarice et son sens aigu des affaires, il lui a fait vendre la maison, votre maison, et elle a eu l'extrême amabilité de déposer vos affaires dans la chambre des provisions, les nouveaux propriétaires n'y ont pas vu grand inconvénient puisque Fattouma leur a consenti une petite remise sur le prix d'achat, en fait la chambre est louée à votre nom au cas où un jour vous auriez ressuscité, ce qui est le cas puisque j'ai la joie et le plaisir de vous voir là devant moi en chair et en os, maître et ami ! »

Ainsi, je n'avais plus de poste à l'université. J'étais, comme on dit, « rayé des cadres ». Un homme rayé est un homme libre, je veux dire disponible. Ma femme à qui j'adressais mes lettres s'était dans un premier temps réfugiée chez ses parents. Elle avait donc vendu la maison. Les nouveaux occupants, qui avaient déposé mes affaires dans la petite chambre qui nous servait de débarras, me reçurent aimablement. Ils ne me parlèrent pas de loyer. Ils avaient l'air désolé de me voir réapparaître. Ils me laissèrent seul dans la chambre. J'étais en face d'une vie, une toute petite vie, ramassée dans des objets sans grande valeur. Je regardais tout ça et je riais. Il fallait dédramatiser. Un paquet de lettres non ouvertes était posé sur une vieille table. C'est une grande partie du roman que vous venez de lire. Mes vêtements étaient roulés en boule dans un sac poubelle noir. Mes livres étaient entassés dans un coin, abîmés par l'humidité. Les photos de famille, jetées à terre, étaient amputées de mon image. Fattouma m'avait éliminé. A la place de la tête, il y avait un trou précis. Elle avait dû s'appliquer longuement pour me couper la tête. A un bout de la table, mes pipes et cendriers. Je ne fumais plus, mais j'aimais ces pipes offertes par mon ami Hervé avant sa mort. Il y avait aussi une tasse à café non lavée, où le liquide noir était devenu vert. Tout sentait le renfermé et le moisi. Derrière la porte était accroché le plus vieux manteau du Maroc. Il ne fallait pas s'attarder dans la chambre de la vengeance. Ces objets n'étaient que des reliques du temps de la fuite. Après tout, c'était mieux ainsi. Pas de conflit ouvert. Pas de bagarre. Les choses désagréables avaient eu lieu sans moi. Je ne me sentais pas concerné par les restes de cette vie misérable. Dans la pile de livres, je pris le roman de James Joyce, *Ulysse*, texte intégral édité dans le Livre de Poche, n° 1435-1436-1437, sept cent trois pages bien remplies. Sur la couverture vert-orange-mauve, ces tronçons de phrase : « ... les maisons roses et bleues et jaunes et les... fille et une fleur... mauresque... j'ai mis la... tout aussi bien... les filles andalouses... de demander encore OUI... » Je le mis dans mon sac et m'en allai. Je n'étais même pas triste. J'étais rayé et je me sentais bien. Mes enfants n'avaient plus besoin de moi. Ils étaient à l'étranger. Il n'y avait personne pour me parler d'eux. A quoi bon ? Leur vie devait continuer avec ou sans moi. Pourquoi m'inquiéter pour leur avenir. Ils étaient grands et feraient bien leur vie. Un destin devait veiller sur eux. Je ne cherchais pas à revoir Fattouma. Comme me l'avait appris mon ancien assistant, elle m'avait répudié. D'après le Code du statut personnel, un mari qui s'absente plus de deux années sans subvenir aux besoins de sa famille

281

(j'avais laisse de l'argent et un cahier de crédit chez l'épicier Brahim) et sans donner de nouvelles (je n'avais pas cessé de lui écrire) est répudiable par le juge. Elle se serait présentée au tribunal dans un état de grande fatigue, marchant à peine, soutenue par sa mère et son frère, pâle et amaigrie, elle n'aurait pas cessé de pleurer. Impressionné, le juge lui aurait donné raison sur tous les points, allant jusqu'à faire un commentaire personnel assez haineux contre « ces intellectuels occidentalisés qui ne connaissent même pas la langue de leur mère et qui trouvent refuge dans l'Europe mécréante ! ». Ainsi j'étais répudié. Cela me faisait tout drôle. Jeté à la rue par une épouse abandonnée, soutenue par les vingt-trois membres de sa famille, tous heureux d'avoir l'occasion de se liguer contre moi. Elle a eu raison. Un drame de moins. Pas de confrontation, pas de discussion, pas de larmes. Elle a bien fait de se débarrasser de moi ainsi, je ne lui servais plus, j'étais un poids, un homme qui ne parlait plus, un mari vidé de tout désir, devenu une ombre flottante, un soupçon d'homme. Ainsi, elle m'a liquidé. C'était fini. Si on devait liquider tous les hommes soupçons-d'hommes, il n'y aurait pas grand monde dans les rues. Ah ! « la condition de la femme en terre d'Islam », comme titrent souvent certains magazines allemands ou italiens ! Je me souviens de l'époque où j'avais des velléités de lutte. Je voulais mettre sur pied un syndicat des maris opprimés par les femmes en terre d'Islam. Quelques-uns de mes collègues approuvaient l'idée mais n'allaient pas plus loin. Ils étaient dominés, certains vivaient dans la peur et ne réagissaient pas. Non, ma Fattouma a bien fait les choses. Elle m'a rendu ma liberté sans même que je la réclame. Enfin, je divague. L'air de Marrakech me manquait. Sa lumière aussi. Ah, la lumière du crépuscule marrakchi ! Les gens viennent d'Australie pour l'admirer. Moi, je ne revenais que de la banlieue de Naples. Je m'installai à la terrasse du principal café de la place Jamaa el Fna et me laissai aller à mes rêveries habituelles. Je me vis au milieu de la place, dans une belle djellaba de laine, la barbe hirsute, le regard fiévreux, en train de raconter aux passants l'histoire véridique et bouleversante d'Anna Maria, dite la Vieille, femme sublime avec un cœur plus vaste que cette grande place. Les passants s'arrêtaient un moment, puis repartaient. Je n'étais plus dans la course. Quand on s'absente longtemps de son pays, on perd ses repères et on gagne un peu de lucidité et de discernement, mais les gens ont besoin de rêver et d'oublier leurs misères, ils aiment qu'on leur raconte des histoires comme si nous étions encore à l'époque des *Mille et Une Nuits*. Mes histoires tombaient à côté de ce qu'ils attendaient. Je n'avais que des impressions, des doutes. Aucune certitude. J'étais fidèle à mes intuitions. J'eus l'impression que j'étais devenu étranger dans ma propre ville. Je reconnaissais les gens, les saluais, ils me répondaient poliment, mais je n'étais pas certain qu'ils se souvenaient de moi. Qui étais-je pour recevoir leur salut? J'étais juste un Marocain qui a eu la chance de faire un voyage. Mon absence n'avait été remarquée, et encore moins déplorée, par personne. Qui s'en soucierait après tout? Je pensais qu'on pouvait lire sur mon visage les traces de mes histoires récentes. En quittant le café, je me trouvai nez à nez avec un touriste, un Italien, jovial et souriant. Nous nous regardâmes et j'eus l'impression que je voyais ma propre image dans un miroir. Je souris; il sourit. Je ris; il rit. Il avait à la main une carte dépliée du Sud marocain. Il me demanda en italien comment aller dans « la dune aux histoires enterrées là par des voyageurs imprudents ». Je dis que je n'en savais rien. Il me salua en faisant mine de retirer son chapeau et disparut. J'étais sûr que cet homme était mon double. Pourtant, il était joyeux, libre, fantaisiste, léger, apparemment heureux ; bref, il était tout ce que je n'étais pas, mais j'étais certain que c'était moi dans une autre vie. Je décidai d'oublier cet épisode ridicule. Je n'étais pas revenu chez moi pour me retrouver en face de mon double. L'image de Momo transportant la Vieille sur son dos traversa mon esprit. Eux aussi devraient avoir leur double sur cette place. Je les verrais bien planter leur tente au milieu des jardins de la Mamounia. La Vieille s'installerait là pour recueillir les histoires des pensionnaires de ce palace. Les pauvres n'ont pas le monopole de la souffrance.

En sortant du café, j'ai dû éviter trois cireurs et donner une pièce à chacun des quatre mendiants qui attendaient à la porte. Parmi eux, je crus reconnaître un de mes anciens étudiants. Non, ce fut une image venue s'ajouter à d'autres images de la misère. Il paraît qu'il ne faut pas dire du mal de son pays, surtout à l'étranger. J'efface la phrase sur les mendiants et la misère. Je n'ai rien vu, rien écrit. La mendicité est un fléau. Le Maroc s'y est habitué. On commence en désespoir de cause à tendre la main, puis on plie l'échine, on se prosterne devant les puissants, on s'écrase, on se vide de toute dignité comme on se vide de son sang, on laisse couler, on pleure sur son sort et on lève les yeux au ciel. Tiens, voici un fléau qui passe : c'est un homme qui s'est tellement aplati qu'il avance sur le ventre, il glisse tel un serpent, ses yeux brillent, sa langue jette de l'encre noire sur les pieds des gens. Personne n'est étonné ou choqué. On dit que des familles paysannes, qui ont quitté leur douar à cause de la sécheresse, font de la mendicité un métier. On aligne les enfants, on exhibe les infirmes, on tire sur toutes les ficelles, puis on invoque Dieu et sa clémence. En Italie, j'ai vu des pauvres, mais pas de mendiants. J'y ai vu des enfants marocains se précipiter sur des voitures arrêtées aux feux rouges pour laver le pare-brise. Attention ! Faut pas dénigrer ton pays ! Cela s'appelle de l'ingratitude. Donc, oubliez l'histoire de l'homme aplati. Non, j'ai dû voir cette image dans un documentaire sur l'Inde. Voilà, c'est en Inde que les gens mendient.

Je fis un tour à l'université. Sur le chemin, je vis des touristes harcelés par de faux guides. Des insultes, des gestes déplacés. Ceux-là ne reviendront pas au Maroc. A la faculté des lettres, je fus choqué de constater qu'une salle de classe avait été transformée en salle de prière. Il y avait des nattes, des chapelets, des livres. Je demandai au gardien ce qui s'était passé. Il poussa un soupir et me dit : « Ah ! professeur ! Depuis ton départ, les choses ont bien changé ; tu sais, celui qu'on appelait Bangladesh parce qu'il était maigre comme un clou, sec et plutôt négro, le type qui ne te portait pas dans son cœur, il a été promu, un grand poste au ministère, voiture avec chauffeur, secrétaire qui lui porte son cartable et tout et tout ; il était jaloux parce qu'il voulait lui aussi être écrivain, mais pas de chance, aucun éditeur n'a voulu le publier, tu te souviens, il n'était pas généreux, quand il est parti, les profs étaient soulagés ; le syndicat des étudiants est tombé entre les mains des islamistes ; tout le monde est surveillé, même moi je suis surveillé ; je ne peux plus fumer tranquillement mon sebsi, ils disent que c'est interdit par la religion ; Mme Hachimi est morte, un accident de la route, ici nous battons le record du monde des accidents de la route, on donne le permis à n'importe qui, y en a qui l'achète, c'est bien connu, ça n'a pas changé, c'est comme avant ; enfin les étudiants sont étranges, ils sont de plus en plus sages et viennent prier comme si on était dans une mosquée, il n'y a rien à faire contre ça, la religion c'est sacré, moi je crois en Dieu mais j'aime bien qu'on me laisse tranquille… Ah! professeur! on dit que le Maroc change, le Maroc bouge et moi je suis toujours là, je ne vois pas de grands changements, remarque, je ne me plains pas… Et toi, où étais-tu? Il paraît que tu as fait le tour du monde, c'est vrai? » Je restai un instant au seuil de l'université, le regard absent, la tête pleine de bruits. Je revis l'image du pauvre Bangladesh parlant aux enseignants avec préciosité. Il aimait bien étaler son petit savoir. La jalousie le faisait de plus en plus maigrir. Il enviait tout le monde et avait la réputation de porter malheur aux personnes auxquelles il souriait.

Des étudiants sortirent par petits groupes. Des filles voilées marchaient tête baissée. D'autres, habillées de jolies robes, les suivaient. Malgré ce déguisement, elles étaient gaies, riaient aux éclats et se moquaient des hommes barbus qui se prenaient au sérieux. Une fille vêtue d'une belle robe rouge me regarda un instant. Elle était belle et étrange. Elle vint vers moi tout naturellement, me serra la main, puis me dit : « Alors, Ulysse, vous avez écrit votre *Ulysse* ? » Je remarquai le vert de ses yeux et fus ébloui par leur lumière. Je portai la main à mon front et fermai les yeux. Cette jeune femme était une apparition. J'étais sous l'effet d'une hallucination due à un manque de sommeil. Le gardien crut que j'avais un malaise, il m'offrit son siège. La fille avait disparu. De loin me parvenait son rire juvénile. Quand je fus reposé, le concierge m'interrogea de nouveau sur mon voyage et mes projets. Je n'avais pas envie de parler. Envie d'écrire.

Naples-Tanger-Paris, avril 1997-janvier 1999.

DU MÊME AUTEUR

Harrouda
roman
Denoël, « Les lettres nouvelles », 19/3
« Relire », 1977
et « Médianes », 1982

La Réclusion solitaire
roman
Denoël, « Les lettres nouvelles », 1976
Seuil, « Points », n° P 161

Les amandiers sont morts de leurs blessures
poèmes
Maspero, « Voix », 1976
prix de l'Amitié franco-arabe, 1976
Seuil, « Points », n° P 543

La Mémoire future
Anthologie de la nouvelle poésie du Maroc
Maspero, « Voix », 1976 (épuisé)

La Plus Haute des solitudes
essai
Seuil, « Combats », 1977
« Points » n° P 377

Moha le fou, Moha le sage
roman
Seuil, 1978
prix des Bibliothécaires de France
et de Radio Monte-Carlo, 1979
et « Points », n° P 358

A l'insu du souvenir
poèmes
Maspero, « Voix », 1980

La Prière de l'absent

roman
Seuil, 1981
« Points », n° P 376

L'Écrivain public

récit
Seuil, 1983
« Points », n° P 428

Hospitalité française

Seuil, « L'histoire immédiate », 1984
et 1997 (nouvelle édition)
« Points Actuels », n° A 65

La Fiancée de l'eau

théâtre, suivi de
Entretiens avec M. Saïd Hammadi,
ouvrier algérien
Actes Sud, 1984

L'Enfant de sable

roman
Seuil, 1985
« Points », n° P 7

La Nuit sacrée

roman
Seuil, 1987
prix Goncourt
« Points », n° P 113

Jour de silence à Tanger

récit
Seuil, 1990
et « Points Roman », n° P 160

Les Yeux baissés

roman
Seuil, 1991
et « Points », n° P 359

Alberto Giacometti
Flohic, 1991

La Remontée des cendres
suivi de
Non identifiés
poèmes
Édition bilingue,
version arabe de Kadhim Jihad,
Seuil, 1991
« Points », n° P 544

L'Ange aveugle
nouvelles
Seuil, 1992
« Points » n° P 64

L'Homme rompu
roman
Seuil, 1994
« Points » n° P 116

La Soudure fraternelle
Arléa, 1994

Poésie complète
Seuil, 1995

Le premier amour
est toujours le dernier
nouvelles
Seuil, 1995
« Points » n° P 278

Les Raisins de la galère
roman
Fayard, « Libres », 1996

La Nuit de l'erreur
roman
Seuil, 1997
« Points » n° P 541

Le Racisme expliqué à ma fille
document
Seuil, 1998

Le Labyrinthe des sentiments
Stock, 1999

RÉALISATION : PAO ÉDITIONS DU SEUIL
IMPRESSION : S.N. FIRMIN-DIDOT AU MESNIL-SUR-L'ESTRÉE
DÉPÔT LÉGAL : MAI 2000. N° 41390-3 (52298)

Collection Points

DERNIERS TITRES PARUS